David Geisler | Norman Geisler
Evangelisation im Dialog
Menschen zu Jesus führen

David Geisler | Norman Geisler

EVANGELISATION IM DIALOG

Menschen zu Jesus führen

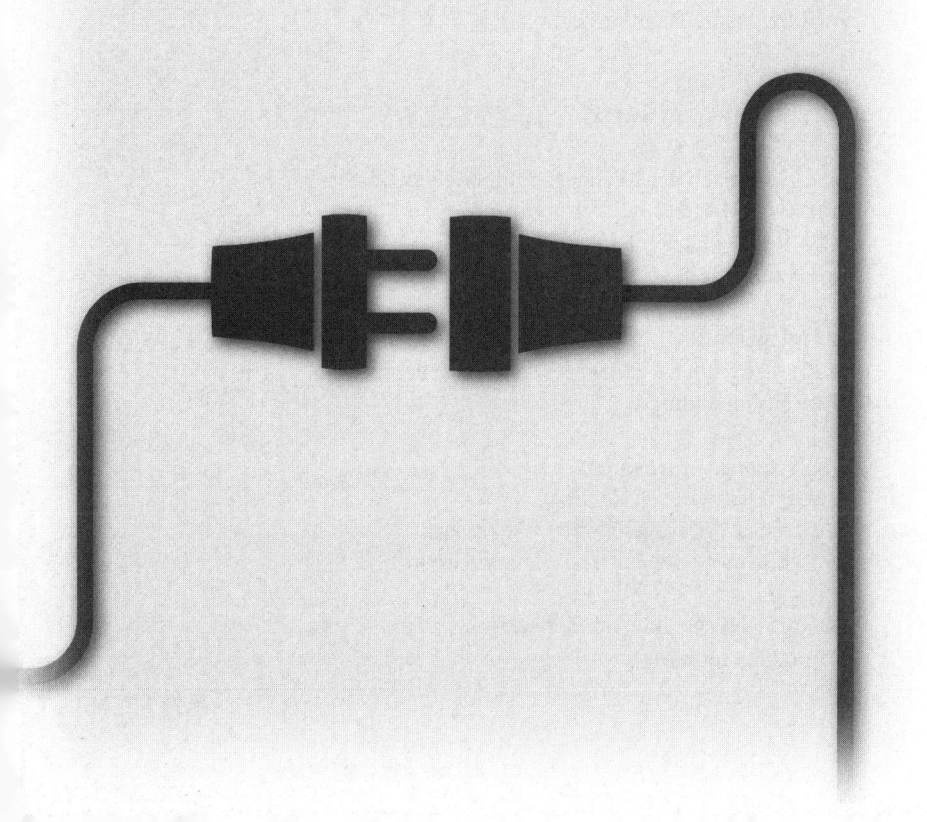

David Geisler / Norman Geisler
Evangelisation im Dialog
Menschen zu Jesus führen

Conversational Evangelism
Copyright © 2009, 2014 by David Geisler and Norman Geisler
Published by Harvest House Publishers
Eugene, Oregon 97402
www.harvesthousepublishers.com

Best.-Nr. 271 403
ISBN 978-3-86353-403-5

Bibelzitate nach der Revidierten Elberfelder Bibel
© 1985/1991/2006,
SCM R.Brockhaus im SCM-Verlag GmbH & Co. KG, Witten
Koranzitate nach www.koran-auf-deutsch.de

1. Auflage
© 2017 Christliche Verlagsgesellschaft Dillenburg
www.cv-dillenburg.de

Übersetzung: Anna Knopf
Satz und Umschlaggestaltung:
Christliche Verlagsgesellschaft Dillenburg
Umschlagmotiv: ©Shutterstock.com/sumkinn

Druck: GGP Media GmbH, Pößneck
Printed in Germany

Was christliche Leiter zu „Evangelisation im Dialog" sagen

„Ich glaube, dass jede Gemeinde davon profitiert, wenn sie die in diesem Buch vorgestellten Konzepte in ihre bereits bestehenden evangelistischen Programme und Strategien integriert."
▻ Josh McDowell, *Josh McDowell Ministries*

„*Evangelisation im Dialog* beschreibt anschaulich und effektiv, wie Skeptiker das Evangelium wahrnehmen und wie wir als Gläubige ihnen dabei helfen können, seine lebensverändernde Wahrheit zu entdecken. Neben der unerlässlichen und unentbehrlichen Rolle, die der Heilige Geist dabei spielt, weisen die Geislers darauf hin, wie wir den Boden für das Evangelium bereiten können, indem wir gezielte Fragen stellen, Diskrepanzen zwischen Glauben und Verhalten offenlegen und fest verwurzelte Barrieren aus dem Weg räumen. Ich kann Ihnen ihre Erkenntnisse im Bereich der Vor-Evangelisation nur wärmstens empfehlen."
▻ Ravi Zacharias, *Ravi Zacharias International Ministries*

„*Ja!* Das war meine Reaktion auf dieses Buch, als es mir vorgestellt wurde. In bewundernswerter Weise lehrt es uns, Brücken zu Nichtgläubigen zu schlagen, sodass sie nicht unnötig abgeschreckt, sondern vielmehr neugierig gemacht werden und zuhören, was wir zu sagen haben. Die beiden Autoren haben sich ein Beispiel an Jesus genommen, indem sie uns zum Nachdenken anregen und uns zeigen, wie wir den Menschen durch provokante Fragen ihre Bedürftigkeit aufzeigen können. Kurz gesagt finden Sie hier praktische Anleitungen, wie Sie das Evangelium freimütig und ohne sich ungeschickt anzustellen auf dem Marktplatz der Ideen vorstellen können."
▻ Dr. Erwin Lutzer, *Moody Church*, Chicago, Illinois

Ich widme dieses Buch meinen drei wunderbaren Kindern Kristina, Jonathan und Rachel, die mich dazu inspirieren, mich ganz Gott zur Verfügung zu stellen und nichts unversucht zu lassen, um neue Ideen zu entwickeln, wie ihre Mitmenschen effektivere Zeugen für Jesus Christus werden können.

♥ David Geisler

In großer Dankbarkeit widme ich dieses Buch meiner treuen Frau, Barbara, die schon seit vierzig Jahren meine Manuskripte Korrektur liest.

♥ Norman Geisler

Danksagung

Wir danken den folgenden Personen sowohl für ihre Erkenntnisse als auch ihr Feedback, durch die dieses Buch überhaupt erst möglich wurde:

Eric Patterson und Don Deal für die vielen Stunden, in denen sie unermüdlich unsere Texte durchgearbeitet haben.

Greg Meece, Steve Morrison, Gina, Kent Jones Vanderwaal und James Coffman, deren wertvolle Beiträge ursprünglich dazu führten, dass wir unser Evangelisationsmodell entwickelten.

Meinen Mitarbeitern Alok Benjamin, Raymond Kwan und Brian Henson für ihre wertvollen Beiträge zur weiteren Entwicklung des Modells der Evangelisation im Dialog.

Glenn McGorty, die mir als Erste beibrachte, wie man Apologetik in Alltagsgesprächen anwenden werden kann.

Barbara Geisler für das sorgfältige Korrekturlesen des Manuskripts.

INHALTSVERZEICHNIS

Vorwort von Ravi Zacharias 8

Einleitung 12

1. Die Notwendigkeit der Vor-Evangelisation
   in einer postmodernen Welt 16
2. Einführung in die Evangelisation im Dialog 38
3. Die Rolle des Musikers erlernen 56
4. Die Rolle des Malers erlernen 81
5. Die Rolle des Archäologen erlernen 111
6. Die Rolle des Baumeisters erlernen 135
7. Die Kunst, auf Einwände einzugehen,
   und dabei Fortschritte zu machen 167
8. Die Kunst, Menschen mit unterschiedlichen
   Weltanschauungen Fragen zu stellen 194
9. Wie reagieren wir auf weit verbreitete,
   aber falsche Vorstellungen,
   die unsere Evangelisation beeinträchtigen? 214

Fazit 227

Hilfsmittel für Evangelisation und Apologetik 234

Anhang 1: Gesprächstrategien der Vor-Evangelisation.... 240

Anhang 2: Gesprächstraining der Vor-Evangelisation 246

Anhang 3: Evangelisation im Dialog 254

Bibliografie 257

Anmerkungen 263

„VORWORT"

Zu Beginn meiner Tätigkeit als Prediger bereitete ich mich gleichzeitig auf eine Karriere in der Wirtschaft vor. Aber nach jeder Predigt sagten mir einige der Zuhörer, dass ich offensichtlich die Gabe der Evangelisation hätte. Je öfter ich predigte, desto häufiger bekam ich solche Rückmeldungen. Obwohl mich das sehr ermutigte, erfasste ich noch nicht die ganze Tragweite. Das Predigen war noch so neu für mich, dass ich einfach nicht genug darüber nachdachte, was diese Bestätigungen bedeuteten. Ich war ja nichts weiter als ein junger Mann aus Indien, dessen Leben durch Jesus neu geworden war und der in dem Beruf arbeiten wollte, für den er studiert hatte. Aus purer Höflichkeit nickte ich einfach zustimmend und beließ es dabei.

Doch jedes Mal, wenn ich das herrliche Evangelium von Jesus Christus verkündete, verspürte ich eine besondere Mission und Überzeugung. Ich fühlte mich innerlich getrieben, andere zu überzeugen. Von Anfang an wusste ich, dass ich zu Menschen sprechen wollte, die auf der Suche sind, Menschen, die über die schwierigen Fragen des Lebens nachdenken, Menschen, die verletzt sind und jemanden brauchen, mit dem sie über diese Fragen sprechen können. Gott formte diese Berufung in mir durch Menschen, die mir zu verstehen halfen, was das Werk eines Evangelisten bedeutet.

Das Wort *Evangelisation* weckt oft starke und widersprüchliche Gefühle, selbst bei denen, die Jesus Christus nachfolgen. Auf andere Menschen zuzugehen, um dieser großen Herausforderung gerecht zu werden, kann sowohl Begeisterung als auch Unbehagen hervorrufen. Doch eins ist sicher, wie es in Artikel 4 der Lausanner Verpflichtung steht: „Für Evangelisation ist unsere Präsenz als Christen in der Welt unerlässlich, ebenso eine Form des Dialogs, die durch einfühlsames Hören zum Verstehen des anderen führt. Evangelisation ist ihrem Wesen nach die Verkündigung des historischen biblischen Christus als Heiland und

Herrn. Ziel ist es, Menschen zu bewegen, persönlich zu Ihm zu kommen und so mit Gott versöhnt zu werden."

Wenn wir Evangelisation richtig angehen, wird der Hörer seine Bedürftigkeit erkennen, und, was noch wichtiger ist, wenn wir dabei überzeugend sind, erkennt der Hörer, dass es eine Antwort auf diese Bedürftigkeit gibt, sollte der christliche Glaube wahr sein. Jesus darf jedoch nicht nur als Antwort gesehen werden, auch seine Worte müssen als wahr anerkannt werden. Darin liegt ein entscheidender Unterschied, denn der Anspruch eines Gläubigen – dass er nämlich eine „neue Schöpfung" ist – ist einzigartig. Schließlich behaupten weder Buddhisten noch Hindus oder Muslime, dass ihre religiöse Hingabe übernatürlich sei, auch wenn sie ihren Glauben oft konsequenter leben als so mancher Christ.

Als Nachfolger Jesu verkünden wir nicht nur die Wahrheit einer übernatürlichen Veränderung, sondern wir sind aufgerufen, den Glauben, den wir bezeugen, auch zu leben. In 1. Petrus 3,15-16 werden wir aufgefordert: „Haltet den Herrn, den Christus, in euren Herzen heilig! Seid aber jederzeit bereit zur Verantwortung jedem gegenüber, der Rechenschaft von euch über die Hoffnung in euch fordert, aber mit Sanftmut und Ehrerbietung!" Es gibt also eine Voraussetzung, bevor wir zu einer qualifizierten Antwort fähig sind: Die Grundlage all unserer Antworten ist die Herrschaft Jesu über das Leben seiner Nachfolger.

Sobald sich also Wort und Tat die Waage halten, ergeben sich unzählige Gelegenheiten für Gespräche mit ehrlich Fragenden oder sogar mit Menschen, die uns ausweichen. Der Ausgangspunkt für alle Nachfolger Jesu ist, dass Glaube und Verhalten miteinander in Einklang stehen müssen. Danach ist der wichtigste Aspekt bei der Evangelisation, nicht nur auf die gestellten Fragen, sondern auf den Fragenden selbst zu hören. Wer nur die Fragen beantwortet, dabei aber nicht auf den Fragesteller eingeht, der ist genauso wenig überzeugend wie jemand, der seinen Glauben nicht in der Praxis auslebt.

Eines der umfangreichsten Gespräche, das Jesus führte – mit der Samariterin am Brunnen –, versetzte selbst seine Jünger in Staunen (siehe Johannes 4,1-26). Sie werden sich daran erinnern, dass die Frau Frage um Frage stellte, als läge darin ihr wahres Problem. Es wäre dem Herrn ein Leichtes gewesen, diese Fassade mit einigen züchtigenden Worten zu durchbrechen. Stattdessen wischte er wie ein einfühlsamer und geschickter Goldschmied die Spuren von Sünde und Schmerz in ihrem Leben weg, bis sie staunend erkannte, wie viel echtes Gold er in ihr zum Vorschein brachte. Er gab ihr Hoffnung, weil er schon längst wusste, wer sie tief im Innersten wirklich war. In den Botschaften Jesu stand oft der Wert des Menschen im Fokus – und so sollte es auch für uns sein. Dann sind wir in der Lage, aufmerksam zuzuhören und zu verstehen, was der Fragende eigentlich wissen will. Dann erreichen wir jene, denen wir zuhören, sodass sie auch uns zuhören.

Oft unterschätzen wir, welche Rolle wir dabei spielen, auf dem geistlichen Weg von Menschen Hindernisse beiseite zu räumen. Oft bedarf es nur eines ausgestreuten Samenkorns hier und eines Lichtstrahls dort, damit jemand einen Schritt vorwärts macht. Dann wird aus einem Gespräch über vorgeschobene, intellektuelle Fragen hoffentlich ein Gespräch über die wahren Herzensfragen. Effektive Evangelisation schlägt eine Brücke, um beides miteinander zu verbinden. Der beste Apologet ist der, der den Fragenden auf seinem Weg begleitet und eine Verbindung zwischen Kopf und Herz herzustellen vermag.

Wenn wir an einflussreiche Evangelisten und Apologeten denken, kommen uns schnell Namen wie Francis Schaeffer, C. S. Lewis und Norman Geisler in den Sinn. Norman Geisler hat maßgeblichen Einfluss auf mein eigenes Leben gehabt. Er war mein Professor an der Universität und ist nach meiner Einschätzung einer der besten Apologeten überhaupt. Ich bin Gott unendlich dankbar für die Rolle, die Dr. Geisler in meinem Leben gespielt hat und noch immer spielt. Seine Disziplin ist vorbildhaft und seine Sachkompetenz unangefochten. Jeder, der ihm zuhört, staunt über seine umfassenden Kenntnisse der Bibel und der Philosophie. Die Leser seiner Bücher wissen es sehr zu schätzen, dass sein philosophisches Wissen jedoch seine Hingabe an die Bibel nie in den Schatten stellt. Es war die Balance zwischen seiner Liebe zur Bibel und seinen schlüssigen Argumentationen, die mich dazu veranlassten, zu predigen und zu lehren, vor allem dort, wo der Widerstand groß war. Ich habe in meinem Leben als Evangelist und Apologet sehr von seinem Einfluss profitiert und mich intensiv mit seinen Schriften auseinandergesetzt. Nun freut es mich ungemein, dass sein Sohn David in die Fußstapfen seines Vaters getreten ist und durch seinen Dienst bei *Meekness and Truth Ministries* neue Wege ebnet. Meine Kollegen und ich hatten das Vorrecht, zusammen mit David in Singapur und Indien zu arbeiten, wobei uns seine Schriften in verschiedenen Situationen von unschätzbarem Wert waren. Davids Studenten sind voller Bewunderung, wie gut er seine Zuhörer versteht und ihnen genau auf sie zugeschnittene Antworten gibt.

Jede Generation braucht Stimmen wie diese, die die Vergangenheit nicht vergessen, und doch zur Gegenwart sprechen, um uns auf die Zukunft vorzubereiten. Es war mir eine große Freude, das Vorwort für *Evangelisation im Dialog* zu schreiben. Es beschreibt anschaulich und effektiv, wie Skeptiker das Evangelium wahrnehmen und wie wir als Gläubige ihnen dabei helfen können, seine lebensverändernde Wahrheit zu entdecken. Neben der unerlässlichen und unentbehrlichen Rolle, die der Heilige Geist dabei spielt, weisen die Geislers darauf hin, wie wir den Boden für das Evangelium bereiten können, indem wir gezielte Fragen stellen, Diskrepanzen zwischen Glauben und Verhalten offenlegen und fest verwurzelte Barrieren aus dem Weg räumen. Ich kann Ihnen ihre Erkenntnisse im Bereich der Vor-Evangelisation und ihre Studien nur wärmstens empfehlen. Jedem, der in Zeiten der universitären Skepsis evangelisieren möchte, ohne dabei die Einfachheit und Erhabenheit des Evangeliums aus den Augen zu verlieren, wird dieses Buch eine unschätzbare Hilfe sein.

Ravi Zacharias, Autor und Redner

EINLEITUNG

Ich verstehe nun besser, was viele Menschen davon abhält, zu Jesus zu kommen: die Barrieren, die ihnen beim Verständnis und der Annahme des christlichen Glaubens im Weg stehen. Je besser ich ausgerüstet bin und je mehr ich mich traue, in Gesprächen mit Freunden und Kollegen auch eine geistliche Dimension mit einfließen zu lassen, desto mehr entdecke ich, dass Menschen viel öfter bereit sind, über geistliche Themen zu diskutieren, als ich zuvor dachte.

Ältester Hian-Chye

Trotz Ihres Zögerns versichert Ihnen Ihr Freund, dass es ein unvergessliches Erlebnis werden wird. Sie ignorieren Ihre Angst und reden sich ein, dass schon alles gut gehen wird. Also steigen Sie in die Achterbahn und schnallen sich an in dem Bewusstsein, dass es bereits ein Erfolg ist, wenn Sie bis zum Ende überleben. Sie geben sich nicht einmal der Illusion hin, die Fahrt könne Ihnen Spaß machen. Sie wollen sie einfach nur hinter sich bringen, damit Sie sagen können, dass Sie es geschafft haben.

Evangelisation ähnelt heutzutage so einer Achterbahnfahrt. Man hat nicht wirklich Lust dazu und erwartet auch nicht, dass es einem Spaß machen wird. Das Schlimmste ist, dass man bei allen quälenden Aufs und Abs ständig das Gefühl hat, wieder von vorne beginnen zu müssen.

Aber was wäre, wenn Evangelisation anders sein könnte? Wenn es tatsächlich Freude machen würde? Wenn Sie nicht aus Pflichtgefühl evangelisieren, sondern weil Ihnen bewusst wird, was Ihr Gehorsam Jesus gegenüber ganz konkret und greifbar im Leben Ihrer Lieben bewirken kann? Was wäre, wenn es Ihnen so viel Freude machen würde, dass Sie von nun an jeden Tag bis zum Ende Ihres Lebens evangelisieren möchten? Wenn Sie sich, nachdem Sie gelernt haben, wie man effektiv Brücken zum

Evangelium schlägt, immer stärker getrieben fühlen, das Beste aus jeder Begegnung mit nicht-gläubigen Freunden zu machen, damit sie dem Kreuz näherkommen? Wenn Gespräche über den Glauben tatsächlich für beide Seiten angenehm verlaufen? Dieses Buch ist ein Versuch, ganz normalen Christen genau das zu ermöglichen, da es vielen Christen immer schwerer fällt, in einer post-christlichen Welt Zeugnis zu geben. Wenn wir wirklich begreifen, was Evangelisation ist, und dazu ausgerüstet werden, Menschen in unserer anti-christlichen Gesellschaft zu erreichen, dann können wir, so glauben wir, nicht nur Fortschritte in unserem Zeugnisgeben erzielen, sondern die Achterbahnfahrt sogar genießen!

Wir sind außerdem davon überzeugt, dass wir gute Zeugen sein können, auch wenn wir das gar nicht immer wollen. Selbst wenn wir nicht explizit nach offenen Türen Ausschau halten, können wir trotzdem einen Einfluss auf unsere Mitmenschen haben, wenn wir uns wenigstens zwei Dinge merken. Erstens müssen wir die Definition dessen, was erfolgreiche Evangelisation ist, ausweiten (mehr dazu in Kapitel 1). Zweitens dürfen wir kein Licht zudecken, das unseren nicht-christlichen Freunden bereits offenbart wurde, und wir müssen bereit sein, alle göttlichen Gelegenheiten zu nutzen, die Gott uns schenkt (1. Petrus 3,15).

Damit Sie den größtmöglichen Nutzen aus diesem Buch ziehen, wollen wir allerdings zunächst ein paar Dinge klarstellen. Erstens: Auch wenn einige der hier vorgestellten Konzepte vielleicht schwer verständlich sind oder gar mechanisch und unpersönlich wirken, *lernen Sie alle Schritte in der richtigen Reihenfolge auswendig* (überspringen Sie keinen). Machen Sie die Übungen, die Sie am Ende eines jeden Kapitels in den Abschnitten „Zum Nachdenken" und „Praktische Anwendung" finden. Zusätzliches Material zu den einzelnen Kapiteln finden Sie auf unserer englischsprachigen Internetseite (www.conversational evangelism.com). Dieses Material verhilft Ihnen zu einem besseren Verständnis der in den einzelnen Kapiteln vorgestellten Konzepte, bevor Sie sich an das nächste Kapitel wagen und neue Konzepte kennenlernen. Eine starke Grundlage hilft Ihnen dabei, die nächsten Abschnitte schneller zu verinnerlichen.

Zweitens: Das Erlernen neuer Fertigkeiten erfordert viel Übung. Nehmen Sie sich also die Zeit, das Material so gründlich durchzuarbeiten, bis es ein ganz natürlicher Teil Ihres Zeugnisses geworden ist. Behalten Sie im Hinterkopf, dass es Zeit und Übung braucht, um mit Menschen Gespräche über den Glauben zu führen. Diese Fähigkeit erlernen wir nicht über Nacht. Lassen Sie sich also nicht entmutigen oder frustrieren, wenn Ihr erster Versuch nicht so gelingt, wie Sie es erwartet hatten. Wundern Sie sich nicht, wenn die Leute nicht so positiv wie erhofft auf Ihre Vorgehensweise reagieren. Wir müssen lernen zu krabbeln, bevor wir gehen können, und wir müssen gehen lernen, bevor wir sicher laufen können. Bitte hetzen Sie sich also nicht und verlieren Sie nicht den Mut, wenn etwas nicht sofort gelingt.

Bedenken Sie auch, *dass es in unseren evangelistischen Bemühungen nicht primär um Methodik geht, sondern um geistliche Reife.* Ist es uns ein Herzensanliegen, Gott zu dienen, und sind uns die Dinge wichtig, die auch Gott wichtig sind (verlorene Menschen)? Wenn wir Gottes Herz haben, dann setzen wir alles daran, in Gesprächen mit unseren nicht-christlichen Freunden das Reich Gottes im Blick zu haben.

Sobald wir erst einmal die richtige Einstellung zu unserem Herrn und Retter haben, entwickeln wir auch eine Leidenschaft für die Verlorenen, die um uns herum leben. Dann erweisen sich die in diesem Buch beschriebenen Methoden wahrscheinlich als hilfreich für Gespräche über den Glauben. Aber vergessen Sie bitte nicht, was unsere Prioritäten sein sollten. Zuerst sollten wir Gott bitten, in uns ein größeres Herz und eine größere Leidenschaft für die Verlorenen zu entwickeln. Sobald das der Fall ist, wird es uns leichter fallen, die Prinzipien in diesem Buch anzuwenden. Wenn unsere Herzen mit dem Herzen Gottes übereinstimmen, dann können wir beginnen, wirkungsvoller mit Menschen über den Glauben zu reden, sodass viele zum Glauben kommen (Apostelgeschichte 14,1).

Eine weitere Sache gilt es zu beachten. Die Methoden in diesem Buch sollen dazu dienen, dass Sie neue Hilfsmittel an die Hand bekommen, die Sie denen hinzufügen, die Sie bereits in der Evangelisation verwenden. Natürlich sind das nicht die einzigen möglichen oder richtigen Werkzeuge. Jesus und seine Jünger nutzten viele verschiedene Ansätze, um ein Zeugnis für die Menschen zu sein. Wir sind jedoch überzeugt, dass die in diesem Buch vorgestellten Werkzeuge jedem Christen heutzutage helfen können.

Sind Sie bereit, den nächsten Schritt des Glaubens zu gehen? Die Reise beginnt heute!

KAPITEL 1

Die Notwendigkeit der Vor-Evangelisation in einer postmodernen Welt

Die Notwendigkeit, unsere Paradigmen für Evangelisation zu überarbeiten
Etwas fehlt in unserem heutigen Ansatz zur Evangelisation. Methoden und Programme, die in den Sechziger- und Siebzigerjahren verwendet wurden, haben nicht mehr dieselbe Wirkung wie einst. Unsere Evangelisations-Modelle müssen daher dringend überarbeitet werden. Auch wenn die Verkündigung des Evangeliums noch relativ einfach ist, der Weg dahin ist es nicht. Schlimmer noch: In unserer heutigen Zeit werden wir manchmal für schlechte Menschen gehalten, weil wir glauben, dass es nur einen Weg in den Himmel gibt. Wenn wir Erfolg haben wollen, ist es daher unerlässlich, dass wir unsere bestehenden Modelle durch andere Elemente ergänzen. Ein solcher Paradigmenwechsel ist aus mindestens drei Gründen erforderlich.

Immer weniger Menschen sind an einer einfachen Präsentation des Evangeliums interessiert
Erstens schwindet das Interesse an der Botschaft des Evangeliums mehr und mehr. Das schränkt Christen in ihren traditionellen Ansätzen der Evangelisation ein. Vor 30 bis 40 Jahren war es üblich, mithilfe eines einfachen Traktats mit anderen Menschen über das Evangelium zu reden, besonders an Universitäten. Viele aus der Generation der Baby-Boomers wurden in ihrer Jugend für Christus gewonnen, weil jemand ihnen das Evangelium auf diese Weise erklärte. Heute ist es viel schwieriger, Menschen durch eine einfache 4-Punkte-Darstellung des Evangeliums zu erreichen. Das gilt in asiatischen wie in westlichen Ländern gleichermaßen.

Der Leiter einer großen christlichen Campus-Organisation in den USA berichtete mir (David) einmal: „Nur an einem guten Tag kann ich jemandem helfen, Jesus einen Schritt näherzukommen." Die Erwartungen haben sich geändert, selbst unter College-Mitarbeitern während der letzten 30 Jahre. Eine meiner ehemaligen Seminaristinnen in Singapur wies mich darauf hin, dass in unserem Ansatz etwas fehlt, um Studenten in Asien zu erreichen. Sie sagte: „Als Mitarbeiterin in der Studentenevangelisation wurde ich geschult, das Evangelium einfach darzustellen und apologetische Grundkenntnisse anzuwenden. Wenn mir meine Gesprächspartner signalisieren, dass sie nicht interessiert sind, finde ich kaum Zugang zu ihnen. Dann kann ich sie nur nach dem Grund fragen und sie zu einem evangelistischen Bibelstudium einladen oder mein persönliches Zeugnis geben." Sie sah sich trotz ihrer Evangelisten-Ausbildung nicht in der Lage, Studenten zu erreichen, die noch nicht so weit waren, um mehr von Jesus erfahren zu wollen.

Die ehemalige Leiterin eines großen Werkes für Hochschulevangelisation in Asien sagte mir, wie die Ausbildung, die sie und ihre Mitarbeiter bei uns durchlaufen hatte, ihr bei ihrer Rückkehr in den Beruf zu Erfolg verhalf. Nachdem sie ihren Kollegen gegenüber zunächst ganz traditionell Zeugnis gegeben hatte und auf Widerstand gestoßen war, erinnerte sie sich an das, was sie gelernt hatte, und bemerkte infolgedessen eine größere geistliche Offenheit bei den anderen. „Je mehr ich darüber nachdachte", sagte sie mir, „desto mehr erkannte ich, dass man heutzutage Christen in der Regel nicht mehr zehn Minuten am Stück zuhört, wenn sie das Evangelium verkünden. Es ist wahrscheinlicher, dass wir das Evangelium in normale, alltägliche Gespräche einfließen lassen können." Wir sprechen uns hier nicht dafür aus, alle evangelistischen Programme, die wir in der Vergangenheit verwendeten, ad acta zu legen. Gott kann und wird diese Programme bei jenen gebrauchen, die offen für das Evangelium sind. Heute brauchen wir jedoch eine Ergänzung zu dem, was wir bereits über Evangelisation wissen. Ein Programm für Menschen, die den Ansprüchen Jesu gleichgültig, skeptisch oder sogar ablehnend gegenüber stehen. Nicht jeder ist gleich offen für das Evangelium, und wir müssen unterschiedliche Ansätze wählen, die das berücksichtigen.

Die Welt, in der wir leben, hat sich verändert

Der zweite Grund, weshalb wir ein neues Evangelisations-Modell entwickeln sollten, ist die Welt, in der wir leben. Sie hat sich in einer Art und Weise verändert, dass sie Barrieren gegenüber dem Evangelium errichtet. Heutzutage ist es normal, moralische Absolutheitsaussagen abzulehnen, der Religion mit tiefer Skepsis zu begegnen und objektiven Wahrheiten gegenüber gleichgültig zu sein oder sie gar kategorisch abzulehnen.

Die Ablehnung moralischer Absolutheitsaussagen. Sheryl Crows Song „Every Day is a Winding Road" (Jeder Tag ist eine kurvenreiche Straße) fasst die Situation wie folgt zusammen: „Dies sind die Tage, an denen alles möglich ist."[1] Wir leben in einer anderen Welt als unsere Eltern, einer Welt mit einem anderen und relativistischen Wertesystem. Leider haben unsere Jugendlichen viele der moralischen Werte preisgegeben, die einmal die Stütze unserer Gesellschaft waren. Die Ablehnung von moralischen Überzeugungen hat erhebliche Auswirkungen auf unsere evangelistische Effektivität.

Der Kulturanthropologe Gene Veith sagt: „Es ist schwer, Menschen von Sündenvergebung zu erzählen, die glauben, ohne Sünden zu sein, weil Moral ja relativ ist. [...] Es sind nicht die Spinner am Rand, die das Konzept der (absoluten) Wahrheit ablehnen, sondern zwei Drittel der amerikanischen Bevölkerung."[2] Jemand anderes sagte: „An der Schwelle zum 21. Jahrhundert braucht es keine hochgelehrten Wissenschaftler, um zu erkennen, dass unsere gesamte Kultur in Schwierigkeiten steckt. Wir starren in den Lauf einer geladenen Waffe und können nicht länger so tun, als sei sie nur mit Platzpatronen geladen."[3]

Eine der Figuren in dem klassischen Roman von Fjodor Dostojewski *Die Gebrüder Karamazov* meint, wenn es keinen Gott gebe, dann sei alles erlaubt. Leider zieht diese allgegenwärtige Sichtweise viele ernste Folgen nach sich. Die Zeitungen erinnern uns täglich an die schmerzlichen Auswirkungen einer

Gesellschaft, die sowohl auf den finanziellen als auch vor allem auf den moralischen Bankrott zusteuert.

Besonders schwierig ist es, mit solchen Menschen über Jesus zu reden, die in einem Klima des Relativismus aufgewachsen sind. Eine zunehmende Zahl von Nichtchristen betrachtet unsere Botschaft als irrelevant, verurteilend und nicht besser als jede andere Anschauung. Infolgedessen sind viele in unserer Gesellschaft nicht mehr bereit, der Botschaft von Jesus zuzuhören. Das macht unsere Aufgabe in der Evangelisation schwieriger als je zuvor. Diejenigen, die das Konzept einer ultimativen Wahrheit ablehnen, zeigen oft kein Interesse an der „guten Nachricht", weil ihnen nicht bewusst ist, dass es auch so etwas wie eine „schlechte Nachricht" gibt. Deshalb müssen wir das Konzept der absoluten Wahrheit verteidigen, wenn wir zu erklären versuchen, warum wir glauben, dass das Christentum wahr ist und die anderen Religionen falsch sind.

Aber es sind nicht nur die Ungläubigen, über die wir uns heute Gedanken machen müssen. Auch vielen Menschen in unseren Gemeinden fällt es schwer zu akzeptieren, dass es eine absolute Wahrheit gibt. Mehr als je zuvor gibt es bibeltreue und sich als evangelikal bezeichnende Christen, die glauben, dass neben Jesus noch andere Wege in den Himmel führen.[4] Einige, die sich Christen nennen, können nicht mehr glauben, dass Gottes Standard für Versöhnung die Vollkommenheit ist (Matthäus 5,48; Jakobus 2,10), ein Standard, den kein Mensch erreichen kann. Anstatt dies als Motivation zu sehen, das Kreuz Christi und sein Sühnopfer für unsere Sünden anzunehmen, wird der Standard Gottes herabgesetzt. Man versucht sich einzureden, dass die guten Taten nur die schlechten überwiegen müssen, damit ein ausreichend großer Spalt in der Himmelstür entsteht, durch den man in den Himmel gelangt.

Skepsis gegenüber der Wahrheit. Außerdem leben wir in einer Welt, die der objektiven Wahrheit zunehmend skeptisch gegenübersteht, vor allem im Blick auf die religiöse Wahrheit. Diese Skepsis ist vor allem in akademischen Kreisen zu finden. Wir müssen den biblischen Männern von Issachar folgen, die „erkannte(n) und wusste(n), was Israel zu jeder Zeit tun sollte" (1. Chronik 12,33). Um unsere heutige Zeit zumindest ansatzweise zu verstehen, müssen wir begreifen, dass die Menschen uns in der Regel nicht glauben, wenn wir von der Wahrheit reden, vor allem, wenn es sich dabei um religiöse Wahrheiten handelt. Man glaubt heute üblicherweise, dass etwas nur dann wahr ist, wenn es durch die wissenschaftliche Methode der wiederholten Beobachtung nachgewiesen werden kann. Viele Menschen gehen daher davon aus, dass wir in Bezug auf religiöse Wahrheiten zu keinem Ergebnis kommen können.

Diese skeptische Haltung hat dazu geführt, dass viele infrage stellen, ob das, was wir von Jesus zu wissen meinen, vor 2000 Jahren wirklich so geschehen ist. Nachdem ich einem Studenten einige Beweise für die Auferstehung Jesu vorgelegt hatte, sagte er: „Wenn ich in der Zeit von Jesus leben würde, dann könnte ich mich entscheiden, wer Jesus ist, aber inzwischen sind 2000 Jahre vergangen. Heute können wir eine solche Entscheidung nicht mehr treffen."

In den letzten zehn Jahren gab es eine Vielzahl von Büchern, Filmen und Dokumentationen wie *Sakrileg, Das Evangelium des Judas* und *The Lost Tomb of Jesus* (Das verlorene Grab von Jesus). Zusammen mit dem Wiederaufleben des Atheismus in unserer Gesellschaft führte das dazu, dass die Skepsis gegenüber der Geschichte des christlichen Glaubens auf einem Allzeithoch ist. Man kann wohl behaupten, dass die Menschen des 1. Jahrhunderts, anders als wir, 2000 Jahre später, nicht solche massiven Probleme damit hatten, das zu glauben, was die Verfasser des Neuen Testaments über das Leben Christi aufgezeichnet hatten. Selbst einige nicht-christliche Autoren jener Zeit bestätigten, dass Jesus Wunder vollbrachte.[5]

Die Apostel und Jünger mussten ihrem jüdischen und gottesfürchtigen griechischen Publikum nicht erst die Existenz Gottes oder die Möglichkeit von Wundern beweisen, weil die meisten von ihnen bereits an einen theistischen Gott glaubten. Sie glaubten auch, dass das leere Grab ein Zeichen dafür war, dass etwas Wunderbares geschehen sein musste. Das war damals allgemein bekannt.

Heutzutage kämpfen Ungläubige dagegen mit der Frage: „Können wir die Wahrheit kennen, wenn sie denn existiert?" Einige

Menschen heute behaupten, dass wir uns noch nicht einmal historischer Fakten der jüngsten Vergangenheit wie des Holocausts sicher sein können, auch wenn es noch immer Überlebende der NS-Gefangenenlager gibt.[6] Diese weitverbreitete gesellschaftliche Skepsis der Realität gegenüber hat das Evangelisieren in diesem neuen Jahrtausend erschwert. Ich erinnere mich daran, wie ich einmal versuchte, einem Studenten das Evangelium zu erklären, während er mich davon überzeugen wollte, dass er gar nicht existierte. Es war also keine große Überraschung, dass er nicht ernst nehmen konnte, was die Bibel über ihn oder über Jesus zu sagen hat.

Gleichgültigkeit gegenüber der Wahrheit. Unsere Gesellschaft hat nicht nur Wahrheit und moralische Absolutheitsansprüche abgelehnt und eine tiefe Skepsis insbesondere in Bezug auf religiöse Fragen entwickelt, sie ist auch der Wahrheit allgemein gegenüber gleichgültig. Das Hauptproblem in der Evangelisation ist heute „die ständig wachsende Zahl von Menschen, die einfach nicht daran interessiert sind, von Jesus zu hören, weil sie mit ihrer eigenen Weltanschauung sehr zufrieden sind."[7] Also sagen sie: „Schön für Sie, dass Sie an die Wahrheit glauben", oder „Schön, dass es für Sie funktioniert, aber für mich nicht, und es bedeutet mir auch nichts. Für Sie mag das ja wahr sein, aber für mich nicht."[8]

Ein ausländischer Student sagte mir einmal: „Ich stimme mit der Aussage überein, dass Religion gut für die Gesellschaft ist ... aber welche Religion spielt keine Rolle. Es ist besser, dass die Menschen an etwas glauben als an nichts. Als ich in die USA kam, stellte ich fest, dass es Menschen, die an Gott glauben, in der Regel besser geht als denjenigen, die an nichts glauben. Aber das hat nichts mit der Existenz Gottes zu tun. Es ist eine Art der sozialen Psychologie."

Diese Beispiele sollten keine Überraschung für diejenigen sein, die an die Worte von Paulus in 2. Timotheus 4,3-4 glauben: „Denn es wird eine Zeit sein, da sie die gesunde Lehre nicht ertragen, sondern nach ihren eigenen Begierden sich selbst Lehrer aufhäufen werden, weil es ihnen in den Ohren kitzelt; und sie werden die Ohren von der Wahrheit abkehren und sich zu den

Fabeln hinwenden." Diese Aussage galt im 1. Jahrhundert, und sie gilt heute umso mehr. Weil die moralische Ordnung unserer Gesellschaft zerfällt, müssen wir unsere Evangelisationsmethoden ergänzen, damit wir überhaupt Gehör finden.

All das sind globale Veränderungen. Es ist eine traurige Wahrheit, dass der Tsunami der Postmoderne unsere Welt von Westen nach Osten mit verheerenden Auswirkungen überschwemmt. Der christliche Apologet Ravi Zacharias sagt: „Wir leben in einer Zeit, in der der Westen mehr wie der Osten ist und der Osten versucht, wie der Westen zu sein."[9] Eine ehemalige Seminaristin aus Asien, die unter Studenten in einer Kirche in Singapur arbeitet, sandte mir eines Tages folgende dringliche E-Mail über ihre Schwierigkeiten, Studenten gegenüber Zeugnis zu geben:

> Viele Studenten [in Singapur] glauben nicht, dass es einen Standard für Recht und Unrecht gibt. Vielmehr sind sie der Ansicht, dass das jeder für sich selbst entscheidet. Das bedeutet, dass zwar jeder seinen eigenen Standard für richtig und falsch hat, der aber bei jedem Menschen anders ausfällt. Ich persönlich weiß in solchen Gesprächen nicht mehr weiter. Es ist so, als würde man sagen: Dieses Essen ist gut für mich, für dich aber eventuell nicht. Sie machen den Standard für richtig und falsch zu einer persönlichen Präferenz. Das erschüttert mich. Nicht in Bezug auf meinen Glauben, sondern darauf, wie ich auf solche Fragen antworten soll.

Es ist klar, dass unser Ansatz der Evangelisation überarbeitet werden muss. Sind unsere Gemeinden bereit, auf diese postmodernen Einflüsse zu reagieren, vor allem, was die Evangelisation betrifft?

Eine zunehmende Intoleranz gegenüber denen, die an die absolute Wahrheit glauben

Drittens: Die Meinung der Welt über diejenigen, die an eine absolute Wahrheit glauben, hat unsere Aufgabe erschwert. Nicht nur, dass wir in einer Welt leben, die gekennzeichnet ist durch Ablehnung von moralischen Absolutheitsansprüchen, tiefe Skepsis, Gleichgültigkeit oder Ablehnung der Wahrheit, es herrscht auch Intoleranz denen gegenüber, die behaupten, die Wahrheit zu kennen. Wenn wir als Christen behaupten, dass Jesus der einzige Weg zu Gott ist, dann klingt das für unsere nicht-christlichen, postmodernen Freunde arrogant und intolerant.[10] Wir werden schon für arrogant gehalten, wenn wir nur behaupten, die Wahrheit zu kennen. Schlimmer noch, das beweise, dass wir uns für besser als andere halten oder zumindest, dass wir anderen Glaubensrichtungen gegenüber intolerant sind.

Wenn Sie alle diese Faktoren zusammenzählen, wird klar, dass unsere Aufgabe als Evangelisten heute angsteinflößender ist als je zuvor. Es wird auch deutlich, dass in diesem neuen Jahrtausend unser Evangelisationsansatz anders verpackt werden muss, um noch effektiv zu sein. Genauer gesagt, müssen wir ein neues Element hinzuzufügen, um dieser postmoderne Generation das Evangelium effektiver zu kommunizieren. Dieses wesentliche Element ist die Vor-Evangelisation bzw. Vor-Evangelisation *im Dialog*. (Englischsprachige Materialien für Vor-Evangelisation stehen als kostenlose PowerPoint-Präsentationen, Flyer und Audiodateien auf www.conversationalevangelism.com zur Verfügung.)

Was ist Vor-Evangelisation?
Wenn Evangelisation bedeutet, die Samen des Evangeliums auszusäen, dann heißt Vor-Evangelisation, *den Boden in den Köpfen und Herzen der Menschen zu bearbeiten, sodass sie eher bereit sind, die Wahrheit anzuhören* (1. Korinther 3,6). Die Bearbeitung des Bodens ist wichtig, denn manchmal ist der Boden zu hart, was die Aussaat des Evangeliums in die Herzen der Menschen erschwert (1 Korinther 2,14). Jeder Landwirt weiß, dass er vor dem Aussäen den Zustand des Bodens begutachten muss. Weil unsere heutige Welt so ist, wie sie ist, können wir den Samen des Evangeliums erst ausstreuen, wenn wir den Boden in den Köpfen und Herzen vorbereitet haben. Tun wir das nicht, kann das dazu führen, dass uns heute die Türen für die Aussaat verschlossen bleiben und Menschen der Botschaft des Evangeliums

auch in Zukunft abgeneigt sind. Manchmal gebraucht Gott mehr als nur unsere Worte, um den Boden in Herz und Verstand der Menschen durch die Vor-Evangelisation zu bestellen. Er kann auch das Zeugnis unseres Lebens nutzen.

Wir müssen nämlich mehr tun, als nur die Erde zu lockern; wir müssen den Zustand des Bodens verändern, sodass aus dem Boden ein guter Boden wird (Markus 4,8). Viele Dinge können dazu beitragen, dass sich im Leben unserer nicht-christlichen Freunde ein guter Boden entwickelt. Wenn wir fromm leben und Ungläubige von Herzen lieben (Johannes 13,35), dann trägt das zur Verbesserung des Bodens bei. Das Zeugnis unseres gottesfürchtigen Lebens kann helfen, die negativen Stereotypen von heuchlerischen Christen zu zerstreuen, die das eine predigen, aber etwas anderes leben. Wir tragen zur Entwicklung eines guten Bodens bei, wenn die Herzen von Menschen weich werden statt verhärtet (Jeremia 17,9; Epheser 4,18), weil wir für sie beten (Jakobus 5,16).

Aber es gibt auch andere Möglichkeiten, wie wir dabei helfen können, einen guten Boden zu schaffen, Methoden, die wir normalerweise nicht mit Evangelisation in Verbindung bringen. Im Gleichnis vom Sämann (Matthäus 13) sagt Jesus: „Sooft jemand das Wort vom Reich hört und nicht versteht, kommt der Böse und reißt weg, was in sein Herz gesät war; dieser ist es, bei dem an den Weg gesät ist" (Matthäus 13,19). Wenn jemand eine verzerrte Sicht auf sich selbst, Gott den Vater und Jesus Christus hat, dann kann das für uns ein Hindernis darstellen, im Leben dieses Menschen einen guten Boden zu bereiten. Infolgedessen verstehen sie die Botschaft des Evangeliums möglicherweise nicht und haben keine Ahnung, dass es einen allmächtigen Schöpfer gibt, der uns alle geschaffen hat und uns zur Verantwortung zieht, wenn wir nach unseren eigenen Standards leben und nicht nach seinen. Diese Menschen wissen es noch nicht einmal zu schätzen, was Gott in der Person Jesu Christi für uns getan hat.

Leider besteht (vor allem in asiatischen Ländern) für viele Menschen das Problem der Menschheit vor allem darin, dass wir unsere eigentliche Göttlichkeit vergessen haben, und nicht darin, dass wir an den Standards eines heiligen Gottes gemessen werden. Manchen fällt es schwer, sich selbst als Sünder zu sehen, wenn es aus ihrer Sicht keinen Gott gibt und deshalb auch keine Sünden, die vergeben werden müssen. Einige haben sich dem illusorischen Glauben hingegeben, dass Darwins Evolutionstheorie den Glauben an Gott überflüssig macht. Andere sehen keinen Unterschied zwischen Christentum und anderen Religionen. Sie kommen zu der Schlussfolgerung, dass es an Jesus nichts gibt, das unsere ungeteilte Loyalität verlangen könnte.

Als ich (David) in Asien lebte, stellte ich fest, dass viele Menschen keine Lust hatten, meinen Worten über Jesus zuzuhören, weil sie keinen Unterschied zwischen dem sahen, was sie glaubten und was ich glaubte. Sowohl in asiatischen als auch in westlichen Ländern, in dem das Christentum eher anerkannt wird, halten sich manche Menschen für Christen, nur weil sie zur Kirche gehen. Sie glauben vielleicht sogar, „dass" Jesus der Messias ist, aber sie haben nie wirklich „an" ihn geglaubt (siehe Matthäus 7,22-23) und sehen keine Notwendigkeit für einen radikalen Wandel. Auf jeden Fall müssen wir auch im Westen den Boden unserer nicht-christlichen Mitmenschen kultivieren, weil auch sie glauben, dass sie keine Sünden haben, die vergeben werden müssen.

Wenn wir Menschen also helfen können, besser zu verstehen, welche falschen Vorstellungen sie von sich selbst, Gott dem Vater und Jesus Christus haben, dann trägt das zur Kultivierung des guten Bodens bei, sodass wir den Samen des Evangeliums in die Herzen säen und Frucht sehen können (Matthäus 13,23). War es nicht letztlich Teil des Dienstes von Johannes dem Täufer, die Menschen auf den Messias vorzubereiten, indem er ihnen bei der Erkenntnis half, dass sie Sünder waren und dem Anspruch des heiligen und gerechten Gottes nicht genügten, der sie erschaffen hatte (Matthäus 3,1-12; Johannes 1,6-8)? Können wir es uns leisten, heute nicht auch in einer ähnlichen Vor-Evangelisation tätig zu sein?

Wir sind zutiefst davon überzeugt, dass wir, sobald wir unsere heutige Zeit verstehen, die hohe Kunst der Vor-Evangelisation kultivieren werden, sodass sich mehr Türen für die direkte Evangelisation[11] öffnen. Vor-Evangelisation muss ein wesentlicher

Teil der Verkündigung in unseren Gemeinden, Seminaren und Missionsorganisationen werden, damit wir in diesem neuen Jahrtausend Menschen effektiv für Christus erreichen können.

Neu definieren, wie wir Evangelisation verstehen
Damit die Vor-Evangelisation Frucht bringt, sind mindestens zwei Dinge notwendig. Zuerst müssen wir definieren, was wir unter *Evangelisation* verstehen. Die meisten von uns haben gelernt, dass Evangelisation darin besteht „die frohe Botschaft zu verkünden und Menschen einzuladen, an Jesus zu glauben". Doch in dieser Definition fehlt ein wertvolles Element, und zwar die Erkenntnis, dass Evangelisation ein Prozess ist. Der Apostel Paulus sagte: „Ich habe gepflanzt, Apollos hat begossen, Gott aber hat das Wachstum gegeben" (1. Korinther 3,6). Sie und ich sind vielleicht nicht in der Lage, in einem Gespräch mit einem nicht-gläubigen Freund das ganze Evangelium zu verkünden und ihn dann einzuladen, an Jesus zu glauben. Doch mit jedem Zusammentreffen können wir ihm dabei helfen, dem Kreuz einen Schritt näherzukommen.

Wenn für uns Evangelisation gleichbedeutend ist mit Ernte, sind wir schnell entmutigt, wenn unsere Gesprächspartner kein Interesse an unserem Zeugnis zeigen. Wir kommen uns wie ein Versager vor, weil wir nicht „evangelisieren". Daher schrecken viele vor der Aufgabe der Evangelisation zurück, weil wir uns nicht gerne wie Versager fühlen.

Auch der christliche Schriftsteller und ehemalige Mitarbeiter von „Campus für Christus" Tim Downs betont, dass Evangelisation oft falsch verstanden wird. Er sagt: „Wir meinen heutzutage, es gebe nur zwei Arten von Christen: die Erntehelfer und die Ungehorsamen. Wir müssen endlich mit Nachdruck lehren, dass alle Mitarbeiter lernen sollten, zu ernten, und dass Gott einige Christen ausschließlich für diese Rolle beruft. Doch jeder kann lernen, hier und jetzt den Samen auszustreuen."[12]

In unserer heutigen Welt müssen wir vermutlich erst einmal über einen längeren Zeitraum viele geistliche Samenkörner ausstreuen, bevor sich jemand ernsthaft mit der Person Jesu beschäftigt. Vielleicht müssen wir erst einmal den Boden bearbeiten, bevor wir die Gelegenheit haben zu säen. *Wir sind nicht dazu berufen, alle Menschen zu Jesus zu führen, sondern Jesus zu allen Menschen zu bringen.*

In Anbetracht all dessen sollten wir Evangelisation besser wie folgt definieren: *Evangelisation geschieht jeden Tag und immer dann, wenn wir unseren Freunden helfen, Jesus einen Schritt näher zu kommen.*[13] Es kann einige Zeit dauern, bevor Ihre nicht-gläubigen Freunde ernsthaft die Ansprüche Jesu in Erwägung ziehen, dann die Entscheidung treffen, ihn in ihr Leben einzuladen (Johannes 1,12), und ihm erlauben, sie von innen nach außen zu verändern (Philipper 2,13). In der Praxis bedeutet das, dass wir uns jeden Tag fragen sollten: „Was muss ich heute tun, um meine nicht-gläubigen Freunde einen Schritt näher zu Jesus zu führen?"

Veränderte Strategien in evangelistischen Begegnungen
Das Ziel unserer evangelistischen Begegnungen ist nicht zwingend, die ganze Botschaft des Evangeliums auf einmal zu verkünden (und damit möglicherweise diejenigen abzuschrecken, die wir zu erreichen versuchen). Manchmal wird uns der Heilige Geist anleiten, noch einen Schritt weiterzugehen, aber wir müssen erkennen, wie viel unser Zuhörer verkraften kann, ohne in die Defensive zu gehen oder sich aus dem Gespräch auszuklinken. *Vielmehr sollten wir mit einer langfristigen Perspektive an das Gespräch gehen, sodass bei unserem Gegenüber der Wunsch entsteht, das Gespräch fortzusetzen.*

Dies ist ein ganz anderer Evangelisations-Ansatz, aber wir glauben, dass alle Christen diese Methoden lernen sollten, um in unserer postmodernen Generation effektiver zu sein. Es bedeutet, dass wir uns bei der Arbeit, in der Schule oder in der Nachbarschaft mit Menschen über geistliche Themen unterhalten. Wir führen unsere Gespräche so, dass sich unser Gegenüber wünscht, den geistlichen Dialog bei der nächsten Begegnung fortzusetzen. Zu oft wurden uns Kommunikationsmethoden beigebracht, durch die sich andere Menschen angegriffen fühlen. Daher ist es nicht ungewöhnlich, dass Ungläubige nichts mit Christen und der christlichen Botschaft zu tun haben wollen, wenn ihre erste Begegnung mit der guten Nachricht so abschreckend war.

Ich erinnere mich, dass ich einmal in einem Taxi fuhr, und der letzte Christ, der mit dem Taxifahrer gesprochen hatte, war der Meinung gewesen, er sei Gottes letzte Hoffnung, um diesen Menschen zu erretten. Als ich versuchte, mit ihm über den Glauben zu sprechen, war er noch nicht einmal an einem auch nur ansatzweise geistlichen Gespräch interessiert.

Wir sollten darauf achten, die Brücken hinter uns nicht abzubrennen und den nach uns kommenden Christen ihre Aufgabe nicht zu erschweren. Vielmehr sollten wir mit unseren nicht-gläubigen Freunden so reden, dass sie mehr über unseren Glauben erfahren möchten.

Einmal unterhielt ich mich im Flugzeug mit einer jungen vietnamesischen Frau, die gerade an einer Hochschule in den USA ihr Studium abgeschlossen hatte. Ich stellte fest, dass sie noch nie das Evangelium gehört hatte und nichts über Jesus wusste. Sie fragte mich, warum es mir so wichtig sei, Apologetik zu unterrichten. Das war die entscheidende Frage, die mir die Tür öffnete, um das Evangelium zu verkünden. Anscheinend hatte ich so mit ihr über meinen Glauben gesprochen, dass sie wirklich mehr über Jesus hören wollte. Ich war begeistert, ihre Frage als Anknüpfungspunkt nutzen zu können, um ihr zum ersten Mal vom Evangelium zu erzählen.

Das bedeutet jedoch nicht, dass wir im Rahmen der Vor-Evangelisation nie auf Menschen treffen, die abweisend reagieren, wenn wir versuchen, mit ihnen über Jesus zu reden. Wenn Sie Apostelgeschichte 17 lesen, stellen Sie fest, dass es mindestens drei unterschiedliche Reaktionen auf die Botschaft des Apostels Paulus gab, auch wenn er sich die Zeit nahm, um vor-evangelistische Brücken zum Evangelium zu schlagen. So sollten auch wir damit rechnen, dass andere Menschen negativ oder sogar aggressiv reagieren, wenn wir über die Wahrheit Jesu sprechen (Johannes 15,18-21). Aber wir sollten alles in unser Macht Stehende tun, um unsere Verkündigung des Evangeliums so wenig provozierend wie möglich zu halten, auch wenn sich manche Menschen schon durch die Botschaft des Evangeliums an sich provoziert fühlen (1. Korinther 1,23-24; 1. Petrus 2,8).

Auch wenn wir unsere Vorgehensweise ändern, kann uns der Heilige Geist durchaus dazu auffordern, unseren Freunden etwas zu sagen, was sie möglicherweise nicht gern hören und wir nur schwer über die Lippen bekommen. Das Blut der Märtyrer durch die Jahrhunderte ist Zeugnis für die Tatsache, dass Gott uns als seine Botschafter manchmal dazu auffordert, etwas zu sagen, was uns das Leben kosten kann. Vielleicht haben wir Freunde, bei denen wir die Holzhammermethode anwenden und sehr deutlich werden müssen. Auch Jesus war in seinen Gesprächen mit den jüdischen Anführern oft sehr direkt. Aber bei unterschiedlichen Menschen ging er unterschiedlich vor.

Auch wenn das Evangelium also in gewisser Art eine Provokation darstellt (1. Korinther 1,18-25; Galater 5,11), sollten wir einen Weg finden, durch den sich die Menschen möglichst wenig provoziert fühlen. Denken Sie daran, dass die Bibel uns auffordert, weise in unserem Verhalten Außenstehenden gegenüber zu sein (Kolosser 4,5). Wir sollen so klug wie die Schlangen sein und ohne Falsch wie die Tauben (Matthäus 10,16). Das bedeutet auch, auf eine Weise vom Evangelium zu sprechen, die größtmögliche Akzeptanz hervorbringt. Dieser Ansatz stimmt mit der Vorgehensweise überein, wie Jesus und seine Jünger versuchten, andere Menschen mit der guten Botschaft zu erreichen.

Natürlich kann man sich die Frage stellen: Woher wissen wir, wie weit wir in unseren Gesprächen mit anderen Menschen über Jesus Christus gehen können, ohne dabei unsere Brücken abzubrennen? Die Erfahrung hat uns gelehrt: Je mehr Begegnungen wir im privaten oder beruflichen Umfeld mit unseren noch nicht geretteten Freunden, Familienmitgliedern oder Kollegen haben, desto klüger ist es, nach dem Motto zu handeln: „Weniger ist mehr." Aber in Situationen, in denen wir kaum die Möglichkeit haben, ein Gespräch fortzusetzen, gilt manchmal: „Mehr ist mehr." Manchmal ist es klüger, mit anderen Menschen tiefergehende Gespräche über den Glauben zu führen, besonders dann, wenn der Heilige Geist Sie dazu drängt und Sie später keine weiteren Gelegenheiten haben werden, von der frohen Botschaft Jesu zu erzählen.

Nichtsdestotrotz ist es wichtiger, dass unsere nicht geretteten Familienmitglieder die frohe Botschaft in unserem Leben sehen, bevor sie sie aus unserem Mund hören. Sie kennen vermutlich die Redensart, dass Sie die einzige Bibel sind, die manche Menschen jemals lesen werden. Das mag zwar sein, doch wir sollten in jeder Situation auf das achten, wozu der Heilige Geist uns auffordert, und bereit sein, Zeugnis zu geben, das über unser Lebenszeugnis hinausgeht.

Wie wir es anderen ermöglichen, die Wahrheit für sich selbst zu entdecken, indem wir gezielte Fragen stellen

Damit die Vor-Evangelisation Frucht bringen kann, müssen wir in bestimmten Situationen Fragen stellen, die unseren nicht-gläubigen Freunden die Möglichkeit geben, *die Wahrheit für sich selbst zu entdecken*. Wir tun das, indem wir ihnen gezielte Fragen stellen, durch die sie zum Nachdenken angeregt werden. Dadurch werden sie motiviert, sich Gedanken über die Stärken und Schwächen ihrer Überzeugungen zu machen und daraus die richtigen Schlüsse zu ziehen. Das ist ein wichtiger Bestandteil im Evangelisationsprozess, in dem der Boden ihres Lebens kultiviert wird.

Vor Kurzem sprach ich mit einem Studenten, der mir sagte, dass er es nicht für wichtig halte, woran man glaubt, solange man niemanden damit verletze. Also fragte ich ihn: „Stellen Sie sich vor, Ihr bester Freund wäre in einem brennenden Gebäude gefangen und würde sich nicht retten lassen wollen. Würden Sie ihn dennoch retten wollen?" Der Student gab zu, dass er es nicht mit seiner Überzeugung vereinbaren könne, seinen Freund verbrennen zu lassen, selbst wenn dieser nicht gerettet werden wollte. Dieses Gespräch wäre vermutlich anders verlaufen, wenn ich einen direkteren Ansatz verwendet hätte, der ihn in die Defensive getrieben hätte.

Zum Nachdenken anregende Fragen zu stellen, die anderen helfen, die Wahrheit für sich zu entdecken, ist eine Kunst, die alle Christen besser beherrschen sollten. Manchmal sind es so simple Fragen wie: „Hast du irgendeine Meinung über Jesus?" oder „In welchem Verhältnis steht Jesus zu deinen religiösen

Überzeugungen?" Diese Fragen können aber auch tiefer gehen. Sie könnten Ihre atheistischen Freunde fragen: „Warum ist es vernünftiger, zu glauben, dass etwas aus dem Nichts und durch nichts entstand, als zu glauben, dass etwas (wir) von etwas (einem ewigen Gott) erschaffen wurde?" Durch manche Fragen werden Ihre Freunde vielleicht auch zum Nachdenken darüber angeregt, was sie daran hindert, auf das Kreuz zuzugehen. Zum Beispiel könnten Sie fragen: „Wenn du die Wahrheit kennen könntest, würdest du sie wissen wollen?" Oder: „Wenn du eine überwältigende Menge von Beweisen für die Wahrheit des Christentums finden würdest, würdest du dein Leben Jesus Christus übergeben, auch wenn du es eigentlich nicht willst?" (Für weitere Vorschläge siehe „Thought-provoking questions and approaches based on the C.E. model" unter www.conversa tionalevangelism.com.)

Es ist natürlich nichts Neues, als Teil unseres Zeugnisses gezielte Fragen zu stellen, die zum Nachdenken anregen sollen. Wir sehen ähnliche Praktiken bereits im Neuen Testament.

Jesus ist unser Vorbild, dem es zu folgen gilt. Jesus und seine Jünger stellten, je nach Zielgruppe, unterschiedliche Arten von Fragen. Jesus war nicht nur der beste Lehrer, er war auch der größte Apologet aller Zeiten, der wusste, wie man in Gesprächen Fragen effektiv einsetzen kann.[14] In der Tat enthalten die Evangelien über 200 Fragen, die Jesus gestellt hat. Er war ein Meister im Fragenstellen.[15]

Jesus wusste auch, wie wichtig es ist, dass Menschen die Wahrheit für sich selbst entdecken. Als er sich mit der Frau am Brunnen unterhielt (Johannes 4), sagte er nicht zu ihr: Kehr um, oder du wirst in der Hölle schmoren. Stattdessen machte er sie neugierig und brachte sie durch seine Fragen ins Nachdenken. Er sagte ihr, dass sie, wenn sie von dem Wasser trinken würde, das er ihr geben würde, nie wieder Durst hätte (Johannes 4,14).

Des Weiteren wusste Jesus, dass es nicht immer das Beste ist, bestimmte Dinge ganz direkt anzusprechen. Oft sprach er in Gleichnissen, die nicht alle seine Hörer wirklich verstanden (Matthäus 13,11-13). Einer seiner Gründe war, dass er einen größeren geistlichen Hunger bei denjenigen bewirken wollte, die daran interessiert waren. Er wusste auch, dass es nicht immer sinnvoll ist, alles, was wir wissen, auf einmal zu sagen. Gegen Ende seines Wirkens sprach er seinen Jüngern: „Ich habe noch viel mehr zu sagen, aber ihr könnt es jetzt nicht tragen" (Johannes 16,12). Vielleicht möchten wir unseren ungläubigen Freunden viel mehr von Jesus erzählen, aber manchmal können sie nur einen Bruchteil dessen, was wir sagen wollen, aufnehmen.

Jesus und seine Jünger sind uns Vorbilder bei der Suche nach Gemeinsamkeiten. Jesus und seine Jünger wussten, wie wichtig es ist, die Ansichten ihrer Gesprächspartner zu kennen, um dann davon ausgehend Brücken zur Wahrheit schlagen zu können. Als Jesus zum Beispiel den Gelähmten heilte (Markus 2,1-13), war ihm klar, dass die Pharisäer wussten, dass allein Gott Sünden vergeben kann (6-7). Deswegen heißt es hier über Jesus: „Damit ihr aber wisst, dass der Sohn des Menschen Vollmacht hat, auf der Erde Sünden zu vergeben – spricht er zu dem Gelähmten: Ich sage dir, steh auf, nimm dein Bett auf und geh in dein Haus!" (10-11).

Auch der Apostel Paulus hatte im Umgang mit anderen das gleiche Verständnis. In Apostelgeschichte 28,23 ging Paulus in einer Art und Weise auf Juden und gottesfürchtige Griechen zu, die ihnen zu erkennen half, dass Jesu Leben und Tod die Erfüllung der von ihnen bereits anerkannten alttestamentlichen Schriften war. Doch als Paulus zu den Epikureern (Atheisten) und Stoikern (Pantheisten) in Apostelgeschichte 17,22-29 redete, ging er anders vor. Hier sprach er zuerst über ihre falschen Vorstellungen von Gott und nicht über die Person des Christus. Auch im Gespräch mit Polytheisten (Apostelgeschichte 14) verfolgte er eine andere Strategie. Er sprach zuerst über die Natur und argumentierte davon ausgehend für die Existenz eines Schöpfers. Es ist also wichtig, den besten Ansatz zu wählen, um bei denen Gehör zu finden, die wir erreichen wollen (1. Korinther 9,22).

Doch auch wenn die Vor-Evangelisation eine zentrale Rolle spielen kann, um der eigentlichen Evangelisation Türen zu öffnen, heißt das nicht, dass wir immer mit Vor-Evangelisation beginnen müssen, bevor wir Frucht im Leben von Menschen sehen können. Wenn der Heilige Geist bereits im Leben von Nichtgläubigen wirkt, sie der Sünde überführt und in ihnen eine Offenheit zur Umkehr hervorruft, dann ist manchmal (aber selten) keine Vor-Evangelisation erforderlich. Ich predigte einmal in einer Gemeinde in Italien und verzichtete aus Zeitgründen am Ende meiner Predigt auf die Einladung zur Nachfolge (wie ich es normalerweise tue). Dennoch kam nach dem Gottesdienst ein älterer Mann nach vorn, um Jesus in aller Öffentlichkeit anzunehmen. Ich erfuhr, dass er zum ersten Mal in dieser Kirche war. Offensichtlich hatte Gott bereits an seinem Herzen gearbeitet.

Auch wenn Gott unsere Vor-Evangelisation nicht braucht, um Menschen zu erreichen, gibt es dennoch einige gute Gründe, warum sie in der Evangelisation heutzutage sehr hilfreich sein kann. Wir leben in einer Welt, in der sich die Menschen nur ungern erklären lassen, was wahr ist. Doch sie sind unter Umständen bereit, wie in einem Spiegel[16] selbst die Widersprüche in ihren Glaubensvorstellungen zu entdecken. Wenn das der Fall ist, können wir ihnen helfen, Brücken zum Evangelium zu schlagen, die auf unseren gemeinsamen Überzeugungen aufbauen (1. Korinther 9,22).

Fazit: Vor-Evangelisation in unserer Evangelisation
Die meisten heutigen Christen wissen um die Bedeutung von aktiver Evangelisation, aber einige vergessen dabei, wie wichtig es ist, erst den *guten Boden zu bereiten*, um so noch mehr Möglichkeiten zur Evangelisation zu bekommen. Doch es lässt sich schwer leugnen, dass wir umso mehr Möglichkeiten zur Evangelisation haben, je mehr wir in Vor-Evangelisation investieren. Und je mehr Möglichkeiten wir haben, das Evangelium zu verbreiten, desto größer ist die Wahrscheinlichkeit, dass mehr Menschen zu Jesus kommen. Daher gilt: Je mehr Vor-Evangelisation, umso größer die Wahrscheinlichkeit, dass mehr Menschen zu Jesus kommen.

Auch wenn das ein neuer Ansatz für Evangelisation ist, halte ich ihn dennoch für wichtig, weil er uns in dieser postmodernen Welt hilfreich sein könnte. Natürlich müssen wir neuen Wein in neue Schläuche füllen, um die Skeptiker, Pluralisten und die Relativisten unserer Tage effektiver zu erreichen (Matthäus 9,17).

Der kombinierte Ansatz, Fragen zu stellen, Zweifel zum Vorschein zu bringen, Interesse zu wecken, versteckte Hindernisse aufzudecken und Brücken zum Kreuz zu schlagen, steht im Mittelpunkt der Vor-Evangelisation. Mit diesem Ansatz lockern wir den Boden in den Köpfen und Herzen der Menschen, bringen Schwachstellen in ihren Überzeugungen zum Vorschein und wecken in ihnen den Wunsch, mehr über Jesus zu hören. Das hilft bei der Vorbereitung eines guten Bodens (Matthäus 13,8), in den die Samen des Evangeliums gepflanzt werden, die nun mehr Frucht bringen können. Wenn wir uns auf dieses Konzept einlassen, sollten wir auch darüber nachdenken, wie wichtig die Rolle der christlichen Beweisführung in der Evangelisation ist[17] (mehr dazu in Kapitel 9), auch wenn unsere Welt und leider auch einige Christen immer weniger bereit sind, irgendeine Art von objektiver Wahrheit zu akzeptieren.[18]

Manchmal werden wir Menschen nicht wirklich dabei helfen können, die Schwachstellen in ihren Überzeugungen offenzulegen und ein größeres Interesse für Jesus zu wecken. In diesen Fällen sollten wir uns darauf konzentrieren, den Boden zu verbessern, und den Rest in die Hände des souveränen Gottes legen, sodass eines Tages (sei es heute, morgen oder in der fernen Zukunft) die Samen gepflanzt werden und geistliche Frucht tragen können. Wir müssen weiterhin jeden Tag unseren Teil dazu beitragen, dass unsere nicht-gläubigen Freunde Jesus Christus einen Schritt näherkommen (1. Korinther 3,6).

Die ersten Schritte

Es gibt vier einfache Schritte, wie wir vor-evangelistische Brücken zu unseren Mitmenschen schlagen können, selbst, wenn wir nicht über Kapitel 1 dieses Buches hinauskommen.

Erstens müssen wir herausfinden, wen uns der Herr als Gesprächspartner aufs Herz legt. Das kann ein Familienangehöriger, Nachbar, Kollege oder Mitschüler sein. Wenn Gott in unserem Leben wirkt, dann wäre es verwunderlich, wenn es niemanden gäbe, den wir erreichen sollen und an dem er bereits arbeitet.

Zweitens: Beten Sie für offene Türen (Kolosser 4,3). Denken Sie daran: Weil Gott die verlorenen Menschen in unserem Leben wichtig sind, öffnet er uns Türen, sodass wir von seiner Wahrheit erzählen dürfen, auch dann, wenn wir dafür gar nicht bereit sind und das Gefühl haben, gänzlich ungeeignet zu sein. Gott kann sogar Situation so lenken, dass es uns leichter fällt, Menschen von der guten Nachricht zu erzählen, die wir für schwer erreichbar halten.

Drittens: Halten Sie täglich Ausschau nach göttlichen Momenten. Schauen Sie, wo Gott bereits im Leben der Menschen aktiv ist, die Sie erreichen möchten. Fragen Sie sich: *Was sind die Anzeichen dafür, dass Gott bereits auf übernatürliche Weise in ihren Herzen wirkt?* Denken Sie an die Situation in Apostelgeschichte 8, als der Heilige Geist Philippus beauftragte, mit dem äthiopischen Eunuchen zu sprechen. Wir müssen uns jeden Tag fragen, wer die Menschen sind, die Gott uns in den Weg stellt, damit wir ihnen helfen können, Jesus Christus einen Schritt näherzukommen. Ich erinnere mich, wie ich mich im Flugzeug mit einem Studenten unterhielt, der auf dem Weg zu seiner sterbenden Großmutter war und sie wahrscheinlich zum letzten Mal sehen würde. Das war meine Chance, ihm das Evangelium zu erklären. Ich hatte keine Zweifel, dass das ein göttlicher Moment war. Um diese göttliche Momente bestmöglich zu nutzen, müssen wir Gott um Weisheit und die richtigen Worte bitten (Jakobus 1,5; Apostelgeschichte 14,1).

Viertens müssen wir das meiste aus allen unseren Gesprächen mit Nichtgläubigen machen, um ihnen zu helfen, Jesus einen Schritt näherzukommen (Kolosser 4,5; 1. Korinther 9,22). Das können wir schaffen, wenn wir mindestens zwei Dinge berücksichtigen:

1. Hören Sie genau zu, damit jede Begegnung zählt. Manchmal verpassen wir Gelegenheiten, bei denen wir einem Nichtgläubigen helfen könnten, sich Jesus zu nähern, weil wir nicht sorgfältig genug hinhören und daher wichtige Stichworte verpassen, die ein Sprungbrett zu einem tiefer gehenden Gespräch über den Glauben gewesen wären. Sie werden überrascht sein, wie einfach es ist, normale, alltägliche Gespräche als Chancen für das Evangelium zu nutzen. Einmal unterhielt ich mich im Flugzeug mit einem jungen Mann, der sagte, dass er Verwandte in Kentucky besuchen wollte. Also fragte ich ihn, ob es in Kentucky ähnlich viele Kirchen und Gemeinden gebe wie in Charlotte, NC, wo ich wohne. Das war der Einstieg zu einem tieferen Gespräch über den Glauben, weil ich nun Fragen zu seinem religiösen Hintergrund stellen konnte.

2. *Finden Sie heraus, wie Sie eine größere geistliche Offenheit bewirken können, so wie Jesus und der Apostel Paulus es taten* (Johannes 4,10; Apostelgeschichte 17,32). So sagte Jesus zum Beispiel zu der Frau am Brunnen in Johannes 4: „Wer aber von dem Wasser trinken wird, das ich ihm geben werde, den wird nicht dürsten in Ewigkeit." Möge Gott uns allen wie den Männern von Issaschar dabei helfen, die Zeiten zu verstehen. Möge uns Gott Kraft und Mut geben, um die erforderlichen Opfer zu bringen, die notwendig sind, um im neuen Jahrtausend Vor-Evangelisation zu praktizieren.

Zum Nachdenken

1. Fragen Sie sich: Wen kenne ich, bei dem ich in der Vergangenheit Mühe hatte, auf eher traditionelle Weise Zeugnis zu geben? Was könnte ich in Zukunft auf Grundlage dessen, was ich in diesem Kapitel gelernt habe, in meinen Gesprächen anders machen (siehe Johannes 16,12)?

2. Wenn ich wirklich glaube, dass vor-evangelistische Gespräche heutzutage notwendig sind, dann werde ich:

_____

_____

_____

3. Denken Sie daran, auf die täglichen göttlichen Momente zu achten. Halten Sie Ausschau nach Anzeichen, dass Gott im Leben eines anderen Menschen am Werk ist (Apostelgeschichte 8,29).

Praktische Anwendung

1. Bestimmen Sie drei Menschen, die Sie am dringendsten mit dem Evangelium erreichen wollen (das könnten Familienmitglieder, Freunde, Nachbarn, Kollegen oder Mitschüler sein). Schreiben Sie die Namen an die entsprechende Stelle unter „Gesprächsstrategien der Vor-Evangelisation" in Anhang 1. Bitten Sie Gott um Weisheit (Jakobus 1,5), wie Sie in Ihren nächsten Gesprächen am besten vor-evangelistische Brücken bauen können.

2. Beten Sie für diese drei Menschen und bitten Sie Gott darum, dass er in ihrem Leben wirkt und geistliche Offenheit schafft. Bitten Sie Gott außerdem um Sensibilität in Ihren täglichen Gesprächen, damit auch Sie eine größere Offenheit für Gespräche über den Glauben bewirken können.

3. Bitten Sie Gott um Stärkung, um ein positives und konsequentes Zeugnis für die Menschen in Ihrem Leben zu sein. Beten Sie, dass Jesus in Ihrem Alltagsleben sichtbar wird (Philipper 1,14).

4. Beten Sie für göttliche Momente, in denen Sie das Evangelium Jesu bei den Menschen aussäen können, mit denen Sie im Alltag zu tun haben. Und bitten Sie Gott um Weisheit und Stärke, um ein guter Zeuge zu sein, wenn Sie über Gottes Wahrheit sprechen (Apostelgeschichte 14,1). Machen Sie sich Gedanken über Kolosser 4,2-6.

5. Bitten Sie Gott, Ihnen zu helfen, ab sofort das meiste aus jedem Gespräch mit einem Nichtgläubigen zu machen.

KAPITEL 2

Einführung in die Evangelisation im Dialog

Vor ein paar Jahren war ich (David) auf dem Weg zu einer Konferenz in den USA und saß im Flugzeug neben einem ziemlich gesprächigen Mann. Im Bemühen, ein positiver Zeuge zu sein, versuchte ich, ein Gespräch über den Glauben mit ihm zu führen. Zu meiner Überraschung fand ich heraus, dass er nicht nur Mormone war, sondern sogar der leitende Lehrer der Mormonen in seinem Gebiet des Bundesstaates Washington. Ich hätte einige provozierende Fragen stellen können wie z. B.: „Wie kann man an die mormonische Lehre glauben, wenn sich die Prophezeiungen des Joseph Smith nicht erfüllt haben?" Doch ich entschied mich stattdessen für ganz harmlose Fragen und ermöglichte es ihm, diese zu überdenken und zu reflektieren. So fragte ich ihn: „Können Sie mir beim Verständnis einer Lehre der Mormonen helfen, die ich bisher nicht verstanden habe?" – „Sicher", sagte er. „Wie können die Mormonen an eine unendliche Folge von Göttern glauben?" – „Was meinen Sie damit?" – „Glauben Sie nicht, dass Elohim Gott einst ein Mensch war und dass es vor ihm andere Götter gab und vor diesen eine ganze Reihe von Göttern? Muss es nicht irgendwann einen ersten Gott gegeben haben?" Ich erklärte ihm das Problem des unendlichen Rückschritts der Ursachen aus philosophischer Sicht und merkte, dass er ein wenig überrascht war. Der Großteil unseres restlichen Gesprächs verlief in der folgenden Art und Weise: Ich stellte eine Frage über den mormonischen Glauben, und er zögerte, war unsicher, was sagen sollte. Nach einigen Minuten fragte ich, ob er wüsste, wer meine Fragen beantworten könnte. Er überlegte einen Moment und sagte dann, er kenne einen Professor an der *Brigham Young University,* der mir vielleicht helfen könnte.

Hier hatte ich es mit einem der obersten Mormonenlehrer im Staat Washington zu tun, und er kannte nur eine einzige Person, die mir möglicherweise meine Fragen würde beantworten können. Ich merkte, dass unser freundlicher, aber intellektuell anspruchsvoller Dialog seine Wirkung getan hatte. Ich erklärte ihm, dass ich ein Sucher der Wahrheit sei, und wenn ich in meinem Glauben falsch läge, so möge er mir bitte zeigen, wo ich irrte, weil ich nichts Falsches glauben wollte. „Schließlich", sagte ich, „schreibt der Apostel Paulus in 1. Korinther 15,14, dass, wenn Christus nicht von den Toten auferstanden wäre, unser Glaube vergeblich sei."

Kurz bevor er das Flugzeug verließ, meinte er, wie sehr ihm unser Gespräch gefallen habe. Dann sagte er etwas, das mich sehr überraschte: Ich sei der erste protestantische Christ, der mit ihm über religiöse Themen gesprochen hatte, ohne (so seine Worte) „ihn dabei zu provozieren". Seit dieser Begegnung bin ich mehr und mehr davon überzeugt, dass wir als Christen einen anderen Ansatz für Evangelisation brauchen, vor allem, wenn wir Menschen gewinnen wollen, die nicht unser Feind sind, sondern selbst Opfer des Feindes (2. Korinther 4,4). Wir müssen lernen, unseren nicht-gläubigen Freunden mit Fingerspitzengefühl Fragen zu stellen, die es ihnen ermöglichen, die Wahrheit für sich selbst zu erkennen, und die ihre Neugier daran wecken, mehr über Jesus zu erfahren. Solche Begegnungen sind das Herzstück der Evangelisation im Dialog.[19]

Übersicht über die vier Arten von Gesprächen in der Vor-Evangelisation
Evangelisation im Dialog besteht aus vier Arten von Gesprächen, die wir mit unseren nicht-gläubigen Freunden führen können. Es sind: zuhörende Gespräche, erhellende Gespräche, aufdeckende Gespräche und aufbauende Gespräche (Details dazu im nächsten Kapitel). Das sind die wichtigsten Zutaten für die Evangelisation im Dialog. Fähigkeiten in diesen vier Gesprächsarten zu entwickeln kann eine wichtige Rolle spielen, wenn es darum geht, unseren Freunden Brücken zum Evangelium zu schlagen, besonders den Skeptikern, Pluralisten und Postmodernen unserer Tage (Johannes 8,32).

Vier Rollen, die Sie im Leben Ihrer Freunde beherrschen sollten

Musiker **Maler** **Archäologe** **Baumeister**

Alle diese Arten von Gesprächen entsprechen den Rollen, die wir im Leben unserer nicht-christlichen Freunde spielen müssen. Es sind die Rollen *des Musikers, des Malers, des Archäologen und des Baumeisters.*[20] Als *Musiker* wollen wir sorgfältig hinhören, uns mit ihrer persönlichen Geschichte vertraut machen und dabei die schiefen Töne entdecken (mehr dazu in Kapitel 3). Als *Maler* wollen wir mit unseren Fragen ein Bild malen und den anderen helfen, sich selbst im Licht der Wahrheit zu sehen. Wir wollen abklären, welche Überzeugungen jemand hat, wir wollen Schwachstellen zutage fördern und uns an die drei Aspekte der Evangelisation im Dialog erinnern (Zweifel, Defensive, Wunsch nach mehr, mehr dazu in Kapitel 4). Als *Archäologe* möchten wir ihre Lebensgeschichte erforschen und herausfinden, welche Hindernisse zwischen ihnen und dem christlichen Glauben stehen. Wir können dies in sieben Schritten tun (darüber sprechen wir in Kapitel 5). Als *Baumeister* wollen wir eine Brücke bauen, um das Evangelium zu verkünden. Wir suchen nach einer gemeinsamen Basis, von der aus wir diese Brücke bauen, dabei das Ziel im Auge behalten und schließlich zum Evangelium überleiten (mehr dazu in Kapitel 6).

Es ist essenziell, in unseren entsprechenden Rollen diese vier Arten von Gesprächen zu verinnerlichen, um unseren nicht-gläubigen Freunden zu helfen, Jesus näherzukommen.

Wie Jesus in den Evangelien Fragen verwendet
Manche empfinden den Ansatz dieses Buches vielleicht als recht ungewöhnlich, aber er steht im Einklang mit dem, was Jesus in seinem Dienst an anderen tat. Beachten Sie, wie Jesus in dem folgenden Beispiel seine Fragen einsetzt:
Matthäus 12,9-14: Jesus betrat eine Synagoge und sah einen Mann mit einer verdorrten Hand. Die jüdischen Anführer suchten nach einem Grund, um Jesus anzuklagen, am Sabbat gearbeitet und damit das vierte Gebot gebrochen zu haben. So fragten sie ihn: „Ist es erlaubt, am Sabbat zu heilen?" (V. 12). Jesus antwortete ihnen: „Welcher Mensch wird unter euch sein, der ein Schaf hat und, wenn dieses am Sabbat in eine Grube fällt, es nicht ergreift und herauszieht? Wie viel wertvoller ist nun ein Mensch als ein Schaf! Also ist es erlaubt, am Sabbat Gutes zu tun" (11-12). Durch seine Frage zeigte Jesus, dass Menschen bereit wären, für die Rettung eines Schafes in Not am Sabbat zu arbeiten.

Wenn sie aber bereit wären, ein Tier zu retten, wie viel mehr sollten sie bereit sein, einen Menschen zu retten, der nach dem Bild Gottes geschaffen ist! Jesus war ein Meister im Fragenstellen, um so die Wahrheit ans Licht zu bringen.[21]

Die Kunst, Fragen zu stellen, ohne dabei zu provozieren
Wenn wir lernen, gezielte Fragen zu stellen, ohne dabei zu provozieren, ermöglichen wir unseren Gesprächspartnern, die Wahrheit für sich selbst zu entdecken, statt ihnen zu sagen, was sie glauben sollten. Viele Nichtchristen haben etwas gegen die Vorstellung, dass Christen immer noch an die absolute Wahrheit glauben. Manche halten uns deswegen für arrogant und intolerant. Daher ist es umso wichtiger, dass wir niederschwellige Gespräche über den Glauben führen, wenn wir ein Umfeld schaffen wollen, in dem Menschen offen sind für das, was wir über Jesus zu sagen haben.

Es ist eine hohe Kunst, Interesse an einem Gespräch über den Glauben zu wecken. Es ist wichtig, dass wir nicht nur lernen, wie wir unseren Freunden die richtigen Arten von Fragen stellen, sodass sie die Wahrheit selbst entdecken können, sondern wir sollten unsere Fragen so wenig provozierend wie möglich stellen. Die folgenden drei Punkte helfen uns dabei.
Fragen Sie so, dass Ihre Freunde

1. *Schwachstellen (Zweifel)* in ihre eigenen Überzeugungen entdecken
2. *nicht in die Defensive gedrängt werden*
3. sondern *neugierig werden (in ihnen der Wunsch geweckt wird),* mehr von Jesus zu erfahren.

Es ist nicht leicht, unseren Gesprächspartnern Schwachstellen in ihren Überzeugungen aufzuzeigen, ohne sie dabei in die Defensive zu drängen. Das ist die Gefahr bei jedem Versuch, sie auf mögliche Widersprüche hinzuweisen, vor allem dann, wenn wir unseren Glauben gegenüber Skeptikern, Pluralisten und Postmodernen bezeugen.

Um in diesem Bereich Fortschritte zu machen, sollten wir uns daran orientieren, wie sich Liebende unterhalten, wenn sie unterschiedlicher Meinung sind. Wir sollten unsere Freunde nicht auf jedes Detail ansprechen, das für uns keinen Sinn ergibt. Das treibt sie nur in die Defensive und führt dazu, dass sie emotional auf Distanz gehen. Stattdessen sollten wir behutsam unsere Hauptanliegen ansprechen und dabei die Streitpunkte betonen, die uns am wichtigsten sind, in der Hoffnung, dass unser Gesprächspartner das ebenso sieht.

Genauso müssen wir beim Weitergeben des Evangeliums manchmal nur auf ein paar wichtige Dinge hinweisen, über die der andere nachdenken sollte. Wir sollten ihm nicht unseren gesamten Berg an Argumenten auf einmal vor die Füße knallen. Ich hatte einmal ein Gespräch mit einer nicht-christlichen Verwandten meiner Frau. Sie glaubt an einen Schöpfer, aber sie glaubt auch, dass Gott weiblich ist und verschiedene Menschen beauftragt hat, unter ihr zu arbeiten: Jesus für die Christen, Buddha für Buddhisten, Mohammed für die Muslime. Also fragte ich sie, warum sie der Meinung sei, dass unser Schöpfer uns absichtlich verwirren würde, indem er Jesus sagen ließ, dass er der einzige Weg zu Gott sei[22] und nicht nur einer von vielen Wegen, und dann Buddha veranlasste, etwas anderes sagen, und Mohammed wieder etwas anderes. Nach der anschließenden Diskussion sagte sie mir: „Du hast einiges gesagt, über das ich mal nachdenken muss", und dass sie versuchen wollte, in ihrer Religion etwas zu finden, das dasselbe vermag wie das, was Jesus getan hat.

Da es sich hier um ein Familienmitglied handelte, hätte die Sache auch richtig schieflaufen können. Hätte ich sie auf all die Widersprüche hingewiesen, die sie glaubt, dann wäre sie in die Defensive gegangen und hätte mir den Rücken zugewandt. Das hätte für den Rest ihres Lebens die Tür für weitere positive Zeugnisse verschlossen. Aber weil ich darauf geachtet hatte, sie nicht mit einem Berg an Beweismaterial auf einmal zu überfallen, und mich auf ihre Situation eingestellt hatte, wurde daraus eine sehr positive Erfahrung, sodass sie mir am Ende sogar erlaubte, für sie zu beten.

Ein ehemaliger Zeuge Jehovas kam zu einer ähnlichen Schlussfolgerung: „Wenn ein christlicher Krieger einen einzelnen Zeugen Jehovas in die Ecke treibt und aus allen Rohren feuert, ist das Ergebnis vermutlich enttäuschend."[23]

Jesus als Vorbild in der Kunst des Fragenstellens

Nachdem Jesus seine Jünger so viele Stunden lang unterwiesen hatte, wusste er, dass sie immer nur ein bisschen auf einmal aufnehmen konnten. Er sagte in Johannes 16,12: „Noch vieles habe ich euch zu sagen, aber ihr könnt es jetzt nicht tragen." Das Gleiche gilt auch für uns: Auch wenn wir anderen Menschen ganz viel von Jesus erzählen wollen, können sie es doch nicht alles auf einmal aufnehmen.

Das ist einer der Gründe, warum es so wichtig ist, Fragen zu stellen, die in die Überzeugungen des Gegenübers eindringen. Der ehemalige Zeuge Jehovas David Reed kommt zu der Erkenntnis, dass „man die Ohren verschließen kann, wenn man nicht hören will. Wenn man jedoch eine zielgerichtete Frage für sich selbst beantworten muss, kann man der Schlussfolgerung nicht entkommen, da man sie selbst gezogen hat.[24]

Die wahren Hindernisse aufdecken

Wir wollen also mehr, als nur das Glaubenssystem von Nichtgläubigen zu dekonstruieren.[25] Wir wollen die tatsächlichen Barrieren entdecken, die verhindern, dass jemand an Jesus glaubt. Intellektuell klingende Fragen, die Nichtgläubige an Christen richten, sind womöglich nur ein Ablenkungsmanöver, um auf Abstand von der Botschaft des Evangeliums zu gehen. Wir müssen herausfinden, ob ihre Fragen oder Anliegen berechtigt sind.

Wenn sie berechtigt sind, dann besteht unsere nächste Aufgabe darin, zu erkennen, ob die von ihnen wahrgenommenen Barrieren intellektueller oder emotionaler Art sind oder eine Kombination aus beidem. Dabei ist unser eigentliches Ziel, ihnen verstehen zu helfen, dass die Haupthindernisse in Wirklichkeit eine Frage des Wollens sind und eben nicht intellektuell oder emotional. Wir wollen ihnen helfen, immer ehrlicher mit sich selbst im Blick auf die realen Barrieren zu sein. So tragen wir dazu bei, dass sie Jesus näherkommen. Doch ohne diese subjektiven Barrieren zu beseitigen, wird es schwer, dass andere auf uns und die einfache Botschaft des Evangeliums hören. Je mehr wir ihnen helfen, die Widersprüche in ihrer Weltanschauung zu erkennen, und die realen Barrieren ans Licht bringen, desto eher können wir ihnen auch helfen, Jesus näherzukommen.

Eine Strategie für die Verkündigung des Evangeliums

Wenn wir Menschen auf diese Weise begegnen, können wir eine Strategie entwickeln, wie man sie effektiv mit dem Evangelium erreicht. Unser Ziel ist es dabei, die effektivste Form des Gesprächs zu finden, sodass „eine große Menge ... (glaubt)" (Apostelgeschichte 14,1). Wir müssen abschätzen, welche Brücke wir am besten errichten sollten, um andere zu ermutigen, mehr über Jesus zu erfahren.

Dafür braucht es einiges an strategischer Planung unsererseits.[26] Es ist besonders wichtig, dass wir uns die Zeit nehmen, eine langfristige Strategie zu entwickeln, die für den Bau einer

Brücke zum Evangelium nötig ist, besonders im Umgang mit Menschen, die wir regelmäßig sehen. Wir müssen uns überlegen, wie wir uns langfristig unseren nicht-gläubigen Freunden gegenüber geben, und ihnen nicht nur einmal das Evangelium zu erklären. Kurz gesagt, unsere Evangelisation muss absichtsvoll und strategisch sein, um eine maximale Wirkung bei denen zu erreichen, die wir für Jesus zu gewinnen versuchen.

In der Vor-Evangelisation ist es wichtig, dass wir den vom postmodernen Denken geprägten Menschen *sorgfältig zuhören*. *Interessieren Sie sich für die Geschichte Ihres Gegenübers* und *achten Sie auf Widersprüche* (logische Brüche) in ihren Überzeugungen. Wenn wir solche Gegensätze entdecken, sollten wir sie unseren Freunden erläutern, damit diese sie auch erkennen. Das können wir erreichen, indem wir sie durch unsere Fragen ins Nachdenken bringen, sodass die Wahrheit von selbst an die Oberfläche gelangt.

Wenn wir auf die Widersprüche eingegangen sind, wollen wir uns mit den *oberflächlichen Hindernissen* befassen, um uns schließlich den *echten* Hindernissen zuzuwenden, die verhindern, dass sich jemand ernsthaft Jesus zuwendet.

Dann müssen wir eine Brücke zum Evangelium schlagen. Unser oberstes Ziel ist es, die Hindernisse zu beseitigen, sodass andere Menschen Jesus täglich einen Schritt näherkommen (1. Korinther 3,6).

Sobald unsere nicht-christlichen Freunde überzeugt sind von der Legitimation Jesu und ihrer eigenen Bedürftigkeit, können wir vom Evangelium erzählen und sie zum Glauben an Jesus einladen. Vor-Evangelisation führt so zu der Möglichkeit der direkten Evangelisation. Das kann in einem einzelnen Gespräch oder im Lauf von vielen Gesprächen geschehen. Wir müssen dabei unserem Gesprächspartner gegenüber sensibel sein und der Leitung des Heiligen Geistes folgen.

Zusammenfassung des Modells der Evangelisation im Dialog
Man kann sich dieses Modell (bzw. die erste Hälfte davon) gut anhand des folgenden Akronyms des englischen Wortes LISTEN (Hören) merken. LISTEN steht für: *Learn* (Lernen) + *Invest*

(Investieren) + *Search* (Suchen) + *Throw Light* (Verdeutlichen) + *Expose* (Offenlegen) + *Navigate* (Navigieren).

Wir müssen aufmerksam zuhören, was unsere nicht-gläubigen Freunde sagen, um herauszufinden, wie wir am besten mit ihnen reden. Wir müssen Zeit *investieren*, wenn wir ihre Geschichte erfahren wollen. Während wir dies tun, *suchen* wir nach Brüchen in ihren Überzeugungen. Wenn wir mit ihnen reden, dann *verdeutlichen* wir in unseren Gesprächen ihre Überzeugungen. Aber wir wollen auch die Risse und Schwachstellen in ihren Überzeugungen zutage fördern, indem wir sie durch unsere Fragen zum Nachdenken anregen. Schließlich wollen wir das Gespräch *navigieren*, indem wir vorsichtig die drei Aspekte im Blick haben: Zweifel, Defensive, Wunsch nach mehr.

Die wichtigsten Komponenten des Modells der Vor-Evangelisation

Es gibt acht Hauptbestandteile bei der Vor-Evangelisation: 1) aktives Zuhören, 2) positive Dekonstruktion[27], 3) Fragen stellen, um anderen zu helfen, die Wahrheit für sich selbst zu entdecken, 4) das Bumerang-Prinzip[28], bei dem die Beweislast von uns auf die anderen übertragen wird, 5) die Bestimmung der wahren Barrieren gegenüber dem Evangelium, 6) Gemeinsamkeiten finden, 7) Brücken zum Evangelium schlagen (sowohl intellektuelle als auch emotionale Brücken) und 8) grundlegende Kenntnisse des christlichen Glaubens und was Jesus einzigartig macht (siehe unsere Ressourcen-Liste im Anhang dieses Buches). Wie wichtig es ist, diese Bestandteile zu beherrschen, wird deutlich, wenn wir diese in den folgenden Kapiteln im Detail erklären.

Der effektive Einsatz der Vor-Evangelisation

Dieses Modell der Vor-Evangelisation sollte allerdings nicht auf eine Formel reduziert werden. Auch wenn wir jeweils mit Schritt 1 beginnen und auf das hören wollen, was unsere Gesprächspartner wirklich glauben, uns mit ihrer Geschichte vertraut machen und dann die Brüche aufspüren, hängt der nächste Schritt doch von unserer Sensibilität gegenüber der Führung durch den

Heiligen Geist ab. Er macht uns empfindsamer für die Bedürfnisse des Menschen, den wir zu erreichen versuchen. Wenn wir beispielsweise jemandem eine Zeit lang zuhören, dann bekommen wir eine recht genaue Vorstellung, welche religiösen Ansichten derjenige vertritt und welche Brüche sich daraus ergeben. Dann ist es manchmal besser, Schritt 2 auszulassen und nicht durch Fragen Diskrepanzen in seinem Glauben ans Licht zu fördern, sondern gleich mit Schritt 3 weiterzumachen, um die zugrunde liegenden Hindernisse zu identifizieren. Manchmal bereiten diese Hürden so große Schwierigkeiten, dass wir andernfalls möglicherweise gar nicht erst die Chance bekommen, einem Nichtgläubigen erkennen zu helfen, was an seinen aktuellen Überzeugungen falsch ist. Erst wenn einige dieser Hindernisse entweder aus dem Weg geräumt oder zumindest dezimiert sind, können wir dazu beitragen, dass Menschen die Wahrheit über das Christentum entdecken.

Wie Sie sehen, braucht es viel Weisheit und Erkenntnis durch den Heiligen Geist, um dieses Modell effektiv einsetzen zu können. Die Vor-Evangelisation gleicht eher einer Kunst als einer Wissenschaft.

Kenntnisse in der Vor-Evangelisation und Jüngerschaft lernt man nicht im Unterricht, sondern erwirbt sie sich in der Praxis. Wenn Sie Vor-Evangelisation als Lebensstil praktizieren, lernen Sie im Laufe der Zeit, wie Sie mit Menschen ins Gespräch kommen, sodass sich fruchtbare Diskussionen ergeben und damit mehr Möglichkeiten für direkte Evangelisation.

Als Sie Fahrradfahren lernten, hatte Sie vermutlich häufiger aufgeschürfte Knie, bevor Sie den Dreh raushatten. Genauso werden Sie bei Ihren ersten Versuchen der Vor-Evangelisation meinen, alles falsch zu machen. Sie werden vermutlich das Gefühl haben, zum falschen Zeitpunkt das Falsche zu sagen und dabei die falschen Schritte in der falschen Reihenfolge zu erklären. Doch je mehr die Vor-Evangelisation zum Lebensstil wird, desto besser erkennen Sie, wie Sie auf andere Menschen zugehen können, sodass es zu tiefer gehenden Gesprächen kommt, die eine größere Offenheit für die direkte Evangelisation bewirken.

Die Balance zwischen dem Aufdecken von Schwachstellen und dem Wecken von Interesse an Jesus

Bei diesem Modell gilt es, eine Balance zu finden, und nicht nur Schwachstellen in den Ansichten unserer Gesprächspartner aufzudecken, sondern auch Interesse zu wecken an dem, was wir über Jesus zu sagen haben. Wenn wir nur die Dekonstruktion ihrer Überzeugungen im Blick haben, dann gehen unsere Freunde schnell in die Defensive und errichten eine Barriere gegen unsere Argumente für Jesus. Deshalb müssen wir weiterhin vertrauensvoll auf den Heiligen Geist hören, wenn wir uns in der Kunst der Erkenntnis üben, was wir wann und in welchem Umfang sagen sollen. Auf diese Weise werden Schwachstellen in den Überzeugungen sanft ans Tageslicht gebracht.

Wir müssen lernen, so mit Ungläubigen zu sprechen, dass sie einerseits unsicher im Blick auf ihre Glaubensüberzeugungen werden und auf das, worauf sie ihr Leben gründen, andererseits aber ihr Unbehagen uns gegenüber verlieren und das Gespräch fortsetzen möchten. Auch das meint Paulus, wenn er sagt: „Verhaltet euch weise gegenüber denen, die draußen sind, und kauft die Zeit aus. Eure Rede sei allezeit wohlklingend und mit Salz gewürzt, dass ihr wisst, wie ihr einem jeden antworten sollt" (Kolosser 4,5-6).

Vorteile der Evangelisation im Dialog

Wir wollen uns eine Reihe von Vorteilen der Vor-Evangelisation vergegenwärtigen, damit wir nicht den Mut verlieren und vergessen, warum wir all das hier überhaupt machen.

Erstens kann dieser Ansatz besonders effektiv für unser Zeugnis vor Menschen sein, die den Ansprüchen Jesu gleichgültig, skeptisch oder ablehnend gegenüberstehen. Auf diese Weise können sie nämlich die Brüche in ihrem Glaubensfundament erkennen, ohne sich dabei provoziert zu fühlen. Dadurch werden sie vielleicht ermutigt, ihre Überzeugungen kritisch zu überdenken. Als Ergebnis öffnen sie sich möglicherweise für das, was wir als Christen glauben und warum wir es glauben.

Zweitens müssen wir uns nicht in Apologetik auskennen (obwohl das hilfreich ist), um diesen Ansatz effektiv nutzen zu können. Indem wir unseren nicht-gläubigen Freunden einfach zuhören, machen wir uns mit ihrer religiösen Terminologie vertraut. Einige Begriffe bedürfen vielleicht weiterer Klärung, was wiederum dazu führt, dass sie sich ihre eigenen Überzeugungen bewusster machen. Vielleicht öffnen sich auch Türen, sodass die Gespräche von der Vor-Evangelisation zur direkten Evangelisation übergehen.

Drittens: Selbst mit sehr wenig apologetischem Wissen können wir allein durch Zuhören lernen, Unstimmigkeiten in den Überzeugungen unserer Gesprächspartner aufzudecken, wenn wir auf das achten, was sie über ihren Glauben sagen, uns mit ihrer Geschichte vertraut machen und die Brüche in ihren Überzeugungen erkennen. Wir können ihnen daraufhin Fragen stellen, die sie zum Nachdenken anregen und sie diese Überzeugungen überdenken lässt. Das könnte sie sogar ermutigen, uns genauer von ihrem geistlichen Werdegang zu berichten. (Wenn Sie sich unsicher sind, welche Art Fragen Sie einem nicht-gläubigen Atheisten, Agnostiker, Moslem, Hindu, Buddhist, Mormonen, Zeugen Jehovas oder Juden stellen können, finden Sie hilfreiche Hinweise auf der englischsprachigen Internetseite www.conversational evangelism.com unter „Key Questions to Ask Non-Christians".

Viertens ermutigt dieser Ansatz uns, ein Gleichgewicht zwischen kognitiven und nichtkognitiven Elementen in der Evangelisation zu finden. Manchmal sind einige der wahrgenommenen Hindernisse nicht in erster Linie intellektueller, sondern emotionaler Art. Letztlich sind ihre Barrieren aber natürlich primär geistlicher Natur (siehe Kapitel 5), und wir müssen sensibler gegenüber dem Heiligen Geist werden und ihn um Weisheit bitten, welcher Ansatz unseren Freunden am meisten hilft.

Fünftens können wir sogar geistliche Fortschritte mit Leuten erzielen, die nicht zu unseren Freunden zählen, vorausgesetzt, sie sind offen dafür, ein Gespräch über den Glauben weiterzuführen. Das bedeutet, dass Evangelisation im Dialog mit jedem, zu jeder Zeit, an jedem Ort praktiziert werden kann, egal, welche zeitlichen Zwänge es gibt.

Sechstens bietet sie auch eine Methodik für Vor-Evangelisation, die man anderen Gläubigen leicht beibringen kann, indem wir die Rollen von Musiker, Maler, Archäologe und Baumeister als Beispiele verwenden (mehr dazu in den folgenden Kapiteln) oder sogar durch das leicht zu merkende Akronym LISTEN. Das Modell der Vor-Evangelisation ist ein übertragbares Konzept, das aber kein Ersatz für andere gute evangelistische Programme ist, sondern vielmehr eine Ergänzung.

Siebtens: Da unser Zeugnis in die verschiedenen Kategorien des Zuhörens, des Erhellens, des Aufdeckens und des Aufbauens fällt, zielt unsere Methode auch darauf ab, viele regelmäßig auftretende Probleme in der Vor-Evangelisation abzudecken, die einer direkten Evangelisation im Wege stehen.

Das Fazit lautet also: Wenn wir die Vorteile der Vor-Evangelisation erkennen, werden wir uns auch die Zeit nehmen wollen, um zu lernen, wie wir derartige Gespräche mit anderen führen können, auch wenn die Schritte manchmal etwas schwierig sind.

Die Funktionsweise der Vor-Evangelisation lernen

Ein Problem des vor-evangelistischen Ansatzes ist, dass er manchmal mechanisch und unpersönlich wirkt. Ähnlich erging es vielleicht einigen von uns, als wir das erste Mal ein christliches Traktat verwendeten. Doch nach einer Weile lernten wir, die Darstellung des Evangeliums im Traktat so gekonnt mit unserem persönlichen Kommunikationsstil zu verbinden, dass wir das Traktat nicht länger brauchen, um von der guten Nachricht zu erzählen.

Gleiches gilt für das Erlernen der Vor-Evangelisation. Am Anfang wirkt sie vielleicht mechanisch und unpersönlich. Aber wenn wir uns eine Zeit lang mit dieser Methode vertraut gemacht haben, wissen wir, wie wir natürliche und unserer Persönlichkeit entsprechende Gespräche mit Menschen führen können, was größere Offenheit für ein Gespräch über den Glauben hervorbringt.

Oder um mit einem anderen Bild zu sprechen: Viele von uns erinnern sich bestimmt noch daran, wie schwierig es war, das Autofahren zu lernen. Aber durch Anleitung und Übung erlernten wir die Abläufe, die zum Autofahren dazugehören. Jetzt funktioniert das Kuppeln und Schalten ganz automatisch. So sollte es auch mit der Vor-Evangelisation sein.

Die wichtige Rolle des Heiligen Geistes in der Evangelisation
Bevor wir uns den Details der Vor-Evangelisation zuwenden, müssen wir verstehen, welche entscheidende Rolle der Heilige Geist spielt, der uns dazu befähigt, im Leben von Menschen etwas zu bewirken. Er tut dies auf verschiedene Art und Weise.

Erstens: Er befähigt uns, so zu sprechen, dass wir etwas bewirken (Apostelgeschichte 14,1). Lukas berichtet, dass Paulus und seine Jünger „so redeten, dass eine große Menge, sowohl von Juden als auch von Griechen, glaubte". Doch Paulus macht deutlich, wie sehr er vom Wirken des Heiligen Geistes abhängig ist, wenn er sagt, dass seine Botschaft und seine Predigt „nicht in überredenden Worten der Weisheit, sondern in Erweisung des Geistes und der Kraft" bestehen (1. Korinther 2,4).

Der Heilige Geist wirkte hinter den Kulissen, um andere durch die von Paulus sorgfältig ausgewählten Worte zu überzeugen.

So können auch unsere Worte einen starken Einfluss auf das Leben von Menschen haben, wenn wir durch den Geist bevollmächtigt wurden. Je mehr Überzeugungskraft unsere Worte haben, desto mehr kann der Heilige Geist durch sie seinen Einfluss ausüben. Kurz gesagt: Apologetische Vor-Evangelisation kann das Pferd zum Wasser führen, aber nur der Heilige Geist kann es davon überzeugen, auch zu trinken.

Zweitens: Nur der Heilige Geist kann einen Menschen der Sünde überführen. Jesus sagte: „Und wenn (der Heilige Geist) gekommen ist, wird er die Welt überführen von Sünde und von Gerechtigkeit und von Gericht" (Johannes 16,8). Durch Apologetik wird kein Mensch gerettet, selbst nicht durch die besten apologetischen Vor-Evangelisationen. Nur Gott alleine kann retten. Bestenfalls ist die Apologetik ein Werkzeug, das der Heilige Geist einsetzt, um jemanden zu Jesus zu führen.

Drittens: Nur der Heilige Geist kann aus einem Sünder einen Geretteten machen, aus einem von Gott getrennten Wesen oder Herzen ein Wesen oder Herzen, das sich nach Gott und seinen Wegen sehnt. So sprach Jesus zu Nikodemus: „Wahrlich, wahrlich, ich sage dir: Wenn jemand nicht aus Wasser und Geist geboren wird, kann er nicht in das Reich Gottes hineingehen. Was aus dem Fleisch geboren ist, ist Fleisch, und was aus dem Geist geboren ist, ist Geist" (Johannes 3,5-6; siehe auch Johannes 6,44-45, 63-65; Jeremia 31,33-34).

Viertens: Der Heilige Geist befähigt Christen (Philipper 2,13) zu einem gottesfürchtigen Leben (Epheser 3,16-19, Kolosser 1,9-13), sodass der Geist besser durch uns wirken kann. Paulus' Einstellung während seiner Inhaftierung ermutigte viele, „das Wort Gottes ohne Furcht zu reden" (Philipper 1,14). Das Leben des Paulus war für viele ein schlagender Beweis dafür, dass Gott real und Jesus wirklich der Messias ist. Wir müssen also nicht nur die Wahrheiten des Evangeliums überzeugend darstellen, sondern wir haben auch die Verpflichtung, ein heiliges und ansprechendes Leben zu führen (Matthäus 5,13-16).

Das ist besonders wichtig, wenn wir diejenigen erreichen möchten, die vom postmodernen Denken beeinflusst sind. Den Menschen von heute es ist nicht wichtig, wie viel wir wissen, wenn sie nicht wissen, wie wichtig sie uns sind. Dann erst wird ihnen klar, dass sie uns vertrauen können. Hier müssen wir Gott um Vollmacht bitten, weise zu handeln (Kolosser 4,5), besonders gegenüber Außenstehenden (d. h. dem Glauben Fernen).

Sie beobachten uns und hören unseren Gesprächen aufmerksam zu, um zu sehen, ob unser Verhalten unseren Worten entspricht. Unsere Taten und Einstellungen sind die einzigen Bezugspunkte, die sie haben, um die Echtheit dessen zu überprüfen, was wir über unseren Glauben sagen. Daher ist das, was wir sagen und tun, entweder authentisch oder es stellt unseren Glauben infrage.

Wir müssen uns ständig daran erinnern, dass wir nur Werkzeuge sind, die Gott verwenden möchte. Paulus schreibt: „Das Törichte der Welt hat Gott auserwählt, damit er die Weisen zuschanden mache; und das Schwache der Welt hat Gott auserwählt, damit er das Starke zuschanden mache" (1. Korinther 1,27). Sie und ich sind nur gewöhnliche Menschen, die Gott auf außergewöhnliche Weise gebrauchen möchte, um einer verlorenen und sterbenden Welt seine Wahrheit zu offenbaren. Daher sollten wir uns nicht unter Druck gesetzt fühlen, Ergebnisse zu erzielen, denn im Endeffekt macht der Heilige Geist die eigentliche Arbeit, und wir sind nur seine Werkzeuge. Unsere Aufgabe ist es, unserer Berufung durch Gott zu folgen, unabhängig davon, ob wir uns dafür geeignet fühlen oder nicht. Denken Sie daran, dass Gott weniger an unseren Talenten gelegen ist als an unserer Verfügbarkeit und Bereitschaft, uns als seine Werkzeuge verwenden zu lassen. Aus diesem Grund ist es wichtig, dass der Heilige Geist uns befähigt, die Wahrheit zu sagen und zu leben. Beides ist wichtig, wenn wir diese Generation der Skeptiker, Pluralisten und Vertreter der Postmoderne erreichen wollen. Bitte vergessen Sie nicht, dass Evangelisation im Dialog kein Ersatz für Liebe und Fürsorge den Menschen gegenüber ist. Wenn wir die Menschen von heute erreichen wollen, müssen wir Zeit mit ihnen verbringen und ihnen zeigen, wie wichtig sie uns sind.[29] Aber es ist ein Irrtum zu denken, wir müssten nichts weiter tun, als die Menschen zu lieben und für sie zu beten. Beides ist ungemein wichtig, aber wenn wir lernen wollen, effektiv mit Menschen in der heutigen Gesellschaft zu reden, sodass viele zum Glauben kommen (Apostelgeschichte 14,1), dann müssen wir mehr tun.

Zum Nachdenken

1. Warum denken Sie, dass der Mormone, mit dem ich mich unterhielt, offen für ein Gespräch mit mir war, auch als er feststellte, dass ich kein Mormone war, und er davon ausgehen musste, dass wir viele unterschiedliche Auffassungen haben?

2. Durch welche Worte hätte er veranlasst werden können, in die Defensive zu gehen und ein Gespräch über den Glauben abzublocken? Wie können Sie und ich vermeiden, dass wir bei zukünftigen Gesprächen mit unseren Freunden oder Bekannten in eine geistliche Sackgasse geraten?

3. Haben Sie jemals die Erfahrung gemacht, dass jemand mit einem anderen Glauben als Sie Freude daran hatte, ein Gespräch über den Glauben mit Ihnen zu führen? Wodurch

hätte dieser jemand davon abgehalten werden können, das Gespräch mit Ihnen fortzusetzen?

4. Denken Sie bitte einmal an die Zeit zurück, als Sie lernten, das Evangelium mithilfe eines einfachen Traktats zu verkünden. Vielleicht hatten Sie das Gefühl, dass Sie es nie fertigbringen würden, das Evangelium ganz natürlich und ungezwungen weiterzugeben. Was hat sich geändert, sodass Sie nun weniger Scheu haben, mit anderen Menschen über das Evangelium zu reden?

5. Was könnte Sie motivieren, den vor-evangelistischen Ansatz zu erlernen, auch wenn er schwierig, unpersönlich und mechanisch erscheint (1. Chronik 12,32)?

6. Bitte vervollständigen Sie diesen Satz: Ich weiß, dass ich nur Gottes Werkzeug bin. Das hilft mir beim Zeugnisgeben, weil ... (1 Korinther 1,27).

_____

_____

_____

_____

7. Denken Sie bitte an ein Gespräch mit Freunden zurück, in dem Sie ihnen durch Fragen auf ihrem geistlichen Weg helfen konnten. Was genau an Ihren Fragen war hilfreich für Ihre Freunde?

Praktische Anwendung

1. Lesen Sie die Zusammenfassung des Modells der Evangelisation im Dialog in Anhang 2 unter der Überschrift „Gesprächstraining der Vor-Evangelisation". Wenn Sie die Kapitel dieses Buches durcharbeiten, frischen Sie Ihre Kenntnisse über die vier Schritte des Modells auf, indem Sie einen Blick auf diese

Zusammenfassung werfen. Das hilft Ihnen, sich die wichtigsten Konzepte des Modells schneller einzuprägen.

2. Vervollständigen Sie diese Aussage der persönlichen Verpflichtung: Da ich nun besser verstehe, wie Jesus selbst Fragen einsetzte, möchte ich in dieser Woche beim Zeugnisgeben Folgendes tun ...

3. Vervollständigen Sie diese Aussage der persönlichen Verpflichtung: Um überzeugender mit meinen Freunden reden zu können (Apostelgeschichte 14,1), möchte ich in Abhängigkeit von Gott (Johannes 6,65) ...

KAPITEL 3

DIE ROLLE DES MUSIKERS ERLERNEN

David: Meinen Sie, dass es wirklich wichtig ist, was wir glauben?

Student: Ja, ich denke, dass Menschen ihr Leben nach ihren Überzeugungen gestalten. Sie müssen etwas haben, an dem sie sich orientieren.

David: Wie können Sie persönlich herausfinden, was richtig oder was falsch ist?

Student: Ich denke, dass der Standard von Mensch zu Mensch variiert, aber die Mehrheit entscheidet. Die Welt war der Meinung, dass Hitler bekämpft werden müsste, also wurde er bekämpft.

David: Okay, wenn Sie also denken, dass die Mehrheit darüber entscheidet, was richtig und was falsch ist, wie war das damals zur Zeit der Sklaverei, als wir dachten, Sklaverei sei okay?

Student: Ja, das stimmt, jetzt wird es philosophisch. Hm, ich denke, es gibt immer ein Beispiel, das eine Situation infrage stellt. Es gibt keine vorgefertigte Antwort auf diese Frage. Deshalb ist sie von Mensch zu Mensch unterschiedlich.

David: Also gibt es nichts Absolutes?

Student: Nein.

David: Sind Sie absolut sicher?

Student: Ja.

Warum es beim Evangelisieren so wichtig ist, gut zuhören zu können

Damit sich Nichtgläubige überhaupt mit der Person Jesu beschäftigen, ist es unglaublich wichtig, dass wir lernen, vor dem eigentlichen Evangelisieren erst einmal vorbereitende Gespräche zu führen. Dafür müssen wir uns aber im Zuhören üben. Außerdem sollen unsere Gesprächspartner die Möglichkeit haben, die Wahrheit für sich selbst zu entdecken, statt sie einfach nur vorgesetzt zu bekommen. Wir müssen also herausfinden, durch welche Fragen wir Schwachstellen in ihren Überzeugungen ans Tageslicht bringen können, sodass sie ihren Glauben ernsthaft überdenken. Im Gegenzug kann dadurch eine größere Offenheit ihrerseits entstehen für das, was wir über Jesus zu sagen haben.

Leider hören wir jedoch nicht immer, was unsere Freunde aus anderen Religionen zu sagen haben, sodass es schwierig wird, festzustellen, was sie tatsächlich glauben. Wir vergessen, zuerst auf ihre Fragen und Einwände zu achten. Dadurch fehlt es uns unter Umstände an dem Wissen, unsererseits die richtigen Fragen zu stellen, um Interesse an unserer Botschaft zu wecken. Am Ende stellen wir vielleicht Fragen, die gar nichts mit den wirklichen Anliegen unserer Freunde zu tun haben, sie unnötig in die Defensive treiben und zukünftige Gespräche im Keim ersticken. Und wenn wir uns nicht wirklich dafür interessieren, was jemand zu sagen hat, merken unsere Gesprächspartner das. Das wirkt sich auf unsere Beziehungen und alle zukünftigen Begegnungen aus.

Wenn wir andere Menschen erreichen wollen, sollten wir hart daran arbeiten, ihnen wirklich zuzuhören, sodass wir wissen, was sie tatsächlich glauben. Sorgfältiges Zuhören ist dabei der Anfang.

Gute Gespräche beginnen damit, dass wir gute Zuhörer sind. Der erste Schritt in der Vor-Evangelisation besteht also darin, *zuzuhören, woran andere Menschen eigentlich glauben, ihre persönlichen Geschichten zu erfahren* und dann die *Brüche* (Diskrepanzen) in ihren Ansichten ans Tageslicht zu bringen. Doch bevor wir diese Diskrepanzen aufspüren, sollten wir uns darauf konzentrieren, *bessere Zuhörer zu werden und den Menschen wirklich zuzuhören.*

Wie viele von uns erinnern sich wohl noch an die Worte unserer Mütter: „Hörst du mir eigentlich zu?" Allzu oft taten wir genau das nämlich nicht. Genauso wenig hören wir oft unseren nicht-gläubigen Freunden zu. In Jakobus 1,19 heißt es: „Ihr wisst doch, meine geliebten Brüder: Jeder Mensch sei schnell zum Hören, langsam zum Reden, langsam zum Zorn!"

In unserer postmodernen Welt ist das Zuhören essenzieller Bestandteil unseres Zeugnisses
Genaues Zuhören ist deswegen so wichtig, weil Angehörige verschiedener Glaubensrichtungen oft nicht konsequent in ihren religiösen Ansichten sind und manchmal sogar verschiedene religiöse Aspekte miteinander vermischen. Einmal erzählte mir ein Taxifahrer in Singapur, er sei Christ. Doch dann bemerkte ich (David), dass auf seinem Armaturenbrett eine Buddhafigur saß. Ich fragte ihn nach dem Grund und stellte fest, dass er gar nicht sicher war, ob Jesus wirklich besser ist als irgendein Buddha oder Mohammed.

Als ich mich neulich in den USA mit Studenten unterhielt, wurde mir klar, dass viele das Wort *Christ* verwenden, um ihre religiösen Vorlieben zu beschreiben. Doch wenn sie mir erklären sollen, woran sie tatsächlich glauben, sehe ich kaum eine Parallele zu dem, was Christen normalerweise glauben. Und die Überzeugungen derer, die sich Muslime nennen, entsprechen auch nicht unbedingt den Lehren ihres Gründers. Manche sind sogar der Meinung, dass im Grunde alle Religionen dasselbe lehren, etwas, das dem Fundament des Islams absolut zuwider läuft.

Es ist daher von größter Bedeutung, dass wir lernen, zuzuhören, ohne uns vorschnell eine Meinung über den Glauben der Nichtchristen zu erlauben. Dadurch erfahren wir, was sie tatsächlich glauben, ohne uns von religiösen Etiketten blenden zu lassen. Das gilt nicht nur für Nichtchristen, sondern auch für Menschen, die sich selbst als Christen bezeichnen.

Ein weiterer guter Grund für sorgfältiges Zuhören ist, dass viele Menschen christliche Begriffe verwenden, aber wenn wir genauer hinhören, stellen wir unter Umständen fest, dass sie diese

Worte ganz anders definieren als wir. Wenn zum Beispiel ein Zeuge Jehovas vor Ihrer Tür steht, beteuert er Ihnen vermutlich, dass Jesus der Sohn Gottes ist und die Zeugen ihn als ihren Herrn und Erlöser annehmen. Wenn wir dagegen diese Begriffe verwenden, meinen wir damit, dass Gott, der ewige Sohn, in der Gestalt Jesu Christi Mensch wurde. Er ist einer der drei Personen, die den einzig wahren und dreieinen Gott ausmachen. Nur durch ihn werden wir von unseren Sünden erlöst und bekommen ewiges Leben, zuerst im Himmel, dann in der neuen Schöpfung. Zeugen Jehovas meinen mit diesen Worte allerdings: „Wir glauben an Jesus, der als Michael der Erzengel erschaffen wurde, und wir nehmen ihn als den Stellvertreter in Gottes sichtbarer Organisation hier auf Erden an. Er hat uns den Weg zum ewigen Leben im irdischen Paradies ermöglicht, wenn wir alles befolgen, was diese Organisation uns befiehlt."

Auch wenn Sie einen Mormonen fragen, ob er glaubt, dass Jesus der einzige eingeborene Sohn Gottes ist, wird er das bejahen. Und doch bedeutet es ihm etwas völlig anderes als einem Christen. Für einen Mormonen wurde Jesus durch eine körperliche Begegnung zwischen dem himmlischen Vater (der nach ihrer Vorstellung einen Körper aus Fleisch und Blut hatte) und Maria gezeugt, so wie Kinder normalerweise empfangen werden. Mit „eingeboren" meinen sie, dass Jesus der einzige Nachkomme des Vaters und einer menschlichen Mutter ist.

Christen dagegen glauben, dass Jesus nie aufhörte, Gott zu sein, auch wenn er Menschengestalt annahm. Auch lehrt die Bibel, dass Maria vom Heiligen Geist überschattet (Lukas 1,35) und durch ein Wunder schwanger wurde. Sie war im herkömmlichen Sinn des Wortes Jungfrau.

Wie diese Beispiele zeigen, müssen wir also unbedingt die Kunst des Zuhörens lernen. Dann nehmen wir nicht nur die Namen wahr, mit denen sich andere bezeichnen (Christ, Moslem, Buddhist usw.), sondern wir verstehen auch jenseits christlicher Begrifflichkeiten, was andere mit diesen Worten eigentlich meinen. Wir wollen in ihre Worte nicht das hineinlesen, was wir gerne hören möchten, oder uns von unseren eigenen Vorurteile leiten lassen.

Es ist wichtig, dass wir zunächst einmal lernen, zu hören, was die anderen wirklich sagen wollen, statt nur das wahrzunehmen, was wir selbst hören wollen. Auch dürfen wir nicht davon ausgehen, dass sie bestimmte Begriffe genauso verwenden wie wir. Leider liegt unsere Unfähigkeit zum Zuhören jedoch oft begründet in unserem eigenen Missverständnis der biblischen Aufforderung, jedem Rechenschaft über die Hoffnung in uns zu geben (1Petr 3,15). Wir lassen uns manchmal vorschnell dazu verführen, zu antworten (egal, was!), um nicht als dumm, sondern als selbstbewusst dazustehen. Vielleicht müssen wir uns auch von der schlechten Gewohnheit verabschieden, uns auf unsere nächsten Worte zu konzentrieren, statt unserem Gegenüber zuzuhören. In diesem Fall kommt es nämlich oft zu Missverständnissen, weil uns wichtige Details entgehen, die uns im Gespräch von Nutzen hätten sein können. Wenn wir uns nicht die Zeit nehmen, unseren Freunden zuzuhören und uns mit ihren Überzeugungen vertraut zu machen, fällt es uns schwerer, gehaltvolle Antworten zu geben oder gar gezielte Fragen zu stellen, mit denen die anderen die Wahrheit für sich selbst entdecken könnten.

Ein Vorschlag, wie wir zu besseren Zuhörern werden: Wir üben uns in der Kunst der Reflektion – wir „reflektieren" also, was andere zu uns sagen. Versuchen Sie, das, was der andere gesagt hat, zusammenzufassen, und fragen Sie, ob Sie das richtig verstanden haben. Ähnliches ist auch in Gesprächen mit unseren Ehepartnern hilfreich. Wir könnten zum Beispiel antworten: „Ich verstehe das, was du sagst, so ... Ist das richtig?"

Der praktische Nutzen vom besseren Zuhören
Zuhören ist noch aus drei weiteren Gründen solch ein wichtiger Schritt in der Vor-Evangelisation. Erstens hilft es uns in unseren Beziehungen. Menschen fühlen sich wertgeschätzt, wenn wir ihre Einwände ernst nehmen und in unseren Gesprächen Geduld mit ihnen haben. Zweitens macht es unser Gegenüber ruhiger. Wenn unsere Gesprächspartner merken, dass wir sie wirklich verstehen wollen, kommen sie schneller aus der Defensive und sind eher zu einem ehrlichen Austausch bereit. Drittens: Wenn

wir uns darin üben, in den Gesprächen mit unseren nicht-gläubigen Freunden bessere Zuhörer zu werden, finden wir womöglich eher heraus, wo ihre Überzeugungen Schwachstellen aufweisen. Dann können wir ihnen genau die Art Fragen stellen, die weitere Gespräche nach sich ziehen. Vielleicht finden wir so auch heraus, welche angeblichen Barrieren tatsächlich zwischen ihnen und Jesus stehen, seien sie intellektueller oder emotionaler Art. Die Bibel erinnert uns daran, wie wichtig das genaue Zuhören ist, denn „wer Antwort gibt, bevor er zuhört, dem ist es Narrheit und Schande" (Sprüche 18,13).

Im Modell der Evangelisation im Dialog sind „zuhörende Gespräche" also immer der erste vorbereitende Schritt. Unser Ziel ist es, herauszufinden, was unsere nicht-christlichen Freunde tief im Herzen wirklich glauben.

Machen Sie sich mit ihrer Geschichte vertraut

Wenn wir anderen Menschen zuhören, wollen wir besonders darauf achten, uns mit ihrer *Geschichte vertraut zu machen*. Wir alle befinden uns auf einer geistlichen Reise, auch wenn uns das vielleicht nicht immer bewusst ist. Eines Tages kurz nach den schrecklichen Ereignissen des 11. Septembers hatte ich ein interessantes Gespräch mit einem Studenten. Er sagte, ihm sei an diesem Tag klargeworden, dass sein Leben einen Sinn haben müsse; er könne nicht länger ein profanes Leben mit einem gewöhnlichen Bürojob führen. Er wolle teilhaben an etwas, das größer ist als er selbst. Auch wenn es diesem Studenten vielleicht nicht bewusst war, befand er sich auf einer geistlichen Reise. In unseren Gesprächen sollten wir also versuchen, etwas über die Geschichte unseres Gegenübers zu erfahren – und wo er oder sie sich grade auf dieser geistlichen Reise befindet.

Dazu können wir unsere nicht-gläubigen Freunde als Erstes allgemeine Fragen über sie selbst stellen. Zum Beispiel: „Mich würde interessieren, was dich dazu motiviert, jeden Morgen aufzustehen, abgesehen vom Gehalt, der Sorge um deine Familie oder dein Stundenplan."

Als Zweites stellen wir ihnen spezielle Fragen über Sinn und Bedeutung ihres Lebens. Zum Beispiel: „Hältst du es für möglich, dass du und ich aus einem bestimmten Grund hier auf der Erde sind? Wenn ja, was für ein Grund könnte das sein? Wenn nicht, warum glaubst du das nicht?" Wenn sie die erste Frage mit Ja beantworten, können wir darauf erwidern: „Wenn du meinst, dass dein Leben einen bestimmten Sinn hat, siehst du dich dann auf einer Art geistlichen Reise?" Zum Schluss können wir etwas fragen wie: „Was glaubst du, wohin dich diese Reise führen wird?"

Drittens können wir auf die Erlebnisse eingehen, die ihre Glaubensüberzeugungen geprägt haben, und sie nach ihren Erfahrungen befragen. Einmal sprach ich mit einer Collegestudentin, die als Freiwillige für eine atheistische Organisation auf dem Campus arbeitete. Erst später erfuhr ist, dass diese junge Frau aus einem christlichen Elternhaus stammte. Hätte ich das gewusst, hätte ich sie gefragt, welche Erlebnisse in und mit der Gemeinde dazu geführt hatten, dass sie sich dem Atheismus zuwandte.

Die schiefen Töne heraushören

Wenn wir anderen Menschen zuhören und uns mit ihren Geschichten vertraut machen, sollten wir uns im nächsten Schritt darauf konzentrieren, die schiefen Töne herauszuhören. Was ich mit „schief" meine? Haben Sie schon einmal gehört, wie jemand beim Singen den Ton verfehlt? Sie hören vielleicht nicht, ob derjenige zu hoch oder zu niedrig singt, aber es klingt eindeutig nicht richtig. Genauso hören wir im Gespräch mit unseren nicht-gläubigen Freunden Aussagen, die einfach nicht richtig, sondern in unseren Ohren schief klingen. Wenn jemand sagt: „Es gibt absolut nichts Absolutes", klingt das nicht wie ein schiefer Ton?

Vermutlich sagt das kaum jemand so plump, aber wir hören Menschen oft ähnliche Aussagen machen. Oft sagen mir Studenten sowohl in Ost als auch in West Dinge wie: „Ich glaube, dass Moral nur eine persönliche Vorliebe ist." Was sie wirklich damit meinen, ist, dass sie glauben, man könne keine moralischen Absolutheitsaussagen machen. Und wären sie ehrlich zu sich selbst, würden sie etwas wie das Folgende sagen: „Ich bin absolut sicher, dass es nicht Absolutes gibt."

Ein schiefer Ton, der von mehr und mehr unserer postmodernen Freunde angeschlagen wird, klingt wie folgt: „Sprache kann nicht angemessen Bedeutung transportieren, und das meine ich wirklich so!" Hören Sie den falschen Ton? Eine andere Aussage, die man auch immer häufiger hört, lautet: „Die Wirklichkeit, wie wir sie kennen, ist nicht real. Das Leben ist nur ein soziales Konstrukt."

Aber heute hören wir auch schiefe Töne (Diskrepanzen) von unseren sogenannten christlichen Freunden, wenn sie Dinge sagen, die eindeutig im Widerspruch zur biblischen Lehre stehen, wie: „Es gibt andere Möglichkeiten, in den Himmel zu kommen, als durch Jesus" (siehe Johannes 14,6; Apostelgeschichte 4,12; 1. Timotheus 2,5). Manche bezeichnen sich selbst als Christen, aber wenn sie erläutern sollen, was das bedeutet, dann stellen wir fest, dass sie glauben, sie kämen in den Himmel, wenn ihre guten Taten die schlechten überwiegen (was im Gegensatz steht zu Matthäus 5,48; Jakobus 2,10; Epheser 2,8-9; Titus 3,4-6).

Für Menschen aus asiatischen Kulturkreisen ist ein Beispiel für einen schiefen Ton zum Beispiel, wenn jemand, der behauptet, gläubiger Buddhist zu sein, den starken Wunsch hat, im Lotto zu gewinnen. *Irgendetwas* zu begehren ist gegen alle Grundsätze, die Buddha lehrte.

Einer der heutzutage am häufigsten gehörten schiefen Töne ist die Ansicht, dass „alle religiösen Ansichten grundsätzlich wahr sind". Doch nicht alle Sichtweisen der Realität können wahr sein, denn wenn man in alle Richtungen zeigt, zeigt man in gar keine bestimmte Richtung. Wenn man *für alles ist*, steht man *für nichts*. Wer behauptet, alle Sichtweisen seien gleichermaßen wahr, handelt unlogisch und steht für keine bestimmte Wahrheit. In Wahrheit glaubt derjenige an nichts! Und wenn es keine richtige Antwort geben kann, welche Hoffnung hat unsere Welt dann noch?

Und natürlich können nicht alle Sichtweisen richtig sein, denn einige widersprechen einander. Entweder ist Jesus „der Weg und die Wahrheit und das Leben" (Johannes 14,6) oder er ist nicht der einzige Weg, die einzige Wahrheit und das einzige Leben. Beides zusammen geht nicht.

Es gibt auch einander widersprechende Ansichten zum Thema „Erlösung". Das Christentum lehrt, dass Erlösung allein durch den Glauben an Jesus allein geschieht. Der Islam lehrt, dass Erlösung erfolgt durch Glauben an Allah, seinen Propheten Mohammed und gute Werke. Im Hinduismus glaubt man, dass man das Karma und den Kreislauf der Wiedergeburt durch gute Werke überwinden muss. Im Buddhismus geschieht Erlösung durch das Erlöschen allen Begehrens durch den achtfachen Pfad. Es ist also wichtig, dass wir unsere Ohren auf die schiefen Töne in den Überzeugungen unserer Mitmenschen ausrichten, sodass wir ihnen die richtigen Fragen stellen können.

Manchmal sind die schiefen Töne nicht so leicht herauszuhören

Schiefe Töne kommen in allen Größen und Formen vor. Manche erkennt man leichter als andere. So wird zum Beispiel die Aussage „Gott ist so unendlich weit von uns entfernt, dass wir nichts über ihn wissen können" von manchen nicht als schiefer Ton wahrgenommen. Doch wenn wir genauer darüber nachdenken, wird uns klar: Die Aussage, dass wir nichts über Gott wissen können, ist *in sich selbst* eine Behauptung, die eine gewisse Kenntnis von Gott voraussetzt.

Wenn atheistische Wissenschaftler wie Richard Dawkins darauf beharren, dass sich das Universum aus Materie und Energie entwickelt haben könnte, scheint das nicht zwingend ein schiefer Ton zu sein. Doch gesteht man sich ein, wie unwahrscheinlich die Existenz des Lebens (aus wissenschaftlicher Sicht) überhaupt ist, hat man drei Optionen: Entweder gab es das Leben schon immer, oder es entstand aus dem Nichts, oder es wurde von etwas Ewigem erschaffen. Wenn diese Lebensform Zufall ist[30], hat man nur zwei Optionen: Entweder entstand sie aus etwas, oder sie entstand aus dem Nichts und durch nichts. Doch welcher vernünftige Mensch würde es für wahrscheinlich halten, dass etwas Persönliches durch etwas Unpersönliches entstand oder etwas Immaterielles aus dem Materiellen, oder dass etwas aus dem Nichts geschaffen wurde? Das entspricht gewiss nicht den landläufigen Erfahrungen, von denen wissenschaftliche Prinzipien abgeleitet werden. Dieser Glaube ist also auch ein schiefer Ton.

Unstimmigkeiten aufzuzeigen ist ein wichtiger Teil des Zeugnisgebens
Schiefe Töne in Gesprächen mit anderen Menschen zu entdecken ist ein wichtiges Konzept, das sich schon im Neuen Testament findet. Für Gott haben gute Argumente sogar einen so hohen Stellenwert, dass sich Älteste einer Gemeinde dadurch auszeichnen sollen, dass sie Menschen „zurecht…weisen, die widersprechen" (Titus 1,9). Mit „widersprechen" ist hier gemeint, dass diese Menschen gleichzeitig und zu derselben Sache ja und nein sagen. Der Apostel Paulus macht deutlich, dass unsere Botschaft vom Kreuz keine sich widersprechenden Glaubensüberzeugungen enthalten kann. Er sagte: „Bei der Treue Gottes, unser Wort an euch ist nicht Ja und Nein zugleich" (1. Korinther 1,18). Es ist Gott wichtig, dass unsere Glaubensüberzeugungen keinen Widerspruch enthalten. Daher sollen wir in der Lage sein, vernünftig zu argumentieren und sorgfältig zuzuhören, damit wir Widersprüche in den Aussagen anderer entdecken. Wir müssen diese schiefen Töne heraushören.

Was würden Sie denken, wenn jemand behaupten würde, seine Frau sei gleichzeitig schwanger und nicht schwanger? Ergibt so eine Aussage einen Sinn? Das ist ein Beispiel für einen schiefen Ton, weil es der Wirklichkeit so sehr widerspricht. Wir müssen unsere Ohren darauf trainieren, in Gesprächen mit nicht-gläubigen Freunden solche Aussagen herauszuhören.

In unserer postmodernen Welt ist es besonders wichtig, solche schiefen Töne zu identifizieren, wenn wir mehr Menschen mit dem Evangelium erreichen wollen. Zusammen mit der Hilfe des Heiligen Geistes kann sie das dazu motivieren, einen Schritt von ihrer bisherigen Weltanschauung abzurücken und Jesus einen Schritt näherzukommen. Manchmal sind unsere nicht-gläubigen Freunde erst bereit zu hören, was wir über Jesus sagen wollen, wenn sie merken, dass die Fundamente ihres Lebens nicht stark genug sind, um sie wirklich zu tragen.

Einmal unterhielt ich mich mit meinem buddhistischen Automechaniker. Ich fragte ihn: „Ist es nicht eins der höchsten Ziele im Buddhismus, nichts mehr zu begehren und nichts mehr zu ersehnen?"

„Ja", antwortete er.

„Wenn es das Ziel ist, sich nach nichts mehr zu sehnen, wie ist es Ihnen als Vater gelungen, die Sehnsucht nach Kindern aufzugeben?"

Nach einem Moment erwiderte er: „Das ist ein Problem." Dann berichtete er von einigen anderen seiner Bedenken in Bezug auf den Buddhismus.

Also fragte ich ihn: „Hat Ihnen schon einmal jemand etwas über das Christentum erzählt?"

„Nein", antwortete er, für mich eine offene Tür, um ihm das erste Mal das Evangelium weiterzugeben.

Er war also viel eher bereit, meinen Worten über Jesus zuzuhören, nachdem ihm klargeworden war, wie schwach das Fundament seines eigenen Glaubens war. Genauso sollten wir einige der Schwachstellen im Glauben der Nichtchristen in unserem Bekanntenkreis aufdecken; tun wir das nicht, kommen wir womöglich in unseren Gesprächen über den Glauben nicht sehr weit.

Wir vergessen manchmal, dass es mindestens zwei Arten von Krisen gibt, die Gott im Leben unserer nicht-gläubigen Freunde gebrauchen möchte. Die meisten von uns sind mit der ersten Art wohlvertraut: wenn Gott Prüfungen und Leid in unserem Leben zulässt. C. S. Lewis sagte einmal: „Gott flüstert in unseren Freuden, er spricht in unserem Gewissen; in unseren Schmerzen aber ruft er laut. Sie sind sein Megaphon, eine taube Welt aufzuwecken."[31] Manchmal muss Gott zu drastischen Mitteln greifen, um unsere Aufmerksamkeit zu bekommen. Es geht Gott nicht darum, dass wir in diesem Leben so froh wie möglich sind, sondern dass wir ihn kennenlernen und damit im nächsten Leben Freude erfahren (Offenbarung 21,4). Daher nutzt er manchmal das Leid als Mittel, um uns aus unserem geistlichen Schlaf zu wecken.

Ich erinnere mich an Zeiten, als Gott extreme Schmerzen und Leiden in meinem Leben zuließ, weil ich ihm ungehorsam gewesen war. Aber ich bin dankbar, dass Gott mich dadurch vor noch schlimmeren Folgen meines Ungehorsams warnte und meine Kämpfe nutzte, um mich von meinem falschen Weg abzubringen und mein Leben zum Besseren zu lenken.

Gott kann uns als Instrumente gebrauchen, um bei unseren nicht-gläubigen Freunden eine Glaubenskrise hervorzurufen, durch die sie Schwachstellen ihres eigenen Glaubens erkennen. Wir haben also zwei Alternativen: Wir können entweder darauf warten, dass Gott unsere nicht-gläubigen Freunde durch Prüfungen oder Leiden aufrüttelt, oder wir können uns Gott als Instrumente zur Verfügung stellen, durch die er im Leben dieser Freunde eine Glaubenskrise hervorruft. Genauso gingen auch Jesus und seine Jünger manchmal vor, um die Aufmerksamkeit ihrer Gesprächspartner zu gewinnen (Markus 10,17-22, Apostelgeschichte 18,28-31).

In dem Beispiel aus Markus 10 sprach Jesus auf eine Art zu dem reichen, jungen Anführer, dass er sich mit einem Widerspruch auseinandersetzen musste: Einerseits glaubte dieser junge Mann, ein guter Mensch zu sein, da er alle Gebote gehalten hatte; andererseits war ihm finanzieller Wohlstand wichtiger, als Gott nachzufolgen. Diese Taktik begegnet uns im gesamten Neuen Testament immer wieder, und manchmal kann diese Herangehensweise auch uns hilfreich sein.

Um während des Zeugnisgebens möglichst wirkungsvoll schiefe Töne aufzuzeigen, müssen wir auf mindestens vier Arten von solchen schiefen Tönen oder Schwachstellen achten: *Überzeugung vs. Sehnsucht des Herzens, Überzeugung vs. Verhalten, Überzeugung vs. Überzeugung* und *unlogische Überzeugungen.* Nachfolgend wollen wir uns diese schiefen Töne einzeln anschauen.

Der schiefe Ton von Überzeugung vs. Sehnsucht des Herzens

Überzeugung vs. Sehnsucht des Herzens heißt, dass es einen Widerspruch zwischen der Weltanschauung eines Menschen und den wahren Sehnsüchten seines Herzens gibt. In unserer postmodernen Gesellschaft herrscht, vor allem unter jungen Menschen, eine verzweifelte Sehnsucht danach, dazuzugehören. Sie wollen Teil von etwas sein, das größer ist als sie selbst, doch ihre Weltanschauung lässt die Vorstellung vom ultimativen Sinn und Zweck ihres Daseins nicht zu.

Kurz nach dem 11. September erzählte mir ein Student, dass er nicht an ein Leben nach dem Tod glaube, weder im Himmel noch in der Hölle. Dennoch war er der Meinung, die Terroristen würden nach ihrem Tod irgendwie für ihre Tat zur Verantwortung gezogen werden. Seiner atheistischen Weltanschauung zum Trotz schrie sein Herz nach Gerechtigkeit. König Salomo erinnert uns daran, dass Gott „die Ewigkeit in ihr Herz gelegt (hat), nur dass der Mensch das Werk nicht ergründet, das Gott getan hat, vom Anfang bis zum Ende" (Prediger 3,11).

Alle Menschen, gleich welcher Religion, eint die Sehnsucht ihres Herzens, andere zu kennen und selbst gekannt zu werden; auch (selbst wenn ihnen das nicht bewusst ist) von Gott höchstpersönlich. Der berühmte französische Mathematiker, Philosoph und Physiker Blaise Pascal argumentierte, dass Menschen in sich eine Leere trügen, die sie mit Dingen und Beziehungen zu füllen suchen würden, doch nur Gott allein könne diese Leere wirklich füllen.[32]

Sogar der Atheist Walter Kaufmann beschreibt den Menschen als einen „von Gott berauschten Affen". Doch der Atheismus kann nicht aus sich selbst heraus erklären, wie sich dieser Gottesrausch in der menschlichen Rasse entwickelt hat. Der frühere Atheist und aktuelle Vorsitzende eines umfassenden Projektes über das menschliche Erbgut Francis Collins schrieb:

> Warum sollte es so einen universellen und einzigartigen menschlichen Hunger geben ohne irgendeine Möglichkeit der Erfüllung? [C. S.] Lewis drückt es passend so aus: „Kein Wesen wird mit einem Begehren geboren, für das es nicht eine Form der Erfüllung gäbe. Ein Baby hat Hunger; dafür gibt es Nahrung. Ein Entenküken will schwimmen; dafür gibt es Wasser ..." Warum also sollten wir ein „gottförmiges Vakuum" in unseren Herzen und Seelen haben, wenn es nicht gefüllt werden könnte?[33]

Es ist von größter Bedeutung, diese Diskrepanzen zwischen Überzeugung und Sehnsucht des Herzens wahrzunehmen, denn in vielen Religionen herrschen Ansichten vor, die im Widerspruch zu den menschlichen Sehnsüchten stehen. Der Hinduismus lehrt, dass die Menschen nur mit einem unpersönlichen Gott eine Beziehung haben können. Doch das menschliche Herz will mehr. Im Buddhismus ist das Ziel, den Zustand des Nirwana zu erreichen, den abstrakten Zustand des absoluten Nichts. Doch um ins Nirwana einzugehen, muss der Mensch seine Persönlichkeit aufgeben, was dem Schrei des menschlichen Herzens nach mehr Leben zuwiderläuft. Außerdem lässt sich das Nirwana nur erreichen, indem man nach Regeln und Geboten lebt, die jedoch niemand vollständig einhalten kann.[34] Auch die islamischen Lehren über die Pflichten eines Moslems stehen im Gegensatz zu dem Wunsch des menschlichen Herzens nach Vertrautheit mit Gott. Nur durch Jesus finden wir wirklich befriedigende Erfüllung unserer tiefsten Sehnsüchte. Ravi Zacharis sagt dazu:

> Was Sauerstoff für das Gehirn ist, ist Jesus für unsere Herzen. Er erfüllt unsere tiefsten Sehnsüchte wie sonst nichts ... Würden wir alles auflisten, wonach uns hungert, wären wir überrascht, wie viel davon tatsächlich legitim ist. Wir hungern nach Wahrheit, Liebe, Wissen, Zugehörigkeit, Selbstentfaltung, Gerechtigkeit, Fantasie, Bildung und Sinn, um nur ein paar zu nennen. Wenn wir in einer Bibliothek oder einem Buchladen stöbern, erkennen wir bald, dass viele der psychologischen Theorien jeweils eine dieser Sehnsüchte oder Bedürfnisse beschreiben. So wichtig und richtig diese Bedürfnisse auch sind, unser Bedürfnis nach Jesus ist noch viel größer ... Jesus setzte ein Ausrufezeichen auf seinen obersten Platz in unserem Leben. Wer zu mir kommt, wird nicht hungern, und wer an mich glaubt, wird nie mehr dürsten (Johannes 6,35).[35]

Ein hier im Westen immer häufiger zu vernehmen schiefer Ton ist: „Ich glaube, die Hauptsache ist, dass alle meine körperlichen Bedürfnisse gestillt werden." Das stimmt jedoch nicht, denn wir alle hungern zeitweise nach Dingen, die wir weder anfassen noch sehen können, wie Wahrheit, Liebe, Wissen, Gerechtigkeit und Sinn. Manche Menschen glauben auch, Moral sei lediglich eine Frage der persönlichen Vorliebe, und doch sehnen sie sich danach, dass ihre Kinder nicht danach leben (dass sie z. B. ihre Eltern respektieren, sich um Alte und Kranke kümmern usw.). Einige unserer postmodernen Freunde können sich auch nur schwer einreden, die Realität sei nur ein soziales Konstrukt, während sie Tag für Tag Kontakte in den sozialen Medien pflegen! Machen sie sich diese Kluft zwischen Überzeugung und Sehnsucht des Herzens bewusst, kann das für unsere Freunde die Initialzündung sein, sich Jesus zuzuwenden. Nur durch Jesus können wir wahre Erfüllung unserer Herzens-Bedürfnisse bekommen.

Der schiefe Ton von Überzeugung vs. Verhalten
Die Diskrepanz zwischen Überzeugung und Verhalten zeigt sich darin, dass Leute vorgeben, etwas zu glauben, sich das aber nicht in ihrem Verhalten widerspiegelt. In Galater 2,11-21 konfrontierte Paulus Petrus mit dessen inkonsequentem Verhalten. Petrus hatte mit den Heidenchristen in Antiochia zusammen gespeist, doch als bestimmte Juden aus Jerusalem kamen, hörte er damit auf. Also wurde er von Paulus zurechtgewiesen, da seine Überzeugung und sein Verhalten nicht zueinander passten.

Ebenso passt das Leben vieler anderer Menschen oft nicht zu dem, was sie angeblich glauben. Wenn wir ihnen dabei helfen, diese Diskrepanzen zu erkennen, leisten wir einen wichtigen vor-evangelistischen Beitrag, um später Brücken zum Evangelium schlagen zu können.

Ein College-Student sagte mir einmal, dass die Ermordung von sechs Millionen Juden durch Hitler seiner Meinung nach nicht zwingend schlecht gewesen sei. Statt ihm hier direkt zu widersprechen, entgegnete ich ihm: „So zu leben ist bestimmt nicht leicht, oder?" Seine Körpersprache machte deutlich, dass ich seine Verteidigungslinie durchbrochen hatte. Mit meiner Feststellung hatte ich ihm den Wind aus den Segeln genommen, denn ihm wurde ansatzweise klar, dass er seine geäußerte

Überzeugung im wirklichen Leben nicht umsetzen konnte. Zum Schluss sagte er: „Vielleicht gehe ich eines Tages mal wieder in die Kirche", eine weitere Bestätigung meiner Beobachtungen.

Im Leben mancher Eltern, die in den Sechzigerjahren Kinder waren, gibt es eine ähnliche Spannung zwischen ihren geäußerten Überzeugungen und ihrem Verhalten. Vielleicht behaupten sie immer noch, dass jeder Mensch das Recht hat, für sich selbst zu entscheiden, was gut und was böse ist, doch wenn eines ihrer Kinder Amok laufen und Dutzende Schulkinder töten würde, klänge das schon ganz anders.

Wenn ich mich mit Muslimen über religiöse Fragen unterhalte, frage ich oft: „Halten Sie sich für einen strenggläubigen Moslem?", gefolgt von: „Beten Sie wenigstens fünfmal am Tag?"
Viele antworten darauf mit Nein.

„Ein Moslem glaubt doch, dass er in den Himmel kommt, wenn seine guten Taten die schlechten überwiegen. Wenn er aber noch nicht einmal die Minimalanforderung von fünf täglichen Gebeten einhält, welche Hoffnung hat er dann noch auf den Himmel?"

Widersprüche zwischen den Überzeugungen von Nichtgläubigen und ihrem Verhalten aufzudecken ist also eine wichtige Voraussetzung, um die Schwachstellen ihres Glaubens ans Tageslicht zu bringen.

Nachfolgend weitere Beispiele für schiefe Töne aus dem Bereich Überzeugung vs. Verhalten:

- „Ich glaube an die naturalistische Evolution, aber ich versuche, ein gutes Leben zu führen."
- „Ich behandele andere Menschen mit Respekt, aber so etwas wie Richtig und Falsch gibt es nicht."
- „Ich glaube nicht an ein Leben nach dem Tod, aber mir ist es wichtig, mein Leben so zu führen, dass ich mit einem guten Namen und einem guten Ruf sterbe" (besonders in asiatischen Ländern eine verbreitete Vorstellung)

Der schiefe Ton von Überzeugung vs. Überzeugung

Ein weiterer schiefer Ton erklingt dort, wo Menschen *zwei oder mehr einander widersprechende Ansichten vertreten.* Ein Beispiel dafür sehen wir in Apostelgeschichte 17,28-29. Paulus sagt hier zu den Athener Philosophen: „Denn in ihm leben wir und bewegen uns und sind wir, wie auch einige eurer Dichter gesagt haben: Denn wir sind auch sein Geschlecht. Da wir nun Gottes Geschlecht sind, sollen wir nicht meinen, dass das Göttliche dem Gold und Silber oder Stein, einem Gebilde der Kunst und der Erfindung des Menschen, gleich sei."

Paulus sprach hier zwei wichtige Diskrepanzen in ihren Überzeugungen an: Sie glaubten nicht nur, dass sie die Götter aus Gold, Silber oder Stein geschaffen hatten, sondern auch, dass sie von ihnen erschaffen worden seien. Paulus fragt hier also im Grunde: „Können diesen beiden Ansichten wahr sein?" Die Athener antworteten Paulus hier auf drei verschiedene Arten. Einige sagten: „Paulus, du bist verrückt." Andere sagten: „Wir wollen mehr hören." Und wieder andere reagierten damit, dass sie ihr Vertrauen auf Jesus Christus setzten (Apostelgeschichte 17,32-34).

Wenn also jemand die Widersprüche in seinen Überzeugungen wahrnimmt, kann der Heilige Geist das gebrauchen, um ihn näher zu Jesus zu ziehen und ihn schließlich zur Bekehrung zu führen!

Wenn ich mich mit Studenten unterhalte, höre ich solche Diskrepanzen allzu oft.

„Wer ist Jesus Christus?", fragte ich einmal einen Studenten.

„Jesus war der Sohn Gottes", sagte er.

„Glaubst du, dass Jesus dein Erlöser ist?"

„Ja."

„Glaubst du, dass du zur Rechenschaft für dein Leben gezogen wirst?"

Auch das bejahte er.

„Glaubst du, dass du dabei gut abschneiden wirst?"

„Na ja, ich bin ein ziemlich guter Mensch ..."

„Wozu brauchst du dann Jesus, wenn du auch alleine gut abschneidest?"

Nach einem Moment meinte er: „Ich glaube, ich schneide doch nicht so gut ab."

Dieses Zugeständnis war ein wichtiger Teil der Vor-Evangelisation. Wenn Menschen sich nicht eingestehen können, dass sie vor Gott nicht gut wegkommen, welche Notwendigkeit besteht dann aus ihrer Sicht, sich von Jesus erlösen zu lassen?

Bei einer anderen Gelegenheit sagte mir eine Studentin, sie halte die Bibel für zuverlässig, aber sie glaubte auch, gute Werke tun zu müssen, um errettet zu werden. Das steht natürlich im Widerspruch zur Lehre der Bibel (Epheser 2,8-9; Titus 3,5).

Das sind nur ein paar Beispiele für schiefe Töne, wenn ein Aspekt des Glaubens einem anderen widerspricht. Wir nehmen diese Töne wahr, wenn wir unsere Ohren entsprechend trainieren. Weitere Beispiele für schiefe Töne sind:

- „Ich glaube, dass unabhängig von einer bestimmten Kultur manche Dinge richtig oder falsch sind, aber ich glaube nicht, dass Gott die Quelle der wahren Moral ist."

- „Ich glaube, dass mein Leben einen tiefen Sinn und ein Ziel hat, aber ich glaube auch, dass ich ein Zufallsprodukt der Natur bin."

- „Ich finde es falsch, Tierversuche zu machen, um das Leben der Menschen zu verbessern, aber ich habe kein Problem mit Abtreibungen" (eine unter postmodernen Nichtgläubigen weit verbreitete Ansicht)

- „Ich bin Christ, aber ich weiß nicht genau, warum Jesus am Kreuz sterben musste."

Ein Beispiel für einen schiefen Ton im Islam: Hier wird behauptet, Mohammed sei der letzte und größte Prophet gewesen und Jesus lediglich ein großer Prophet. Doch selbst im Koran steht, dass Jesus ohne Sünde war (Sure 3,45-46; 19,17-21) und von einer Jungfrau geboren worden war (Sure 3,47), dass Mohammed dagegen Sünden beging (Sure 40,5; 48,1-2) und nicht von einer Jungfrau geboren wurde. Außerdem lehrt der Koran, dass Jesus auf Allahs Geheiß hin einen Vogel erschuf (Sure 5,110). Mohammed jedoch musste zugeben, dass ihm die Fähigkeit fehlte, etwas zu erschaffen (Sure 6,102). Mohammed bestand sogar darauf, dass nur Allah Dinge erschaffen kann, und sei es eine Fliege (Sure 22,73). Weiter heißt es im Koran, dass Gott Mohammed nicht mit der Gabe ausstattete, Taube hörend zu machen (Sure 27,80), während Jesus sowohl blind Geborene als auch Leprakranke heilte (Sure 3,49). Mohammed ist tot und liegt in Medina begraben, von wo er das Gericht erwartet, während Jesus leibhaftig in den Himmel aufgefahren ist (Sure 4,158). Jesus wird als der Messias bezeichnet (Sure 3,45), der wiederkehren wird, um Gericht zu sprechen (Sure 3,55; 4,159). Warum also sollten Christen Mohammed als den größten Propheten anerkennen?

Ein verbreiteter schiefer Ton im Hinduismus ist der Glaube, dass „alle Menschen nach dem Tod wiedergeboren werden, und wenn sie ein schlechtes Leben führen, werden sie als Tier wiedergeboren." Wenn das stimmt, wie kann es dann sein, dass sowohl die Kriminalitätsrate als auch die menschliche Bevölkerung immer mehr zunehmen?

Der schiefe Ton von unlogischen Überzeugungen

Der letzte schiefe Ton bzw. die letzte Diskrepanz findet sich in unlogischen Überzeugungen. Hier liegt die Schwachstelle nicht in zwei einander widersprechenden Ansichten, sondern innerhalb einer einzelnen Überzeugung. Zum Beispiel ist die Aussage: „Es gibt absolut nichts Absolutes" in sich unlogisch. Damit sägt der Sprecher am Ast des Baumes, auf dem er selbst sitzt.

In einer Geschichte von A. A. Milne steckt Pu der Bär den Kopf in das Loch zur Wohnhöhle von Kaninchen und fragt: „Ist jemand zu Hause?" Kaninchen will ihn aber nicht hereinlassen aus Angst, dass Pu ihm sämtliche Essensvorräte aufisst. Also sagt Kaninchen aus der Höhle: „Nein. Niemand." Pu der Bär kratzt sich am Kopf und sagt in etwa: „Moment mal, es muss doch jemand da sein, der sagen kann, dass niemand da ist." Wenn Kaninchen sagt: „Niemand ist zu Hause", ergibt das keinen Sinn.

Ich kann behaupten: „Ich spreche kein Wort Englisch", aber das ist unlogisch, da ich englische Worte verwende, um das zu sagen.

Sie wären überrascht, wenn Sie wüssten, wie oft Leute ähnliche Aussagen machen, die in diese Kategorie passen.

Nachfolgend einige Beispiele für unlogische oder sich selbst ad absurdum führende Aussagen:

- „Du musst allem gegenüber skeptisch sein."
- „Gott ist so weit von uns entfernt, dass wir nichts über ihn wissen können."
- „Es gibt wirklich keine absolute Wahrheit."
- „Alles ist relativ."
- „Man kann nichts sicher wissen."
- „Ich weiß ganz sicher, dass man nichts sicher wissen kann."
- „Ich bin mir absolut sicher, dass man nicht sagen kann, was richtig oder falsch ist."
- „Mache nie absolute Aussagen."
- „Man sollte Menschen anderer Religionen immer tolerieren, nur solche nicht, die selbst nicht tolerant sind."
- „Ich glaube, dass das Gute der Standard ist, an dem wir das Böse messen, und gleichzeitig, dass das Böse der Standard ist, an dem wir das Gute messen."

Nun wollen wir diesen Teil von *Evangelisation im Dialog* einmal zusammenfassen: Zuerst wollen wir unseren nicht-gläubigen Freunden *aufmerksam zuhören*, um zu verstehen, was sie wirklich glauben. Dann konzentrieren wir uns darauf, uns mit ihrer Geschichte vertraut zu machen. Erst nach diesen beiden ersten Schritten sind wir in der Lage, die *schiefen Töne* oder Diskrepanzen herauszuhören. Diese vier Diskrepanzen sind: *Überzeugung vs. Sehnsucht des Herzens, Überzeugung vs. Verhalten, Überzeugung vs. Überzeugung* und *unlogische Überzeugungen*.

Sobald wir diese schiefen Töne (Schwachstellen) identifiziert haben, können wir den Menschen, die solche Aussagen machen, helfen, sich selbst und ihre Überzeugungen klarer zu erkennen. Das ist ein wichtiger Teil der Vor-Evangelisation, denn die meisten Leute sehen keinen Grund, ihre Ansichten zu überdenken (oder sich gar mit der Person Jesu zu befassen), wenn ihnen die

Schwachstellen in ihrem Gedankengebäude gar nicht bewusst sind. Also sollten wir diesen Ansatz in unsere evangelistischen Programme aufnehmen, vor allem, weil sowohl Jesus als auch der Apostel Paulus damit sehr effektiv waren.

Wenn wir die schiefen Töne in den Überzeugungen unserer Mitmenschen aufdecken, dürfen wir dabei nicht vergessen, ihnen aufmerksam zuzuhören. Neben der Führung und Bevollmächtigung durch den Heiligen Geist ist der wichtigste Schritt im Prozess der Vor-Evangelisation, dass wir wissen, was und woran unser Gesprächspartner glaubt.

Die vermeintlich schiefen Töne im christlichen Glauben
Manche fragen nun vielleicht: „Und was ist mit all den schiefen Tönen im Christentum? Gibt es in deinen Überzeugungen nicht genauso viele schiefe Töne wie in anderen?" Der Fairness halber und um dem echten Interesse des Lesers nach Antworten zu begegnen, behandeln wir hier nur einen der am häufigsten gegen das Christentum geäußerten Vorwürfe. Weitere interessante Fragen werden (auf Englisch) auf unserer Website behandelt, unter „More Alleged Sour Notes Among Christian Beliefs" auf www.conversationalevangelism.com

Der schiefe Ton von Glauben vs. Verhalten bei Christen
Immer und immer wieder hören wir von unseren nicht-gläubigen Freunden, dass ihr größtes Problem mit dem Christentum das scheinheilige Zeugnis sogenannter Christen ist. Unglücklicherweise wurde einigen von ihnen der christliche Glaube durch Menschen verleidet, die behaupten, Nachfolger Jesu zu sein, deren Leben aber eine ganz andere Sprache spricht. Und wenn dieselbe Macht Gottes, die Jesus vom Tod auferweckte, auch uns Christen befähigt, ein verändertes Leben zu führen (Philipper 3,10), dann sollte die Welt diesen Unterschied in uns erkennen. So war es auf jeden Fall bei den Christen des 1. Jahrhunderts. Sogar einige säkulare Quellen belegen, dass Christen ein anderes Leben führten als Nichtchristen. [36]

Heutzutage dagegen gibt es Menschen, die sich als Christen bezeichnen, jedoch genau wie der Rest der Welt nur für sich selbst leben. Daher fordert die Bibel alle bekennenden Christen auf, zu prüfen, ob sie tatsächlich im Glauben sind (2. Korinther 13,5). Nur weil jemand behauptet, Christ zu sein, muss er noch lange keiner sein.

Viele Dinge, die im Namen Jesu geschehen, wie im Mittelalter die Kreuzzüge, entsprechen nicht seinem Willen. Daher warnte uns Jesus auch, dass so mancher nach seinem Tod überrascht sein wird über sein weiteres Schicksal, obwohl er zu Lebzeiten Wunder in Jesu Namen getan hat. Dann wird Jesus bekennen, dass er denjenigen nie gekannt hat (Matthäus 7,23).

Aber auch wahre Christen machen Fehler, und wir alle müssen zugeben, dass wir an unseren eigenen Standards scheitern, ganz zu schweigen von den Standards Gottes (Matthäus 5,48; Jakobus 2,10). Wir alle brauchen das Erlösungswerk Christi, damit unser Leben verwandelt wird (Philipper 2,13). Diese Verwandlung geschieht nicht automatisch, denn wir wurden zwar vor der *Strafe für die Sünde* errettet (Rechtfertigung), doch wir müssen uns in jedem Moment unseres Lebens entscheiden, ob wir der Versuchung zur Sünde widerstehen (1. Korinther 10,13) und gemäß Gottes Plan leben wollen. Jedes Mal, wenn wir der Versuchung zur Sünde widerstehen, werden wir ein bisschen mehr von der *Macht der Sünde* errettet (Heiligung). Und am Ende gibt es keine Versuchungen mehr, wenn wir von der *Gegenwart der Sünde* befreit werden (Verherrlichung).

Wir müssen also unsere nicht-gläubigen Freunde daran erinnern, dass Christen immer noch sündigen (können), auch wenn wir von der Strafe der Sünde befreit wurden. Gott lässt jedem von uns die Wahl, wie wir unser Leben führen wollen, und zwingt uns seinen Willen nicht auf. Gott wünscht sich, dass wir uns ihm freiwillig unterordnen, nicht aus Zwang.

Schlussgedanken

Schiefe Töne finden sich in allen nicht-christlichen Glaubenssystemen, und sie müssen ans Tageslicht gebracht und als solche benannt werden. Diese Fähigkeit ist ein wesentlicher Bestandteil der Evangelisation im Dialog. Manchmal ist es hilfreicher, wenn jemand die Wahrheit für sich selbst entdeckt, als wenn wir ihm die Schwachstellen seiner Überzeugungen vorhalten. Dafür müssen wir herausfinden, durch welche Fragen diese Diskrepanzen am deutlichsten werden. Oft ergibt sich dadurch eine Chance für uns, mit demjenigen über Jesus zu sprechen.

Dafür müssen wir uns darin üben, in Gespräche mit anderen Menschen gute Zuhörer zu werden. Leider hören wir jedoch nicht immer das, was unsere Gesprächspartner tatsächlich sagen, was es uns erschwert, herauszufinden, was sie wirklich glauben.

Das führt dazu, dass uns die richtigen Informationen fehlen, anhand derer wir gezielte Fragen stellen und damit Interesse wecken können an dem, was wir zu sagen haben. Stattdessen stellen wir vielleicht Fragen, die am Kern der Sache vorbeigehen, unser Gegenüber in die Defensive treiben und weitere Gespräche verhindern.

Um in der Vor-Evangelisation Erfolg zu haben, müssen wir die Rolle eines Musikers einnehmen – und sorgfältig auf die schiefen Töne achten, die sich zwangsläufig aus den nicht-christlichen Glaubenssystemen ergeben. Doch es gibt noch mehr zu tun: Wir müssen den Menschen zuhören, herausfinden, was sie wirklich bewegt, und ihre Ansichten verstehen, um tiefgehende Gespräche mit ihnen zu führen. Dabei erfahren wir viel von der Geschichte der Menschen und ob sie geistlichen Themen gegenüber aufgeschlossen sind. Dann, und nur dann sollten wir die schiefen Töne oder Schwachstellen in ihren Überzeugungen ansprechen und durch gezielte Fragen ans Tageslicht bringen, gleichzeitig aber für eine größtmögliche Offenheit uns gegenüber sorgen. Doch bevor wir solche gezielten Fragen stellen können, müssen wir erst aufmerksam darauf hören, was unsere nicht-gläubigen Gesprächspartner sagen. Tun wir das nicht, ist es ihnen vielleicht völlig egal, wie viele Beweise wir ihnen für die Wahrheit des christlichen Glaubens vorlegen. Dann haben wir das Recht verwirkt, das Gespräch fortzusetzen.

Zum Nachdenken

1. Warum fällt es uns Christen so schwer, unseren nicht-gläubigen Freunden ernsthaft zuzuhören, wenn sie uns von ihren Überzeugungen und Werten erzählen?

2. Hören Sie in Gesprächen über religiöse Themen aufmerksam und geduldig zu, gerade wenn es sich um Personen handelt, deren Meinung Sie ganz und gar nicht teilen? Oder hören Sie nicht so genau zu, weil Sie im Geist bereits eine Erwiderung formulieren, um das Argument zu entkräften?

3. Was können wir tun, damit wir in Gesprächen mit unseren nicht-gläubigen Freunden nicht allein das hören, was wir hören wollen? Welche positiven Schritte können wir unternehmen, um objektiver wahrzunehmen?

4. Wie oft wussten Sie schon vorab, was jemand anderes über seine Moral- und Wertvorstellungen und Glaubensüberzeugungen sagen würde, und konnten entsprechend antworten?

5. Was für Schwierigkeiten können sich ergeben, wenn Sie die Probleme in den Ansichten anderer Leute sofort ansprechen?

Praktische Anwendung

1. Es ist eine verbreitete Angewohnheit, dass sich Menschen während einer Unterhaltung gegenseitig unterbrechen. Versuchen Sie stattdessen, *geduldig zu warten*, bis Ihr Gegenüber ausgeredet hat, bevor Sie das Wort ergreifen. Üben Sie sich diese Woche in der Kunst des aktiven Zuhörens und versuchen Sie, niemandem ins Wort zu fallen.

2. Wenn Sie sich diese Woche mit Freunden unterhalten, versuchen Sie, in Ihren Antworten auf das *einzugehen*, was Ihr Gegenüber gerade gesagt hat. Und wenn Sie vor Ihren nicht-christlichen

Freunden Zeugnis geben, achten Sie auf *Schlüsselbegriffe*, die Ihre Freunde verwenden, bevor Sie Ihre Antwort formulieren.

3. Unaufmerksames Zuhören und einfache Missverständnisse führen oft zu Unstimmigkeiten und verletzten Gefühlen. Streben Sie danach, *wirklich zu verstehen*, was Ihr Gegenüber Ihnen sagen will. Wenn Sie etwas nicht verstehen, *bitten Sie um eine Erklärung* oder formulieren Sie, was Sie meinen, verstanden zu haben, und fragen nach, ob das dem Gesagten entspricht. Vor allem, wenn Menschen bereit sind, ausführlich von ihrem Glauben zu berichten, sollten wir sie möglichst wenig unterbrechen.

4. Wenn Ihnen gegenüber jemand sagt, dass Ihre Überzeugung auch ein wesentlicher Bestandteil seines/ihres Glaubens- oder Wertesystems sei, versuchen Sie, sich an vorher gemachte Aussagen zu erinnern, die diesen Glauben infrage stellen.

5. Versuchen Sie, die verschiedenen Arten von „schiefen Tönen" herauszufiltern, die Sie unter „Hearing the Inconsistencies in People's Beliefs" auf www.conversationalevangelism.com nachlesen können. Diese Übung hilft Ihnen dabei, in Gesprächen mit anderen schneller solche schiefen Töne wahrzunehmen.

6. Halten Sie in Ihrer Tabelle der „Strategien in der Vor-Evangelisation" fest, welche der ersten drei Punkte Sie in Gesprächen zu hören bekommen. Welche dieser Probleme sollten besser der Gegenstand eines weiteren Gesprächs sein? Machen Sie sich zu diesem Zeitpunkt keine Sorgen, was Sie sagen sollen; überlegen Sie sich einfach, was ein gutes Gesprächsthema sein könnte, das Ihr Gegenüber Jesus näherbringt.

7. Achten Sie nicht nur auf die Etiketten, die Ihre Gesprächspartner ihren religiösen Überzeugungen verpassen. Hören Sie vielmehr auf die genauen Worte, um herauszubekommen, was die Leute *wirklich glauben* und ob sie verschiedene Weltanschauungen miteinander vermischen. Wenn nötig, klären Sie die Bedeutung dieser Schlüsselbegriffe ab.

KAPITEL 4

DIE ROLLE DES MALERS ERLERNEN

David: Halten Sie die Bibel für zuverlässig und genau?

Student: Ja, ich glaube, sie ist zuverlässig und genau.

David: Und warum glauben Sie das?

Student: Hmm, na ja, ich gehe halt zur Gemeinde ... und einer unserer Jugendpastoren hat mal versucht, zu beweisen, dass die Bibel falsch ist, nur um zu sehen, ob er es schafft. Und zu jeder Quelle, die auch nur ansatzweise hätte beweisen können, dass die Bibel nicht recht hat, fand er etwas anderes, was noch viel mehr für ihre Richtigkeit sprach.

David: Und das hat Sie überzeugt, dass die Bibel wahr sein muss?

Student: Ja.

David: Wissen Sie, was die Bibel darüber sagt, wer Jesus war?

Student: Nein.

David: In Johannes 14,6, Apostelgeschichte 4,12 und 1. Timotheus 2,5 lesen wir, dass Jesus die einzige Brücke bzw. der einzige Weg zu Gott ist. Wussten Sie das?

Student: Nein, das wusste ich nicht.

David: Kann man also die Bibel für zuverlässig halten und trotzdem nicht daran glauben, dass Jesus der einzige Weg zu Gott ist?

Student: Hm, ich glaube, das ist eine Frage der persönlichen Meinung. Ich meine nicht, dass Jesus der einzige Weg zu Gott ist. Meiner Meinung nach gibt es mehrere Wege. Das ist mein persönlicher Glaube. Davon bin ich überzeugt, auch wenn ich nicht genau weiß, warum. Aber ich denke, dass es neben Jesus auch andere Wege zu Gott gibt.

David: Dann wäre die Bibel also nicht vollkommen zuverlässig.

Student: Doch, ich glaube schon, dass die Bibel zuverlässig ist. Aber die Frage ist, ob ich mich an die Bibel halte oder nicht.

David: Okay, aber wenn die Bibel zuverlässig ist und das wiedergibt, was die Apostel gesagt haben, nämlich, dass Jesus sich selbst als den einzigen Weg bezeichnete, dann hatten sie entweder unrecht oder Jesus hat recht.

Student: Ich glaube, äh ... dass Jesus recht hat. Vermutlich habe ich unrecht.

Die Diskrepanzen veranschaulichen
In unserer Welt reicht es nicht aus, unseren Mitmenschen das Evangelium einfach nur zu verkünden; wir müssen auch das Interesse daran wecken. Darüber hinaus empfinden viele Zuhörer es als engstirnig, arrogant und intolerant, wenn wir behaupten, dass das grundlegende Sündenproblem des Menschen nur durch Jesus gelöst werden kann. Daher müssen wir die Art, wie wir heutzutage evangelisieren, ändern und uns den Menschen im Gespräch annähern, sodass sie die Wahrheit für sich selbst herausfinden können, statt ihnen eine Predigt zu halten, durch die sich in ihren Persönlichkeitsrechten verletzt fühlen. Darum sind Fragen so hilfreich.

Die Kunst des Bildermalens lernen
Der erste Schritt bei der Evangelisation im Dialog besteht darin, dass wir wie ein Musiker zuhören, ihre Geschichten kennenlernen und hören, was die anderen tatsächlich glauben. Dann, und

nur dann, nehmen wir die schiefen Töne unserer Mitmenschen wahr. Im zweiten Schritt wollen wir wie ein Maler ein Bild malen, indem wir den Menschen durch gezielte Fragen helfen, herauszufinden, was sie tatsächlich glauben. Als Maler zeichnen wir unseren Gesprächspartnern ein *mentales Bild* durch unsere gezielten Fragen, die sie zum Nachdenken anregen. Dadurch sehen sie sich selbst in einem klareren Licht. Wir möchten, dass sie das sehen, was wir sehen, ohne ihnen direkt zu sagen, was sie glauben sollen. Doch ihr Selbstbildnis ist womöglich verzerrt. Durch gezielte Fragen fördern wir die noch fehlenden Details zutage.

Wir stellen unseren nicht-gläubigen Freunden Fragen, damit sie langsam zu begreifen beginnen, dass etwas an ihren Überzeugungen nicht stimmt, und sie so die Wahrheit für sich selbst entdecken. Unsere Fragen wirken wie ein Spiegel, in dem sie sich selbst erkennen können, ohne dass wir allzu stark eingreifen. Wenn sie die Wahrheit für sich selbst entdecken, führen wir sie auf eine Reise der Selbsterkenntnis. Dazu können wir zwei Arten von Fragen verwenden.

Abklären von Glaubensinhalten

Mit am besten kann man Glaubensinhalte abklären, indem man fragt: „Was meinst du mit ...?"[37] Oft verstehen unsere Mitmenschen bestimmte Schlüsselbegriffe ganz anders als wir, und mithilfe dieser Frage können wir die Bedeutung dieser Begriffe abklären. Wenn zum Beispiel jemand sagt: „Ich bin ein ganz guter Mensch, also komme ich bestimmt in den Himmel", sollten wir fragen: „Was meinst du mit ‚gut'?" Wenn jemand sagt: „Jesus ist mein Erlöser", sollten wir fragen: „Was meinst du mit ‚Erlöser'?" Wenn jemand sagt: „Ich glaube, dass Jesus Gott ist", sollten wir fragen: „Was meinst du mit ‚Jesus ist Gott'?" (In asiatischen Ländern beten viele Menschen zu mehreren Göttern, darunter auch Jesus, um auf der sicheren Seite zu sein und keinen Gott zu beleidigen.)

Jedoch ist die Formulierung „Was meinst du mit ...?" nicht immer geeignet, um Glaubensinhalte abzuklären. Wenn ich (David) zum Beispiel mit jemandem spreche, der sich als Atheist bezeichnet, würde die Frage „Was meinst du mit ‚Atheist'?"

unpassend und albern wirken. Stattdessen würde ich andere Fragen stellen wie: „Es würde mich interessieren, welche Bücher einen Einfluss darauf hatten, dass du Atheist wurdest."

Es gibt viele unterschiedliche Verständnisfragen zu den Glaubensinhalten, wie Fragen nach prägenden Büchern, religiösen Erfahrungen und nach Menschen, die ihr Denken beeinflusst haben. Das Wichtigste aber ist: Wenn wir im Gespräch mit Nichtgläubigen deren Glaubensinhalte abklären, kann allein schon ein kleiner Fortschritt dabei die Türen weiter für das Evangelium öffnen. Selbst wenn wir uns in unserem eigenen Glauben oder dem Glauben unserer Gesprächspartner nicht gut auskennen, können wir trotzdem eine wichtige Rolle in der Vor-Evangelisation spielen, indem wir ihnen einfach zuhören und Fragen stellen, durch die sie sich ihrer eigenen Glaubensinhalte bewusst werden.

Um diese Glaubensinhalte abzuklären, müssen oft erst einmal bestimmte Begriffe definiert werden, vor allem im Gespräch mit Menschen, die geläufige religiöse Begriffe verwenden, sie jedoch anders verstehen als konservative Christen. So sagen zum Beispiel Zeugen Jehovas: „Wir glauben an Jesus Christus, den Sohn Gottes", doch die Bezeichnung „Sohn Gottes" bedeutet ihnen etwas völlig anderes als uns konservativen Christen. Zeugen Jehovas glauben, dass Jesus der Erzengel Michael war, ein erschaffenes Wesen. Und auch die Mormonen sagen zwar, dass sie an Jesus glauben, doch „ihr" Jesus entspricht nicht dem, der sich in den Evangelien offenbart, sondern ist ein Geistwesen und älterer Bruder Luzifers.

Religiöse Begriffe abzuklären ist auch in evangelistischen Gesprächen mit wissenschaftlich geprägten, skeptischen Menschen äußerst wichtig. So sagt zum Beispiel der Verfechter des *Intelligent Design* (ID) Phillip Johnson, dass manche Darwinisten das Wort *Evolution* zweideutig verwenden. Die meisten naturalistischen Darwinisten nehmen unsere Ansichten nicht ernst und machen sich über uns lustig, weil wir nicht an Evolution glauben. Doch dabei übersehen sie, dass sie diesen Begriff selbst zweideutig verwenden. Wir glauben durchaus, dass es in der Natur Beweise für Mikroevolution gibt (Schnabel von Finken, deren Länge sich verändert, und Schädlinge, die Resistenzen gegen bestimmte Pestizide entwickeln).[38] Doch wir sehen keinerlei Beweise für Makroevolution (alles hat sich aus einer Ursuppe entwickelt).

Auch der Begriff *Beweis* sollte im Gespräch mit einem naturalistischen Darwinisten besser abgeklärt werden. Beide Seiten haben nämlich unterschiedliche Standards, was als Beweis zu gelten hat. Ein naturalistischer Darwinist meint, es sei nicht nötig, eine vollständige Erklärung für darwinistische Entwicklungen zu liefern. Er hält es vielmehr für ausreichend, wenn er zeigt, dass eine bestimmte Entwicklung *theoretisch möglich* (oder vorstellbar) ist.[39] Andererseits wird ein Vertreter des ID argumentieren, dass nur eine Erklärung, wie solche Entwicklungen in der Realität verlaufen, akzeptabel sei, denn er sieht die unglaublich komplexe Vielfalt in der Natur und ist daher offen für mehr als naturalistische Erklärungen.

Auch der Begriff *Wissenschaft* ist unter Darwinisten nicht eindeutig belegt. Für sie ist der Glaube an die Schöpfung keine Wissenschaft im empirischen Sinn, da es sich um kein heutzutage beobachtbares und wiederholbares Ereignis handelt. Doch dann ist auch Makroevolution keine Wissenschaft. Sie vergessen, dass sowohl Kreationismus als auch Makroevolution Versuche sind, den Ursprung zu erklären, obwohl die Vergangenheit weder beobachtet noch wiederholt werden kann. Wir können uns der Wahrheit nur nähern durch das Prinzip der Kausalität (jedes Ereignis hat eine Ursache) und der Analogie oder Gleichmäßigkeit (Ereignisse der Vergangenheit verliefen so wie Ereignisse der Gegenwart). Wenn es zum Beispiel in der Gegenwart einer intelligenten Ursache bedarf, um die Komplexität der menschlichen Sprache zu erklären, dann können wir auch vernünftigerweise von einer intelligenten Ursache ausgehen, um die Komplexität der ersten lebenden Zelle zu erklären.[40]

Wenn wir bestimmte Begriffe abklären, erleichtert uns das oft die anschließenden Diskussionen und verhindert unnötige Verwirrung auf beiden Seiten. Daher ist es in unseren Gesprächen mit nicht-gläubigen Freunden so wichtig, dass wir um Erläuterung bestimmter Begriffe bitten, selbst wenn wir zu wissen glauben, was sie damit meinen.

Verständnisfragen helfen dabei, Barrieren zu identifizieren
Verständnisfragen sind vor allem dann hilfreich, wenn wir nicht wissen, wo genau jemand geistlich steht. So erzählte mir zum Beispiel vor Jahren einmal ein Student der *Texas Tech University,* er glaube, dass „Jesus der Sohn Gottes und für uns gestorben ist". Es klang also zunächst so, als sei er Christ, doch als ich ihn fragte: „Was meinst du mit ‚für uns gestorben'?", war ich über seine Antwort überrascht. Er sagte, dass Jesus als moralisches Vorbild für uns gestorben sei, damit wir wissen, wie wir unser Leben führen sollen. Natürlich war Jesus ein Vorbild für uns, doch das ist eben nicht alles. Er starb an unserer Stelle und für unsere Erlösung (Römer 5,8; 2. Korinther 5,21). Hätte ich diese Verständnisfrage nicht gestellt, wäre uns vielleicht nicht aufgefallen, dass dieser Student wahrscheinlich gar nicht gläubig war.

Verständnisfragen führen zu mehr Ehrlichkeit in einer Diskussion
Verständnisfragen führen oft auch dazu, dass unsere Gesprächspartner in Bezug auf ihre Glaubensinhalte ehrlicher zu sich selbst und zu uns sind. Das hilft uns in unserem Zeugnis ungemein.

Eines Tages unterhielt ich mich im Flugzeug mit meinem Sitznachbarn, der mir sagte, er sei ein „Freigeist". Doch im Laufe des Gesprächs ließ er durchblicken, dass er an einen „Schöpfer" glaube. Durch weitere Verständnisfragen erfuhr ich, dass er eigentlich ein säkularer Moslem war. Sein Problem mit dem christlichen Glauben bestand darin, dass er Jesus nicht als den einzigen Weg zu Gott akzeptieren wollte. Doch sein Bekenntnis, säkularer Moslem zu sein, führte zu einer ehrlicheren und offeneren Diskussion über seine wirklichen Probleme mit dem Christentum.

In Asien hatte ich viele Gespräche mit angeblichen Buddhisten. Doch wenn ich sie fragte: „Was verstehen Sie unter ‚Buddhist'? Sie sind ein strenggläubiger Buddhist?", musste ich oft feststellen, dass sie keine ausschließlichen Buddhisten waren, sondern zwei oder mehr verschiedene religiöse Ansichten miteinander vermischt hatten. Durch diese Zugeständnisse konnten wir eine offener Diskussion darüber führen, was sie am christlichen Glauben störte.

Ähnliche Gespräche hatte ich auch mit Studenten in westlichen Ländern, die sich als Christen bezeichneten, doch durch gezieltes Nachfragen stellte ich oft fest, dass sie es mitnichten waren. Manchmal musste ich nur ein paar Verständnisfragen stellen, und sie waren nicht nur mir gegenüber ehrlicher, sondern auch zu sich selbst, wenn es um das ging, was sie glaubten und was nicht.

Mir ist in letzter Zeit zum Beispiel aufgefallen, dass immer mehr angebliche Christen auch andere Religionen für wahr halten. Durch gezieltes Nachfragen ergeben sich manchmal ehrliche Diskussionen darüber, was jemanden davon abhält, den Schritt des Glaubens zu tun. Um herauszufinden, ob jemand Christ ist, ist die Frage hilfreich: *„Glaubst* du lediglich, *dass* Jesus der Messias ist, oder *glaubst du an ihn?* (Siehe Kapitel 9 für eine weitere Diskussion über diese Unterscheidung.) Das ist ganz bestimmt eine sehr gute Messlatte für alle, die das Etikett „Christ" verwenden.

Verständnisfragen erhöhen die Bereitschaft zu einem Gespräch über den Glauben

Verständnisfragen öffnen uns manchmal eine Tür für ein interaktives Gespräch über den Glauben oder für direkte Evangelisation. Bei einer anderen Gelegenheit erzählte mir ein Taxifahrer einmal, er sei ein „Freigeist", also fragte ich ihn, was er damit meine. Zu meiner Überraschung führte diese einfache Frage zu einer Unterhaltung, bei der ich ihm vom Evangelium erzählen konnte.

Verständnisfragen bauen Defensivhaltungen ab

Ein weiterer Vorteil von Verständnisfragen zu den Glaubensinhalten unseres Gegenübers liegt darin, dass sie die beste Möglichkeit eines geistlichen Austauschs bieten, ohne ihn unnötig in die Defensive zu treiben. Wenn Menschen merken, dass es unser Ziel ist, ihren Glauben besser zu verstehen, statt ihnen zu beweisen, dass sie im Unrecht sind, dann reagieren sie wahrscheinlich positiver auf unsere Fragen. Wir machen also das Beste aus unserer Unwissenheit in Bezug auf ihren Glauben und erreichen damit, dass der andere so wenig defensiv wie möglich reagiert.

Verständnisfragen führen zu einer Umkehr der Beweislast
Verständnisfragen sind auch deswegen hilfreich, weil sie die Beweislast von uns auf unseren Gesprächspartner verlagern. Das nennen wir auch das Bumerang-Prinzip. Wenn uns jemand eine schwierige Frage stellt oder uns beschuldigt, kehren wir die Frage um, statt sie selbst zu beantworten, sodass die Beweislast nun bei unserem Gegenüber liegt.

Wenn zum Beispiel jemand zu Ihnen sagt: „Für mich ist der christliche Glaube nur eine Krücke", dann können wir die Frage herumdrehen und zurückfragen: „Was meinst du mit ‚Krücke'?" Wenn jemand sagt: „Ich glaube nicht, dass die Berichte im Neuen Testament zuverlässig dokumentieren, was Jesus gesagt und getan hat", dann können wir fragen: „Was meinst du mit ‚zuverlässig'?" Darüber hinaus kann man noch fragen: „Warum sind die Texte des Neuen Testaments weniger zuverlässig als die Dokumente aus derselben Zeit, etwa von Josephus oder Plato? Wenn wir davon ausgehen, dass die Schriften Platos zuverlässig sind, warum halten wir dann die Berichte des Neuen Testaments über das Leben von Jesus nicht für ebenso wahr?"[41] Wir versuchen in diesem Moment nicht, all das zu beweisen, was das Neue Testament als wahr lehrt, auch wenn wir von dessen Richtigkeit überzeugt sind. Wir fragen vielmehr gezielt, warum wir angeblich nicht wissen können, dass einige der wichtigsten Ereignisse im Leben Jesu (was er gesagt und getan hat und seine Wunder) wahr sind.

Wenn uns also von unseren Gesprächspartnern Fragen gestellt werden, die uns in die Enge drängen sollen, dann vermeiden wir es durch das Bumerang-Prinzip, ihnen in die Falle zu gehen. Manchmal brauchen wir dafür bloß um Erklärung bestimmter Begriffe zu bitten, die sie in ihren emotional aufgeladenen Fragen oder Aussagen verwendet haben.

Dieses Bumerang-Prinzip ist nichts Neues. Schon Jesus ging ähnlich vor, wie in diesem Austausch mit religiösen Anführern:

> Und es geschah an einem der Tage, als er das Volk im Tempel lehrte und die gute Botschaft verkündigte, da traten die Hohenpriester und die Schriftgelehrten mit den Ältesten

herbei und sprachen zu ihm und sagten: Sage uns, in welcher Vollmacht tust du diese Dinge? Oder wer ist es, der dir diese Vollmacht gegeben hat?

Er aber antwortete und sprach zu ihnen: Auch ich will euch ein Wort fragen; und sagt mir: War die Taufe des Johannes vom Himmel oder von Menschen?

Sie aber überlegten miteinander und sprachen: Wenn wir sagen: vom Himmel, so wird er sagen: Warum habt ihr ihm nicht geglaubt? Wenn wir aber sagen: von Menschen, so wird das ganze Volk uns steinigen, denn es ist überzeugt, dass Johannes ein Prophet ist.

Und sie antworteten, sie wüssten nicht, woher.

Und Jesus sprach zu ihnen: So sage auch ich euch nicht, in welcher Vollmacht ich dies tue.

Solche Verständnisfragen entsprechen nicht unbedingt unserer normalen Vorstellung von Evangelisation, daher fällt es uns möglicherweise auch nicht leicht, mit alten Gewohnheiten zu brechen und diesen Ansatz anzuwenden. Um die Wahrscheinlichkeit dafür zu erhöhen, ist es hilfreich, diese Art des Nachfragens zuerst bei unseren christlichen Freunden zu üben. Haben wir uns erst einmal daran gewöhnt, gelingt es uns eher, auf die gleiche Art auf unsere nicht-gläubigen Freunde einzugehen.

Fragen, die die Schwachstellen in ihren Überzeugungen aufdecken
Neben Verständnisfragen zum Abklären ihrer Glaubensinhalte sollten wir auch Fragen stellen, die *Schwachstellen in ihren Überzeugungen und damit in ihren Glaubenssystemen aufdecken.* Unser Ziel ist dabei, die anderen dazu zu bringen, die Risse in den Fundamenten ihrer Weltanschauung zu erkennen. Schlussendlich sollen sie sich fragen, ob diese Fundamente stark genug sind, dass sie ihr Leben darauf bauen können. Menschen rücken

in der Regel erst von ihren Überzeugungen ab, wenn man ihnen eine bessere Alternative bietet.

Dieser Schritt besteht aus zwei Teilen. Zunächst konzentrieren wir uns darauf, unsere Freunde durch Fragen zum Nachdenken anzuregen, sodass die *Schwachstellen ihrer Überzeugungen zutage treten.* Das führt zwar nicht unbedingt dazu, dass sie ihre Ansichten *ändern,* dennoch können wir dadurch Zweifel säen, die nach und nach den Riss in ihren Glaubensfundamenten offenlegen. Vielleicht überdenken sie daraufhin ihren Glauben noch einmal.

Falsche Überzeugungen lassen sich in der Regel nicht über Nacht als solche entlarven; dafür braucht man Zeit. Doch so wie ein Riss im Fundament eines Gebäudes heute noch keinen größeren Schaden anrichtet, aber nach einiger Zeit ein massives bauliches Problem darstellt, kann auch ein Riss im Fundament der Weltanschauung unserer nicht-gläubigen Freunde irgendwann etwas Größeres bewirken.

Ein gutes Beispiel hierfür ist die Bekehrung von Anthony Flew: Zunächst war er Atheist, doch dann begann er wegen der Beweise, die er in der Schöpfung sah, an irgendeine Art Gott zu glauben. Das geschah nicht über Nacht. Es dauerte mehrere Jahre, bis die Last der Beweise für eine intelligent geplante Schöpfung sein Denken nachhaltig beeinflusste. Ein kleines Samenkorn des Zweifels über die wissenschaftlichen Beweise für den Atheismus führte dazu, dass er am Ende die naturalistischen Erklärungen als unzureichend ablehnte, um das intelligente Design des Universums zu erklären. Auch unsere sorgfältig formulierten und wohlüberlegten Fragen können Auswirkungen auf unsere Freunde haben, deren Früchte erst morgen zutage treten. Nachfolgend einige Beispiele für Fragen, mit denen Sie Schwachstellen aufdecken können:

- „Hältst du es für wichtig, woran wir glauben, oder zählt vor allem, dass wir irgendeine Art Religion haben, um bessere Menschen zu werden?"
- „Glaubst du, dass alle Religionen im Grunde dasselbe lehren?"

- „Meinst du, dass das Leben einen Sinn hat?"
- „Meinst du, dass das Leben eines Menschen wertvoll ist?"
- „Glaubst du, dass bestimmte Taten oder Verhaltensweisen richtig oder falsch sind?"
- „Meinst du, dass wir uns in bestimmter Weise verhalten müssen, um im nächsten Leben eine höhere Stufe zu erreichen?"
- „Glaubst du, dass alle Menschen auf irgendeine Weise von ihrem Schöpfer zur Verantwortung gezogen werden?"
- „Wenn ja, nach welchen Maßstab?"
- „Glaubst du, dass die Bibel zuverlässig wiedergibt, was Jesus gesagt oder getan hat?"

Der zweite Schritt besteht darin, dass wir da weitermachen, wo wir bei Schritt 1 aufgehört haben. Sobald unsere Freunde zugeben, dass ihre Überzeugungen gewisse Schwachstellen aufweisen, oder zumindest merken, dass sie einige Dinge genauer überdenken müssen, können wir darauf aufbauen. Nun stellen wir weitere gezielte Fragen, die *ihre falschen Überzeugungen noch deutlicher ans Licht bringen.* Zumindest können wir dadurch einen größeren Zweifel an ihren Überzeugungen säen.

Diese Anschlussfragen müssen nicht unbedingt in demselben Gespräch wie die Eingangsfragen gestellt werden. Natürlich ist das möglich, hängt jedoch davon ab, wie offen Ihr Gegenüber ist. Sie können Ihre Anschlussfragen auch einen Tag, eine Woche oder sogar einen Monat später stellen, so wie es Ihnen der Heilige Geist eingibt und abhängig davon, wie offen Ihr Gesprächspartner für Antworten ist. Wenn Sie durch Ihre Fragen mehr und mehr Zweifel säen, ist er vielleicht eher zu einer Fortführung des Gesprächs bereit. Das ist ein guter Grund, weshalb Evangelisation heutzutage ein fortlaufender Prozess sein muss (1. Korinther 3,6).

Beispiele für Anschlussfragen:

- „Wie können alle Religionen wahr sein, wenn sich einige von ihnen in ihren Kernaussagen widersprechen?"
- „Wie kann unser Leben einen Sinn und ein Ziel haben, wenn es keinen Gott gibt?"
- „Wie kann das menschliche Leben einen Wert haben, wenn es doch nur ein zufälliges Nebenprodukt der Natur ist?"
- „Wie kann man glauben, dass es keinen Gott gibt, und gleichzeitig an immaterielle Dinge wie Wahrheit und Liebe glauben?"
- „Wie kannst du behaupten, die Bibel sei unzuverlässig, aber gleichzeitig andere historische Dokumente als richtig anerkennen?" (Eine wichtige Frage an Freunde, die der Historizität des Neuen Testaments und Jesu Anspruch, der Messias zu sein, skeptisch gegenüberstehen.)
- „Wie passt Jesus in deine religiösen Überzeugungen?"
- „Wie kann Jesus bloß ein Mensch sein, wenn er ein Leben ohne Sünde führte, Prophezeiungen erfüllte und Beweise für seine Auferstehung von den Toten lieferte?"
- „Wenn du am Ende deines Lebens angekommen wärst und du vor Jesus und anderen bedeutenden religiösen Anführern stündest, von denen jeder einen anderen Weg vorschlägt, wessen Rat würdest du annehmen? Würdest du nicht demjenigen vertrauen, der schon einmal vom Tod ins Leben zurückgekehrt ist?" (Eine hilfreiche Frage, damit Menschen sich Gedanken über die Einzigartigkeit Jesu machen.)
- „Wie können wir unser Leben leben und glauben, dass wir uns den Himmel durch gute Werke verdienen können, wenn das Wort Gottes (zum Beispiel in Matthäus 5,48 und Jakobus 2,10) eindeutig lehrt, dass Gottes

Standard Vollkommenheit ist, den niemand von uns erreichen kann?"
- „Was hat Gott für uns getan, damit wir diesem Dilemma entkommen?"
- „Wie können wir uns von allen Begierden befreien, wie Buddha es lehrte?"
- „Wie kann es sein, dass das Leben durch Zufall entstanden ist, wenn selbst ein simpler Einzeller so hochkomplex ist?"
- „Warum meinen deiner Meinung nach atheistische Wissenschaftler partout, es sei vernünftig zu glauben, die natürliche Welt und das Universum hätten nicht-intelligente Ursachen, wenn sie doch Charakteristika aufweisen, die wir in jedem anderen Fall einer intelligenten Ursache zuschreiben würden?" (Eine Frage, die sich besonders an vom naturalistischen Darwinismus beeinflusste Menschen richtet.)
- Würde zum Beispiel jemand ernsthaft bezweifeln, dass die in den Fels gemeißelten Präsidentengesichter am Mount Rushmore einen intelligenten Ursprung haben müssen? (Hierbei spielt es keine Rolle, ob dieser Ursprung übernatürlich ist oder nicht, sondern lediglich, dass er intelligent ist.)
- „Wie kann man wissen, ob der angebetete Gott der richtige ist?" oder: „Woher weißt du, dass die Götter, die du nicht anbetest, nicht eifersüchtig werden und dir Ärger machen, weil du sie nicht anbetest?" (Einige Fragen, die man gut Menschen in Asien stellen kann, wo viele Menschen animistischen Religionen anhängen.)
- „Warum sollten du oder ich Angst vor Geistern haben, die weit unter dem Schöpfer stehen, der uns beide erschaffen hat?" (Eine weitere hilfreiche Frage an Menschen, die ihre religiösen Praktiken aus Angst vor Geistern nicht aufgeben möchten.)

Die Notwendigkeit, Schwachstellen in den grundlegenden Glaubensüberzeugungen offenzulegen
Wenn wir die brüchigen Fundamente in den Glaubensüberzeugungen anderer Menschen nicht ansprechen, sehen sie unter Umständen keine Notwendigkeit, sich mit der Person Jesu Christi und seinen Ansprüchen auf ihr Leben zu befassen.

Viele westliche Studenten glauben, sie kämen aufgrund von guten Werken in den Himmel. Das begründen sie damit, dass sie meistens gut sind, mehr Gutes als Schlechtes tun, hohe Standards haben, die Zehn Gebote einhalten, nett zu anderen Menschen sind, ihr Bestes versuchen, bescheiden sind oder sich ihrer schlechten Taten schämen.[42] Die Schlüsselfrage, mit der wir die Schwachstelle dieser Überzeugung offenbaren, lautet: „Glaubst du, dass Hitler in den Himmel kommt?" Die meisten werden das verneinen. Doch wenn sie nicht glauben, dass Hitler in den Himmel kommt, dann haben sie damit zugegeben, dass es einen Wertemaßstab gibt, an dem Hitler gescheitert ist, dem andere Menschen jedoch entsprechen. Die Anschluss-Frage ist dann: „Was ist das für ein Maßstab, den Hitler nicht erfüllt, andere Menschen jedoch schon?"

Die Bibel lehrt uns in Matthäus 5,48, dass der Maßstab Vollkommenheit ist, und uns ist allen klar, dass niemand von uns diesem Maßstab vollkommen gerecht wird (siehe auch Jakobus 2,10). Ohne jedoch dieses brüchige Fundament zu offenbaren, auf das sie bauen, halten viele Menschen ihr Leben für gut genug, um in den Himmel zu kommen. Die richtigen Fragen können also dazu beitragen, dass unsere Gesprächspartner sich eher mit der Wahrheit auseinandersetzen.

Dieser Test „Wer ist ein guter Mensch?" auf Grundlage der Zehn Gebote ist also für viele Menschen mit westlich geprägtem religiösem Hintergrund hilfreich. Die meisten, die behaupten, sie würden die Zehn Gebote halten, können gerade einmal drei oder vier davon aufzählen.[43] Und wenn man sie fragt, ob sie jemals gelogen, geflucht oder im Herzen etwas begehrt haben, dann müssen sie zugeben, den Maßstab nicht erreichen zu können, den sie da vertreten. Nachfolgend noch ein paar weitere hilfreiche Anschlussfragen:

- „Wirst du deinen eigenen Idealvorstellungen immer gerecht?"
- „Behandelst du andere Menschen immer so, wie du selbst von ihnen behandelt werden möchtest?"

Wir alle scheitern an den Maßstäben, die wir uns selbst setzen. Das Problem liegt also nicht nur darin, dass wir Gottes Maßstab für unser Leben nicht entsprechen können, sondern dass wir noch nicht einmal unserem eigenen Maßstab gerecht werden. Wenn wir verheiratet sind, könnten wir ein besserer Ehemann sein, wenn wir Kinder haben, könnten wir ihnen bessere Eltern sein, und als Kinder könnten wir unseren Eltern gegenüber respektvoller sein.

Evangelisation im Dialog mit einem Atheisten
Im Gespräch mit einem bekennenden Atheisten oder Skeptiker treffen wir womöglich mit dieser Frage ins Schwarze: „Wenn es möglich ist, die Wahrheit über bestimmte Fragen der Religion herauszufinden (und zu diesem Zeitpunkt sage ich noch nicht, *dass* das tatsächlich möglich ist), würdest du das wollen?" Nachdem ich einem Studenten einmal diese Frage gestellt hatte, überlegte er einen Moment und sagte dann: „Ja, ich würde gerne die Wahrheit kennen."

Wenn Sie das Gefühl haben, Ihr Gesprächspartner möchte sich in Bezug auf religiöse Fragen nicht festlegen, können Sie mit folgender Frage anschließen: „Ich frage dich das, weil die Wahrheit Konsequenzen haben könnte, die du nicht hören magst." Und besonders hartgesottene Atheisten, denen wir immer wieder begegnen, können wir fragen: „Bist du absolut sicher, dass es keinen Gott gibt?" Wenn sie mit Ja antworten, fragen Sie: „Woher wissen Sie das, wenn es doch keine absolute Wahrheit gibt? Und wenn es keine absolute Wahrheit gibt, kann die Existenz Gottes dann nicht doch möglich sein?"

Wenn sie hier einlenken, dann sind sie keine Atheisten mehr, sondern Agnostiker; sie leugnen die Existenz Gottes also nicht länger, sagen aber, dass sie sich nicht sicher sind, ob es ihn gibt. Hier bietet sich folgende Anschlussfrage an: „Wenn man dir (selbst aus deiner Sicht) handfeste Beweise für Gott liefern würde, wärst du bereit, die Ansprüche Jesu näher zu untersuchen? Wenn nicht, kann es dann sein, dass es in Wahrheit nicht die mangelnden Beweise sind, die dich davon abhalten, an Gott und das Christentum zu glauben?"

Evangelisation im Dialog mit einem Moslem
In Gesprächen mit Muslimen bietet sich die Frage an: „Glaubst du an das, was im Koran steht?" In der Regel ist die Antwort ein Ja. Fragen Sie weiter: „Wie löst du das folgende Problem? Heißt es nicht im Koran selbst, dass die vorangegangenen Offenbarungen im Buch der Christen zuverlässige und wahrhaftige Offenbarungen Gottes sind (Sure 2,136; 4,163)? Und sagt der Koran nicht weiter: ‚Keiner vermag Seine Worte zu ändern' (Sure 6,115; siehe auch 6,34; 10,64)? Wann, wo und wie konnte dann die Bibel verfälscht werden?"

Sie können auch fragen:

- „Wenn die Bibel von der Zeit Jesu bis zu Mohammed erhalten blieb,[44] und die Manuskripte, auf denen unsere heutigen Übersetzungen beruhen, älter sind als Mohammed,[45] wann hätte die Bibel dann verfälscht werden können?"
- „Wieso können wir der Bibel nicht vertrauen, wenn es in ihr heißt, dass Jesus behauptete, Gott zu sein (Johannes 10,30)?"
- „Wie kann es sein, dass es im Neuen Testament der Bibel so viele Beispiele dafür gibt, dass Jesus sich von anderen Menschen anbeten ließ?"[46]

Wenn sie weiterhin behaupten, alle diese Verse seien verfälscht worden, können Sie fragen:

- „Wie können wir herausfinden, welche Teile der Bibel verfälscht wurden und welche nicht?"

- „Im Koran sagt Gott zu Mohammed und den Menschen seiner Zeit, dass sie die Bibel prüfen sollen, um herauszufinden, ob er die Wahrheit sagte (Sure 10,94). Würdest du den Worten Jesu in der Bibel Glauben schenken, wenn ich dir jetzt beweisen könnte, dass das heutige Neue Testament noch dieselbe Botschaft über Jesus enthält (nämlich, dass er der Sohn Gottes ist) wie zu Lebzeiten Jesu?"

Wenn sie einverstanden sind, dann geben Sie ihnen doch ein sehr gutes Buch zu diesem Thema, wie z. B.: Craig Blomberg: *Die historische Zuverlässigkeit der Evangelien*, VTR: Nürnberg, 1998. Kurz gesagt: Es gibt mehr Manuskripte der Evangelien, ältere und genauer abgeschriebene Manuskripte, von mehr Zeugen geschrieben, mit mehr historischen und archäologischen Bestätigungen für das Leben Jesu als für irgendeinen anderen Menschen oder ein anderes Ereignis der antiken Welt. In diesem Sinn ist eine gute Frage: „Wenn wir glauben, dass andere Menschen der Antike lebten oder bestimmte Ereignisse stattgefunden haben, obwohl wir dafür deutlich weniger Beweise haben, warum sollten wir dann nicht dem glauben, was das Neue Testament über Jesus sagt?"

Außerdem können Sie Fragen über das, was im Koran über Jesus steht, stellen, denn selbst die muslimischen Schriften lehren, dass Jesus mehr als nur ein Prophet war (Sure Al-imran 3,42-55). Oder Sie fragen: „Weißt du, warum Jesus so einzigartig ist? Wusstet du, dass selbst der Koran lehrt, dass Jesus ein Leben ohne Sünde führte (Sure 3,45-46; 19,19-21) und von einer Jungfrau geboren wurde (Sure 3,47)?"

Wir wissen aus weltlichen und religiösen Quellen, dass Jesus Wunder tat, wie auf dem Wasser zu gehen, Wasser in Wein zu verwandeln und Menschen vom Tod aufzuerwecken. Mohammed werden im Koran keine solchen Wundertaten zugeschrieben; ihm wurde vielmehr aufgetragen, seinen Nachfolgern zu sagen, dass er nur ein „ein Mensch, ein Gesandter" war (vgl. Sure 17,90-93).

Durch solche Fragen kann man die Meinung von Muslimen in der Regel nicht über Nacht verändern, doch sie tragen dazu bei, dass sich im Fundament ihrer Weltanschauung Risse bilden, die der Heilige Geist nach und nach nutzen kann, um diese Muslime näher zu Jesus zu ziehen oder sie zumindest offener zu machen.

Evangelisation im Dialog mit einem Buddhisten
Im Gespräch mit einem Buddhisten können wir fragen: „Wenn das Begehren die Wurzel allen Leidens ist, wie begehren wir dann, nichts mehr zu begehren?" Oder: „Ist es sinnvoller, dass wir die Vorstellung vom Begehren an sich aufgeben, oder dass wir lernen, dass Richtige zu begehren, so wie Jesus es uns lehrte (Matthäus 5,6)?"

Wir können Buddhisten auch praktischere Fragen stellen wie: „Wenn du nicht sicher bist, ob du Jesus oder einem anderen religiösen Anführer nachfolgen sollst, denk einmal über Folgendes nach: Wenn du Jesus nachfolgst, du aber unrecht hast, hast du vielleicht noch in vielen späteren Leben die Möglichkeit, es richtig zu machen. Aber wenn du andere Wege versuchst und dabei nicht recht hast, hast du keine weitere Chance, es richtig zu machen (Hebräer 9,27). Ist es also nicht klüger, sich gleich für Jesus zu entscheiden?"

Evangelisation im Dialog mit einem Hindu
In Gesprächen mit Hindus sollten wir uns vor allem auf folgende Punkte konzentrieren: die Notwendigkeit der Sühne, die Realität des Bösen, der Ursprung des karmischen Bösen und das Problem mit einer Vielzahl von Göttern. Sie können auch die Sehnsucht des Menschen nach Beziehung mit einem persönlichen Gott ansprechen, die sich im Hinduismus mit seinen unpersönlichen Gottheiten nicht stillen lässt. All das sind Glaubensüberzeugungen, die uns unsere hinduistischen Freunde näher erläutern können.

Im Hinduismus zum Beispiel besteht unsere Sünde im Vergessen, dass wir selbst in gewissem Sinn Gott sind. Der beliebte hinduistische Autor Deepak Chopra sagt: „In Wirklichkeit sind wir verkleidete Gottheiten, und die in uns verborgenen Embryonen-Götter und Göttinnen warten nur darauf, sich vollständig zu materialisieren."[47] Dazu können wir unsere hinduistischen

Freunde fragen: „Was ist wahrscheinlicher: dass die eigentliche Sünde des Menschen darin besteht, dass er seine Göttlichkeit vergessen hat, oder darin, dass er dem Maßstab eines heiligen Gottes nicht gerecht werden kann?" Wir verdeutlichen diesen Aspekt zusätzlich, indem wir hinzufügen: „Vor allem, wenn wir alle einen moralischen Kompass haben und noch nicht einmal unseren eigenen Maßstäben von richtig und falsch gerecht werden."

Evangelisation im Dialog in Aktion
An dieser Stelle möchte ich (David) Ihnen gerne ein persönliches Beispiel dafür erzählen, wie wir diese Art von Fragen in unserem nicht-gläubigen Freundeskreis einsetzen. Vor ein paar Jahren verkündete unser Kindermädchen, dass sie uns aus persönlichen Gründen würde verlassen müssen. Das machte uns sehr traurig, nicht nur, weil sie ein gutes Kindermädchen war, sondern auch, weil wir noch keine Gelegenheit gehabt hatten, ihr das ganze Evangelium weiterzusagen.

Ein paar Tage, bevor sie uns verließ, fragte ich sie also: „Wie passt Jesus in deine Vorstellung vom Buddhismus?" Mit dieser Frage ermunterten wir sie nicht, ihrem Götter-Pantheon einen weiteren Gott hinzuzufügen. Sie sollte vielmehr darüber nachdenken, wie Jesus zu ihren religiösen Überzeugungen passte.

Wenn sie begriff, wie wichtig es war, Jesus in ihre Glaubensvorstellungen einzuordnen, dann würden wir ihr dabei helfen können. Sie sollte verstehen, dass Jesus, wenn wir ihn in unser Leben aufnehmen, das ihm zustehende Recht einfordert, alleine angebetet zu werden. Doch als Erstes mussten wir ihr begreiflich machen, dass sie den Gedanken an Jesus nicht von vornherein ausschließen durfte.

Augenscheinlich brachte diese Frage sie dazu, ernsthaft über ihren Glauben nachzudenken, denn nach ein paar Momenten erwiderte sie: „Darüber bin ich mir noch nicht im Klaren." Durch diese Bemerkung öffnete sie uns die Tür und wir konnten ihr erzählen, wie Jesus unser Leben verändert hatte. Sie entschied sich an diesem Tag nicht dazu, Jesus anzunehmen, doch ihre Reaktion verriet uns, dass sie aufgrund unserer Frage ernsthaft darüber nachgedacht hatte, wie wackelig ihre buddhistische Glaubensgrundlage tatsächlich war. Damit halfen wir ihr an diesem Tag, dem Kreuz einen Schritt näherzukommen.

Eine gezielte Frage kann eine Glaubenskrise hervorrufen
Wenn Sie und ich anderen Menschen durch unser gezieltes Nachfragen deutlich machen, dass ihre Fundamente nicht stark genug sind, als dass sie ihr Leben darauf bauen sollten, kann das zu einer Glaubenskrise führen. So passierte es zum Beispiel im Dienst des Apostels Paulus, als er den Glauben der Polytheisten in Athen hinterfragte.[48] Dadurch waren viele gezwungen, sich mit der Unzulänglichkeit ihres Glaubens auseinanderzusetzen. Für einige war das die Voraussetzung dafür, dass sie das Gespräch fortsetzen wollten. Andere bracht es dazu, ihr Vertrauen auf Jesus zu setzen (Apostelgeschichte 17,32-33).

Der Psalmist beschreibt das Problem des Polytheismus sehr anschaulich mit den Worten:

> Ihre Götzen sind Silber und Gold, ein Werk von Menschenhänden. Einen Mund haben sie, reden aber nicht. Augen haben sie, sehen aber nicht. Ohren haben sie, hören aber nicht. Eine Nase haben sie, riechen aber nicht. Sie haben Hände, tasten aber nicht; Füße, gehen aber nicht. Keinen Laut geben sie mit ihrer Kehle. Ihnen gleich sollen die werden, die sie machten, ein jeder, der auf sie vertraut.
> (Psalm 115,4-8)

Kurz gesagt: Wie können wir tauben, stummen und blinden Götzen vertrauen, die wir mit eigenen Händen erschaffen haben? So, wie der Apostel Paulus zu seiner Zeit in den Menschen eine Art Glaubenskrise hervorrief, so sollte das auch heutzutage eine wichtige Rolle in der Vor-Evangelisation spielen.

Kürzlich erklärte mir ein Student, er glaube zwar, dass es „da draußen" irgendetwas geben könne, das uns dahin geführt hat, wo wir jetzt sind, aber konnte nicht definieren, was dieses Etwas war. Dennoch behauptete er, dass dieses Etwas da draußen im Universum in gewissem Sinn sowohl „alles" als auch „nichts" sei. Um ihm die Schwachstellen dieses Glaubensfundaments deutlich zu machen, fragte ich ihn: „Wenn das Leben tatsächlich nur aus Materie und Energie besteht, wie erklären wir dann die Existenz des Guten?" (Er hatte mir zugestimmt, dass wir das Böse am Maßstab des Guten definieren und nicht umgekehrt.) „Woher kommt die Vorstellung des Guten, wenn wir nur das Resultat materieller Ursachen sind und keine wirkliche Erklärung für unser Dasein haben?" Ich glaube, der Heilige Geist kann solche Fragen dazu nutzen, um in einigen Menschen eine Art Glaubenskrise auszulösen, so auch in diesem jungen Mann.

Die Wichtigkeit, die richtigen Fragen zu stellen

Wir können viele Fragen stellen, doch wenn wir gute geistliche Gespräche mit Menschen führen und sie dabei herausfordern wollen, ihren bisherigen Glauben infrage zu stellen, müssen wir uns in der hohen Kunst der Konversation üben. Wir müssen lernen, uns mit Menschen auseinanderzusetzen und Fragen zu stellen, die die Schwachstellen ihrer Überzeugungen deutlich machen und falsche Glaubensüberzeugungen und Ansichten offenbaren. Doch dabei sollten wir sorgfältig darauf achten, über welche Themen wir sprechen und welche Fragen wir konkret stellen.

Wenn wir wie aalglatte Vertreter wirken, die einfach nur ihre Produkte an den Mann bringen wollen, fühlen sich unsere Gesprächspartner leicht abgestoßen. Genauso wenig werden sie das Gespräch fortsetzen wollen, wenn sie das Gefühl haben, wir würden zu dick auftragen und sie kritisieren.

Wenn ich mit meiner Frau unterschiedlicher Meinung bin, wäre es dann schlau, wenn ich ihr detailliert mitteilen würde, was mir an ihren Worten oder Taten nicht einleuchtet? Damit wäre die Katastrophe vorprogrammiert. Stattdessen versuche ich mich auf die wesentlichen Probleme zu konzentrieren und die weniger wichtigen aus der Unterhaltung rauszulassen. Tue ich das nicht, dränge ich sie in die Defensive und sie zieht sich emotional von mir zurück.

Genauso dürfen wir uns nicht wundern, dass unsere Gesprächspartner kein Interesse an weiteren Gesprächen über den Glauben haben, wenn wir ihnen lediglich zeigen, wo wir die Schwachstellen in ihren Überzeugungen sehen. Daher ist es so wichtig, Gott um Weisheit zu bitten (Jakobus 1,5), auf welche Probleme oder Fragen wir uns konzentrieren sollten. Wir müssen genau das eine Thema herausfinden, durch das unsere Freunde begreifen, was tatsächlich zwischen ihnen und Jesus steht, oder durch das sie zumindest ins Nachdenken kommen.

Drei Aspekte, die wir bei unseren Fragen im Hinterkopf behalten sollten

Um herauszufinden, ob wir die richtigen Fragen stellen, und das so, dass wir damit möglichst viel erreichen, müssen wir drei Aspekte im Hinterkopf behalten: Zweifel, Defensive, Wunsch nach mehr.

Manchmal drängen wir unsere Gesprächspartner durch unsere Fragen unnötig in die Defensive, sodass sie weniger geneigt sind, uns zuzuhören, oder gar jedes weitere Gespräch mit uns abblocken. Stattdessen müssen wir lernen, Fragen so zu stellen, dass in den Nichtgläubigen *Zweifel gesät* werden, ohne sie dabei in die *Defensive* zu drängen, und sie den *Wunsch* verspüren, mehr zu hören.

Damit orientieren wir uns am Beispiel Jesu und seiner Unterhaltung mit der Frau am Brunnen (Johannes 4). Er sagte ihr nicht, sie müsse sich von ihren Sünden abwenden, wenn sie nicht in der Hölle brennen wolle. Vielmehr stellte er ihr ernstgemeinte Fragen, die sie zum Nachdenken anregten und in ihr den Wunsch weckten, mehr zu hören.

Diese drei Aspekte zu berücksichtigen ist vor allem heutzutage wichtig, weil Menschen schnell das Interesse verlieren, wenn sie sich von uns provoziert oder lächerlich gemacht fühlen. Daher ist es so unglaublich wichtig, dass wir nicht nur lernen, die richtigen Fragen zu stellen, sondern auch, wie wir sie stellen.

Ich könnte jemanden fragen: „Warum willst du an so etwas Dummes glauben?", aber das wäre natürlich für das weitere Gespräch alles andere als hilfreich. Ich könnte aber auch fragen: „Könntest du mir eine Sache erklären, die ich nicht verstehe? Du hast sowohl A als auch B gesagt. Was glaubst du, wie das beides zusammenpasst?"

Heutzutage müssen wir viel härter daran arbeiten, unsere nicht-gläubigen Freunde nicht durch unsere christliche

Beweisführung in die Defensive zu treiben. Wenn jemand sagt: „Ich glaube, dass alle Religionen wahr sind", könnten Sie daraufhin fragen: „Was meinst du damit, dass ‚alle Religionen wahr sind'?" Doch schon eine solche Frage als Reaktion auf einen schiefen Ton kann eine defensive Antwort provozieren. Um diese Abwehrhaltung möglichst geringzuhalten, fragen Sie besser etwas wie: „Mich interessiert Folgendes. Ich weiß, dass es heutzutage üblich ist, alle Religionen für wahr zu halten. Aber siehst du die Probleme, die sich aus einer solchen Schlussfolgerung ergeben?"

Ich versuche hier also nicht, mein Gegenüber mit der Widersprüchlichkeit seiner Aussage in eine Falle zu locken, sondern derjenige soll selbst erkennen, dass es gute Gründe dafür gibt, nicht alle Religionen für wahr zu halten. Auf diese Weise werde ich nicht als Feind wahrgenommen, sondern als Mitreisender[49] auf der geistlichen Reise. Unvoreingenommene Vertreter der Postmoderne werden es zu schätzen wissen, wenn Christen mit ihnen so unparteiisch über ihren Glauben reden. Vielleicht führt sie das einen Schritt näher zum Kreuz.

Es ist wichtig, dass wir beim Fragestellen immer Jesus im Fokus haben und uns vor ihm verantwortlich fühlen. Dabei ist es hilfreich, uns selbst diese Fragen zu stellen:

- Stellen wir unsere Fragen als jemand, der vor allem daran interessiert ist, die Wahrheit zu kennen, wiederzugeben und zu leben, wenn wir uns mit jemandem unterhalten, der eine andere Sichtweise vertritt?
- Können wir uns und anderen eingestehen, dass auch wir als Gläubige nicht die vollständige Wahrheit kennen? Schließlich sagt schon der Apostel Paulus in 1. Korinther 13,12: „Denn wir sehen jetzt mittels eines Spiegels undeutlich, dann aber von Angesicht zu Angesicht. Jetzt erkenne ich stückweise, dann aber werde ich erkennen, wie auch ich erkannt worden bin." Damit macht er klar, dass wir nicht die gesamte Wahrheit auf einmal erkennen können.

- Ist uns klar, wie wichtig es ist, Wahrheiten (auch wenn wir noch so sehr von ihnen überzeugt sind) in „Sanftmut und Ehrerbietung" auszusprechen (1. Petrus 3,15-16) und dabei selbst lernfähig zu bleiben?

Wenn wir in unseren Gesprächen effektiver sein und wirklich angehört werden wollen, ist es sehr wichtig, dass wir diese Schritte beherzigen.

Wir müssen unbedingt mehr tun, als nur Glaubensüberzeugungen zu dekonstruieren
Wir müssen uns daran erinnern, mehr zu tun, als nur die Glaubensüberzeugungen unserer nicht-christlichen Freunde zu dekonstruieren. Unsere gezielten Fragen sollten so gestellt sein, dass unsere Gesprächspartner offen und neugierig werden und mehr von Jesus erfahren wollen oder zumindest bereit sind, das Gespräch zu einem späteren Zeitpunkt fortzuführen.

Nur wenige Menschen verlassen ein leckes Boot, wenn ihnen keine bessere Alternative zur Verfügung steht. Ansonsten ziehen sie es vielleicht vor, das Loch zu stopfen oder Wasser zu schöpfen. Das gilt besonders für unsere postmoderne Welt, in der automatisch alles abgelehnt wird, was auch nur im Entferntesten mit einem Glauben an eine „absolute Wahrheit" zu tun hat. Wenn wir einfach nur den Glauben unseres Gegenübers dekonstruieren, wird unser Zeugnis eine sehr kurze Halbwertzeit haben, solange wir sie nicht dafür gewinnen können, das Gespräch fortsetzen oder mehr über Jesus erfahren zu wollen.

Viele Missionare aus verschiedenen Teilen dieser Erde bestätigen mir, dass heutzutage eine der größten Herausforderungen beim Evangelisieren darin besteht, Menschen dazu zu bringen, das Gespräch fortsetzen zu wollen, auch nachdem man ihnen das Evangelium erklärt hat. In unserer postmodernen Gesellschaft müssen wir mehr tun, als den Menschen nur zu sagen, dass sie Sünder sind, einen falschen Glauben haben und einer Ewigkeit getrennt von Gott entgegensehen. Wir müssen ihnen unbedingt auch erzählen, was an Jesus so faszinierend ist, damit sie mehr hören wollen!

Manchmal decken wir in einem einzigen Gespräch alle drei Aspekte (Zweifel, Defensive, Wunsch nach mehr) ab. Einmal unterhielt ich mich mit einer Chinesin, die mir ausführlich vom Buddhismus vorschwärmte. Nach einer angemessenen Weile fragte ich sie: „Aber sehnen Sie sich nicht nach einem besseren Leben für Ihre Kinder?" (Im Buddhismus soll man sich von allen Sehnsüchten und Begierden freimachen.) Da wurde ihr klar, dass ihr Verhalten nicht mit ihrem Glauben übereinstimmte, und nach einer langen Pause antwortete sie: „Na ja, ich bin erst seit einem Jahr Buddhistin. Fragen Sie besser meine Mutter."

Weil ich mir die Zeit genommen hatte, ihr behutsam und liebenswürdig eine Schwachstelle in ihrem buddhistischen Glauben aufzuzeigen, war sie bereit, meinen nächsten Worten über Jesus zuzuhören.

„Wissen Sie, was Jesus über das Problem des Begehrens lehrte, das Buddha so kritisch sah?", fragte ich sie. Damit hatte ich die Gelegenheit, ihr zu erklären, dass nach der Lehre Jesu die Lösung für unsere menschlichen Probleme nicht darin besteht, alle Wünsche aufzugeben, sondern die *richtigen* Wünsche zu entwickeln. Ich erläuterte ihr weiter unseren Glauben, dass Jesus, wenn wir ihn in unser Leben aufnehmen, uns von innen heraus verändert, sodass wir nichts Böses mehr tun wollen, sondern das Gute, das Gott für uns vorgesehen hat (Philipper 2,13).

Bei einer anderen Gelegenheit sprach ich mit einem nicht-gläubigen Freund, der damit zu kämpfen hatte, seiner Frau treu zu sein. Ich sagte ihm ganz offen, dass Gott mir dabei hilft, meiner Frau treu sein, weil dieselbe Kraft, die Jesus von den Toten auferweckte, auch uns Christen zur Verfügung steht, damit wir ein verändertes Leben führen können (Römer 8,11). Mit dieser Bemerkung weckte ich sein Interesse, das Gespräch fortzusetzen. Er wollte seine Ehe retten, und ich hatte ihm einen weiteren Grund gegeben, über Jesus nachzudenken.

Ein anderes Mal hatte ich ein spannendes Gespräch über den Glauben mit einem Taxifahrer (bei dem ich die drei oben genannten Aspekte im Hinterkopf behielt), an dessen Ende ich ihm das Evangelium erklären konnte. Als ich aus dem Taxi stieg, war ich erstaunt, als er mir dafür sogar dankte. Ich gehe davon aus, dass Sie und ich unseren Freunden und Bekannten viel öfter von der guten Nachricht des Evangeliums erzählen würden, wenn wir dafür mehr Dank und weniger Verwünschungen ernten würden. Mithilfe der drei genannten Aspekte kann es uns besser gelingen.

Solche Gespräche führen nicht zwangsläufig dazu, dass der andere sofort Interesse daran zeigt, mehr über Jesus zu erfahren, aber vielleicht bekommt er Lust, das Gespräch zu einem anderen Zeitpunkt fortzusetzen. Wir sollten es nicht als Versagen unsererseits interpretieren, dass wir nicht das ganze Evangelium verkünden konnten, sondern eine solche Reaktion positiv sehen und nach weiteren Gelegenheiten suchen, das Gespräch beim nächsten Mal zu vertiefen.

Nachfolgend lesen Sie einige Fragen, die hilfreich sind, um Interesse an geistlichen Themen zu wecken, und damit Türen für weitere Gespräche öffnen können.

- „Wir leben in einer Welt, in der man mehr denn je glaubt, dass alle Religionen gleich sind und keine besser ist als die andere. Was meinst du: Ist es egal, was jemand glaubt? Wenn nicht, warum nicht? Und wenn ja, warum?"
- „Erzähl mir doch einmal, wie du zu deinen Überzeugungen gelangt bist."
- „Hältst du es für möglich, dass du und ich zu einem bestimmten Zweck hier auf der Erde sind? Wenn ja, was könnte das für ein Zweck sein? Wenn nein, warum nicht?"
- „Wie stellst du dir das Leben nach dem Tod vor, und was muss man deiner Meinung nach in diesem Leben tun, um im nächsten Leben an diesen besseren Ort zu gelangen?"
- „Ich weiß, dass du in der Vergangenheit schlechte Erfahrungen mit Gemeinden gemacht hast, aber mich würde interessieren, was es im Leben Jesu (in seinen

Worten und seinen Taten) gibt, was du in deinem Leben gerne nachahmen würdest?"
- „Stell dir jemanden vor, der, kurz bevor er umgebracht wird, sagt: ‚Ich vergebe dir', oder etwas Ähnliches? Warum würde jemand so etwas sagen?"

Zusammenfassung

In unserer heutigen Welt müssen wir anderen die Chance geben, die Wahrheit für sich selbst zu entdecken, indem wir ihnen gezielte und zum Nachdenken anregende Fragen stellen – Fragen, die ihnen ihre eigenen Überzeugungen bewusster machen, die sie deren Schwachstellen erkennen lassen und die falsche Glaubensinhalte offenbaren. Damit unsere Fragen eine größtmögliche Wirkung bei unserem Gegenüber erzielen, sollten wir die drei genannten Aspekte (Zweifel, Defensive, Wunsch nach mehr) berücksichtigen. Wir müssen unsere Fragen so stellen, dass sie Zweifel in unseren Gesprächspartnern säen, ohne sie dabei in die Defensive zu drängen, und gleichzeitig in ihnen den Wunsch wecken (neugierig machen), mehr zu hören. Dabei sollten wir unsere Fragen sorgfältig auswählen, um unsere Freunde nicht zu überwältigen und sie unnötig defensiv zu machen.

In einer Welt, die nicht geneigt ist, an irgendwelche „guten Nachrichten" zu glauben, gleichzeitig aber auch nicht meint, es gebe so etwas wie „schlechte Nachrichten", ist ein solcher kombinierter Ansatz hilfreich, um Glaubensinhalte abzuklären, Schwachstellen zu offenbaren und Interesse an Jesus zu wecken. Damit können wir dazu beitragen, dass unsere nicht-christlichen Freunde Jesus einen Schritt näher kommen (1. Korinther 3,6).

Zum Nachdenken

1. Wir schaffen es nur, in den Köpfen unserer Freunde ein mentales Bild über ihren eigenen Glauben entstehen zu lassen, wenn wir uns die Zeit nehmen, ihnen zuzuhören und ihren Standpunkt zu verstehen. Wenn wir sorgfältig zugehört und

geklärt haben, was der andere tatsächlich glaubt, dann können Sie Ihrerseits gezielte Fragen stellen, die das Glaubensverständnis Ihrer Gesprächspartner herausfordern. Inzwischen ist Ihr Gegenüber vielleicht eher bereit, Ihre Fragen zu seinem Glauben zu beantworten, und daher offener für ehrliche Reflektion und Einschätzung.

2. Denken Sie daran: Auch wenn Sie genau zu wissen meinen, was ein anderer Mensch glaubt, ist es ungemein wichtig, zuerst nachzufragen und das abzuklären, denn Missverständnisse entstehen schnell. Höchstwahrscheinlich haben Ihre Gesprächspartner die Gesamtheit dessen, was sie zu glauben meinen, noch nicht vollständig verstanden und reflektiert. Vielleicht haben Sie sie aber auch nur nicht richtig verstanden und wissen daher nicht, welche Fragen am besten geeignet sind, um ein geistliches, reflektierendes Gespräch in Gang zu setzen.

3. Halten Sie sich vor Augen, dass jemand möglicherweise in Bezug auf seinen Glauben Worte und Formulierungen verwendet, die den christlichen Begriffen ähneln, jedoch etwas ganz anderes bedeuten. Ziehen Sie also keine vorschnellen Schlüsse. Das führt nur zu Missverständnissen.

4. Die Wahrheit Jesu ist das Fundament, auf dem wir unser Leben aufbauen. Wenn Sie und ich unsere Gespräche unter die Kraft und die Leitung des Heiligen Geistes stellen, wird er unser Leben und unsere Worte nutzen, um Herz und Seele unseres Gegenübers zu erreichen.

5. Achten Sie darauf, wahrgenommene Diskrepanzen weder zu beschönigen noch allzu kritisch zu hinterfragen. Üben Sie sich vielmehr in der hohen Kunst, Fragen so zu stellen, dass der andere die Wahrheit für sich selbst entdecken kann.

6. Denken Sie daran, dass es manchmal hilfreicher ist, auf eine Frage mit einer Gegenfrage zu reagieren, damit der

Fragesteller die Gelegenheit bekommt, seinen eigenen Glauben zu überdenken. In einem normalen Gespräch ist es manchmal angebracht, der Versuchung zu widerstehen, auf Herausforderungen oder schwierige Fragen direkt zu reagieren, wenn wir dadurch in die Defensive gedrängt werden. Genau das wollen wir ja auch in unserem Gegenüber vermeiden.

7. Wenn Sie Fragen Ihrer Freunde nichtdefensiv, reflektierend und souverän beantworten, sind Ihre Freunde im Gegenzug vielleicht auch eher bereit, Ihnen zuzuhören.

8. Es wichtig, dass die anderen uns als Verbündete in ihrem Ringen um Antworten ansehen und nicht als Feinde, gegen die sie sich zur Wehr setzen müssen, selbst wenn ihre Ansichten wenigstens teilweise mit unseren übereinstimmen.

Praktische Anwendung

1. Üben Sie sich diese Woche darin, in Ihren Gesprächen besonders gut zuzuhören. Sie werden erstaunt sein, wie viele Verständnisfragen Ihnen in den Sinn kommen, durch die Sie vielleicht die Möglichkeit zu weitergehenden Diskussionen über geistliche Themen erhalten. Möglicherweise finden Sie auch Gefallen daran, solche tiefer gehende und damit befriedigendere Gespräche mit Menschen zu führen.

2. Überlegen Sie sich, welche Begriffe die Menschen auf Ihrer „Top 3"-Liste Ihnen erklären sollen, damit sich weitere Gelegenheiten für evangelistische Gespräche ergeben. Notieren Sie Ihre Erkenntnisse in der Tabelle „Gesprächsstrategien der Vor-Evangelisation" unter Schritt 2 (siehe Anhang 1).

3. Vergegenwärtigen Sie sich die schiefen Töne im Leben der Menschen auf Ihrer „Top3"-Liste, die Sie bereits in der Tabelle „Strategien in der Vor-Evangelisation" unter „Was höre

ich?" festgehalten haben. Greifen Sie sich eine Schlüsselfrage heraus, die zu größerer Selbstreflexion oder Offenheit führen könnte, diese schiefen Töne zu diskutieren. Notieren Sie sich diese Frage unter Schritt 2.

4. Was wäre eine gute Anschlussfrage, die Sie den Menschen auf Ihrer „Top 3"-Liste stellen könnten und die auf Ihrer Schlüsselfrage aufbaut? Notieren Sie Ihre Antworten in den freien Feldern Ihrer Tabelle „Strategien in der Vor-Evangelisation", Schritt 2.

5. Überlegen Sie sich eine Frage, die zum Nachdenken anregen und größere Offenheit für ein weiteres Gespräch über den Glauben in der Zukunft bewirken könnte. Notieren Sie Ihre Antworten wiederum in „Strategien in der Vor-Evangelisation" unter Schritt 2.

6. Mit welchen Fragen können wir die Balance zwischen *Zweifel, Defensive* und *Wunsch nach mehr* am besten halten? Halten Sie Ihre Antworten in der Tabelle „Strategien in der Vor-Evangelisation" unter Schritt 2 fest.

KAPITEL 5

DIE ROLLE DES ARCHÄOLOGEN ERLERNEN

Sam war sehr extrovertiert. Nachdem wir beschlossen hatten, unsere Telefonkosten zu reduzieren, begann ich, ihm Fragen über sein Leben zu stellen. Wie sich herausstellte, war er ein trockener Alkoholiker, der seit fünf Jahren nüchtern war. Er erwähnte, dass er das „abgeben" müsse. Ich fragte, wem er es abgeben wolle, aber er nannte keinen konkreten Namen. Er fragte, wie unser Hauskreis am vergangen Abend gelaufen sei. Ich fragte ihn, ob er in eine Gemeinde ginge. Er erzählte, dass er katholisch erzogen worden, von der Scheinheiligkeit und verurteilenden Haltung jedoch ziemlich abgeschreckt sei. Dann erzählte er noch kurz von einigen schwulen Freunden.

Daraufhin verwendete ich folgende Analogie, um herauszufinden, was tatsächlich zwischen ihm und dem Evangelium stand, und fragte ihn, ob er gerne in Restaurants ging. Er bejahte. Ich fragte, ob er sich in einem Restaurant jemals eine Fischvergiftung geholt habe. Wiederum bejahte er. Ich fragte, ob er noch einmal in dieses Restaurant gehen würde, was er verneinte. Ich fragte, ob er denn noch andere Restaurants besuchen würde. Er bejahte. Ich fragte, warum er denn nicht grundsätzlich auf Restaurantbesuche verzichten würde. Sind nicht schließlich alle Restaurants gleich? Daraufhin grinste er breit und meinte, so habe er das noch nie gesehen.

Ich erklärte ihm, dass Kirchen und Gemeinden aus Menschen bestehen, und wir nun mal Fehler machen. Alle Gemeinden abzulehnen, weil man schlechte Erfahrungen mit einer gemacht hat, ist ebenso verurteilend. Er fragte mich, wie er eine gute Gemeinde finden könne. Ich erzählte ihm von unserer. Ich sprach vom Sinn des Lebens, und davon, dass Gott sich eine Beziehung mit uns wünscht und einen Plan für jeden Einzelnen von uns hat. Wie er mir anschließend sagte, wusste er es sehr zu schätzen, dass ich mir die Zeit genommen hatte, mit ihm zu reden und ihm zuzuhören. Ich betete für ihn. Ich hoffe, dass war sein erster Schritt auf Jesus zu.

Nancy

Mehr als nur Dekonstruktion ist notwendig
Der erste Schritt bei der Vor-Evangelisation in der Rolle des *Musikers* besteht darin, sorgfältig zuzuhören, um die Ansichten unserer nicht-gläubigen Freunde zu verstehen und die einzigartige Geschichte eines jeden kennenzulernen. Dann, und nur dann, sind wir in der Lage, die *schiefen Töne* (Brüche) in ihren Glaubensüberzeugungen herauszuhören. Im zweiten Schritt, in der Rolle des *Malers,* konzentrieren wir uns darauf, gezielte und zum Nachdenken anregende Fragen zu stellen, mit ihnen die Überzeugungen unserer Gesprächspartner abzuklären und *Zweifel* an ihnen zu säen, während wir gleichzeitig bemüht sind, sie so wenig wie möglich in die *Defensive* zu treiben, sondern in ihnen den *Wunsch* wecken, mehr zu hören.

Doch selbst wenn wir uns noch so sehr bemühen, ihnen durch unsere nachdenklich machenden Fragen (und mit den drei Aspekten Zweifel, Defensive, Wunsch nach mehr im Hinterkopf) die Brüche in ihrem Glauben deutlich zu machen, müssen sie ihre Einstellung nicht zwingend ändern. Postmoderne Menschen haben gelernt, sehr bequem mit diesen Diskrepanzen in ihrem Glauben zu leben. Mir ist aufgefallen, dass viele lieber mit einem verzerrten Glauben leben, als ihr Leben zu verändern. Da spielen eventuelle Beweise oft keine Rolle. Manche sagen sogar: „Es ist mir egal, wie viele Beweise du mir für das Christentum lieferst, denn ich möchte gar nicht glauben." In Jeremia 17,9 lesen wir, dass die Herzen der Menschen trügerisch und unheilbar sind, deswegen fällt es ihnen so schwer, ehrlich zuzugeben, was sie wirklich vom christlichen Glauben abhält.

Im dritten Schritt, in der Rolle des *Archäologen*, helfen wir den anderen dabei herauszufinden, was tatsächlich zwischen ihnen und dem Evangelium steht. So, wie es heute nicht mehr ausreicht, einfach nur das Evangelium zu verkünden, um Menschen effektiv zu erreichen, müssen wir mehr als nur gute Zuhörer sein, die wissen, wie sie die Überzeugungen anderer dekonstruieren können. Ein dekonstruktiver Ansatz allein ist unangebracht, wenn scheinbar intellektuelle oder emotionale Barrieren jemanden von einem geistlichen Austausch mit uns abhalten.

Daher ist es ungemein wichtig, dass wir uns auf diese scheinbaren Barrieren konzentrieren, denn bevor wir in Menschen einen Funken Interesse an Jesus wecken können, müssen wir ihnen vielleicht zunächst dabei helfen, einige dieser Barrieren aus dem Weg zu räumen. Wir müssen nicht alle beseitigen, aber da wir in einer Welt leben, die so vieles anzweifelt[50], ist es sinnvoll, zunächst wenigstens *einige* davon anzusprechen. Unser Ziel sollte also sein, ihnen bei der Überwindung dieser scheinbaren intellektuellen oder emotionalen Barrieren behilflich zu sein, damit sie erkennen, dass diese Barrieren in Wirklichkeit geistlicher bzw. willentlicher Natur sind.

Unter der Oberfläche versteckte Barrieren aufspüren
Wie ein Archäologe graben wir in der persönlichen Geschichte von Menschen, um die wahren Barrieren zu entdecken und zu erkennen, warum sie ihnen im Weg stehen. In Dealing with Doubt (Mit Zweifeln umgehen) erinnert uns Dr. Gary Habermas daran, dass es drei Arten von Zweifeln gibt. Menschen zweifeln aus intellektuellen, emotionalen und willentlichen Gründen. Und doch sagen sie uns unter Umständen immer wieder, dass ihre Zweifel bezüglich des christlichen Glaubens *ausschließlich* intellektueller oder emotionaler Natur seien.

Die Bibel lehrt jedoch eindeutig, dass die grundlegenden Probleme des natürlichen Menschen mit Gottes Wahrheit in erster Linie eine Frage des Willens sind. In Epheser 4,18 heißt es, dass sie wegen der „Verstockung ihres Herzens" unwissend sind. In Römer 1,18 lesen wir, dass Menschen „die Wahrheit

... niederhalten". Die Bibel lehrt, dass alle Menschen durch die Schöpfung etwas von Gott wissen (auch wenn dieses Wissen sie nicht zwangsläufig errettet), und dass diese Beweise ihnen offenkundig sind (Römer 1,19-20). Jesus sagt in Lukas 16,31: „Wenn sie Mose und die Propheten nicht hören, so werden sie auch nicht überzeugt werden, wenn jemand aus den Toten aufersteht."

Beweise alleine können niemanden retten. Ohne die Hilfe des Heiligen Geistes kann niemand zu Jesus kommen, egal, wie eindeutig die Beweise sind (Johannes 6,65). Es ist der Heilige Geist, der Nichtgläubigen hilft, das anzunehmen, „was des Geistes Gottes ist", was der natürliche Mensch alleine nicht kann (1. Korinther 2,14). Selbstverständlich kann der natürliche Mensch einen Teil der Wahrheit *wahrnehmen,* aber er kann die Wahrheit an sich nicht *annehmen* oder zulassen[51]. Fehlende Beweise sind also niemals der Hauptgrund, weshalb jemand Jesus nicht annimmt. Der Hauptgrund liegt in unserer sündigen Natur, nicht in irgendeinem fehlenden Beweis für Gott oder Jesus.

Diese biblische Wahrheit – dass es vor allem ihr Wille ist, der unsere nicht-gläubigen Freunde von Jesus abhält, keine intellektuellen oder emotionalen Barrieren – bedeutet jedoch nicht, dass Nichtgläubige nicht das Gegenteil behaupten. Ihnen erscheinen diese intellektuellen oder emotionalen Barrieren so real, dass sie Rechtfertigung genug für ihre Ablehnung des christlichen Glaubens sind. Auch Christen sind von Zeit zu Zeit versucht, das zu glauben. Doch wir dürfen unseren Erfahrungen oder den in dieser Welt vorherrschenden Ansichten nicht erlauben, die biblische Wahrheit zu definieren und so unsere biblischen Überzeugungen zu erschüttern.

Beim Zeugnisgeben ist es ungemein wichtig, dass wir anderen dabei helfen, ihre intellektuellen und emotionalen Barrieren zu überwinden, sodass sie mit sich selbst, mit uns und mit Gott ehrlicher sein können *über das,* was wirklich zwischen ihnen und dem Kreuz steht.

Dennoch glauben unseren nicht-gläubigen Freunden vielleicht tief im Herzen, dass sie, wenn sie nur die Antworten auf einige der drängendsten intellektuellen Fragen hätten, den christlichen Glauben annehmen würden. Doch fragen Sie sich einmal selbst: „Meinst du, dass deine nicht-gläubigen Freunde sofort ihre Sünden bekennen, Jesus annehmen und ihm fortan die Herrschaft über ihr Leben überlassen würden, wenn sie eine befriedigende Antwort auf ihre Fragen oder Einwände bekämen?" Wenn Gott nicht schon in ihren Herzen wirkt (Johannes 6,65), dann ganz bestimmt nicht. Auch wenn ihre Zweifel also intellektuell oder emotional bedingt scheinen, müssen wir ihnen bei der Erkenntnis helfen, dass ihr Hauptproblem vielmehr in ihrem Willen liegt.

Das ist wichtig, denn Beweise für unseren christlichen Glauben sind zwar hilfreich, vor allem für Menschen mit intellektuellen Zweifeln, auf die es intellektuelle Antworten gibt. Aber wenn Menschen einfach nicht glauben *wollen,* werden alle Beweise der Welt sie nicht überzeugen. Um jedoch zu den wahren Barrieren vorzustoßen, müssen wir erst einmal die scheinbaren Barrieren verstehen. Davon ausgehend können wir dann tiefer graben, bis wir auf die tatschlichen Barrieren stoßen, die sie davon abhalten, Jesus einen Schritt näherzukommen. In Sprüche 20,5 lesen wir:

Tiefes Wasser ist der Ratschluss im Herzen des Mannes, aber ein verständiger Mann schöpft ihn herauf.

Natürlich ist es nicht immer einfach, Menschen dabei zu helfen, ehrlich zu sich selbst zu sein und herauszufinden, was zwischen ihnen und dem Kreuz steht. Daher braucht es, um in der Vor-Evangelisation möglichst effektiv zu sein, Menschen mit Einfühlungsvermögen und Weisheit, die nicht nur die scheinbaren Fragen oder Einwände ansprechen, sondern die auch die unter der Oberfläche verborgenen wahren Barrieren gegenüber dem Glauben aufdecken.[52] Wir wollen untersuchen, ob jemand durch unausgesprochene Probleme davon abgehalten wird, eine Beziehung zu Jesus in Betracht zu ziehen. Wir wollen herausfinden, was denjenigen daran hindert, offen über Gott zu reden. Dafür müssen wir *mindestens sieben Schritte* im Hinterkopf behalten, während wir Gott in diesem Prozess um Weisheit und Führung bitten (Jakobus 1,5).

Prüfen Sie, ob die Fragen berechtigt oder nur vorgeschoben sind
Beim Aufspüren verborgener Barrieren besteht der erste Schritt darin, herauszufinden, ob ein als Problem wahrgenommenes Element berechtigt oder nur vorgeschoben ist. Manchmal sind Fragen nämlich nur ein Ablenkungsmanöver, um keine Wahrheiten mit lebensverändernden Konsequenzen diskutieren zu *müssen*.

Um solche Ablenkungsmanöver zu entlarven, können Sie zum Beispiel fragen: „Wenn ich dir deine Frage so beantworte, dass es für dich einen Sinn ergibt, würde dir das dabei helfen, dich ernsthafter mit dem Glauben an Gott und Jesus zu befassen?" Es geht hier nicht darum, ihnen eine Antwort zu geben, die für uns einen Sinn ergibt; nein, es geht darum, dass sie *für den anderen* einen Sinn ergibt, unabhängig davon, was wir selbst denken.

Wenn die Antwort Nein lautet, wissen wir, dass ihre Barrieren tatsächlich nicht intellektueller Natur sind. Um das abzuklären und ihre Vorbehalte besser zu verstehen, könnte die nächste Frage lauten: „Ich hab den Eindruck, dass deine Fragen und Bedenken nicht wirklich intellektueller, sondern anderer Art sind. Habe ich recht?" Dadurch eröffnen Sie dem anderen die Möglichkeit, Farbe zu bekennen und zu sagen, was ihn wirklich davon abhält, an Jesus zu glauben.

In Gesprächen mit überzeugten Skeptikern ist eine hilfreiche Frage manchmal: „Wenn es möglich ist, die Wahrheit über bestimmte Fragen der Religion herauszufinden (und momentan will ich dich nicht davon überzeugen, dass das möglich ist), würdest du das wollen?" Eine weitere praktische Frage lautet: „Nach was für einer Art Beweise suchst du, die dir dabei helfen würden, dieses Problem für dich selbst zu lösen?

Mit solchen Fragen kann man herausfinden, ob eine wahrgenommene Barriere tatsächlich berechtigt ist, und sich langwierige Diskussionen mit Menschen ersparen, die die Wahrheit gar nicht kennen wollen. In diesem Fall würden wir unser Saatgut lediglich auf nicht bereiteten Boden ausstreuen (Matthäus 13,4.19). Ein ehemaliger Student erzählte beispielsweise einmal, wie er mit einem Freund gesprochen und versucht hatte, Brücken zum Evangelium zu schlagen. Anschließend sagte der

Freund jedoch: „Selbst wenn du mir alle Beweise vorlegen würdest, glaube ich trotzdem nicht. Ich will nicht glauben." Dieser Student merkte, dass sein Freund seine Einwände nur vorgeschoben hatte und er besser schon zu Beginn des Gesprächs versucht hätte, die wahre Barriere zu entdecken.

Wir sparen uns stundenlange, unnötige Diskussionen mit unseren Freunden, die für Gespräche über geistliche Themen offen erscheinen, wenn wir mithilfe unserer Fragen herausfinden, worin ihre Einwände tatsächlich bestehen. Vielleicht gibt ihnen das auch den Anstoß, uns gegenüber ehrlicher zuzugeben, was wirklich zwischen ihnen und Jesus steht.

Manche Menschen wollen die Wahrheit jedoch einfach nicht hören. Mir (David) wurde das erneut bewusst, als ich mich mit einem Studenten unterhielt, der sagte: „Ich würde meine Weltanschauung nur ungerne zugunsten des Glaubens an einen theistischen Gott aufgeben, denn dann müsste ich ja zugeben, vorher unrecht gehabt zu haben. Dafür bin ich aber in der Regel zu arrogant."

Zumindest war er ehrlich. Die meisten Menschen sind das nicht.

Wenn Sie versuchen, herauszufinden, ob eine Frage oder ein Einwand berechtigt oder nur vorgeschoben ist, helfen Sie Ihren nicht-gläubigen Freunden nicht nur dabei, Ihnen gegenüber ehrlicher zu sein, sondern vor allem sich selbst gegenüber, und zuzugeben, was sie wirklich daran hindert, dem Kreuz einen Schritt näherzukommen. Das ist ein wichtiger Schritt auf ihrer geistlichen Reise, bei dem wir ihnen helfen sollten, wenn wir geistlichen Fortschritt in ihrem Leben sehen wollen.

Um welche Art Barriere handelt es sich?
Der zweite Schritt besteht darin, herauszufinden, welcher Art die scheinbarer Barriere ist: intellektuell, emotional oder eine Kombination aus beidem. Manche Barrieren scheinen zunächst intellektueller Natur zu sein, doch sobald man mit gezielten Fragen genauer nachforscht, stellt sich oft heraus, dass das nicht der Fall ist. Wenn jemand zum Beispiel eine Frage zum Problem des Bösen stellt, sollten wir nicht automatisch davon ausgehen, dass

es sich hierbei um eine rein intellektuelle Frage handelt. Viele Menschen, die mit dieser Frage ringen, tun das aus einem emotionalen Problem heraus. Vielleicht weil sie jemanden kennen, der schmerzliche Erfahrungen gemacht hat. Dann fragen Sie: „Warum ist dir diese Frage so wichtig?" Dadurch treten emotionale Aspekte hervor, die für die weitere Diskussion hilfreich sein können. Geben wir ihnen lediglich eine intellektuelle Antwort, wenngleich das zugrundeliegende Problem eigentlich ein emotionales ist, verschenken wir womöglich eine Gelegenheit, diesen Menschen erfolgreich einen Schritt näher zum Kreuz zu führen.

Michael Ruse, ein Philosophieprofessor und überzeugter Darwinist, sprach vor einigen Jahren einmal auf einer Konferenz, auf der führende Vertreter des *Intelligent Design* und Verfechter des Darwinismus einen offenen Dialog führten. Eins seiner Probleme mit *Intelligent Design* bestand darin, dass er es nicht mit dem Problem des Bösen in Einklang bringen konnte. Wir können nur spekulieren, ob er oder ein ihm Nahestehender Leid erfahren hatte, sodass er den Glauben an Gott nicht mit dem Problem des Bösen in Übereinstimmung bringen konnte. Vielleicht stand ihm sein emotionaler Ballast im Weg, sodass er die Wahrheit des *Intelligent Design* und eines entsprechenden intelligenten Designers/Schöpfers nicht erkennen konnte. Vielleicht haben unsere naturalistischen darwinistischen Freunde aus diesem Grunde eine solche Abneigung gegen alles Übernatürliche. Vielleicht müssen sie erst emotionale Heilung erfahren, bevor sie die Wahrheit und deren Konsequenzen für ihr Leben akzeptieren.

Nachfolgend lesen Sie einige Fragen, die mögliche Indizien für emotionale Barrieren sind:

- „Wie kann ein guter Gott so viel Leid und Böses in der Welt zulassen?"
- „Wenn Gott real ist, warum gibt es dann so viele Heuchler in der Kirche?"
- „Wenn Gott da ist, warum beantwortet er dann meine Gebete nicht?"

Andere Fragen decken intellektuelle Barrieren auf:

- „Jesus ist schon so lange tot, wie können wir da wissen, was er wirklich gesagt hat?"
- „Wie kann es eine absolute Wahrheit geben, wenn die Menschen in so vielen Fragen unterschiedlicher Meinung sind?"
- „Da die Bibel schon so oft falsch übersetzt wurde, wie können wir da wissen, was im Original stand?"
- „Es ist egal, was man glaubt, solange man dadurch ein besserer Mensch wird."
- „Da die Menschen in so vielen Fragen unterschiedlicher Meinung sind, kann es keine richtige Antwort geben."

Eine Möglichkeit, wie wir mit schwierigen intellektuellen Fragen umgehen, besteht darin, die Beweislast umzukehren. Wenn zum Beispiel jemand die Zuverlässigkeit der Bibel anzweifelt, könnten Sie fragen: „Warum lehnst du die Bibel ab, wenn andere antike Bücher doch auch klaglos als wahr akzeptiert werden?" (Die Kunst, schwierige intellektuelle Fragen zu beantworten, wird in Kapitel 7 ausführlicher behandelt.)

Es ist nicht leicht, herauszufinden, ob die Barrieren emotionaler oder intellektueller Natur sind, oder eine Kombination aus beidem. Das festzustellen ist mehr eine Kunst als eine Wissenschaft und erfordert viel Übung und eine Menge Weisheit von Gott. Wir dürfen uns also nicht auf intellektuelle Barrieren konzentrieren, wenn der emotionale Ballast viel schwerwiegender ist. Wir sollten uns zuerst mit diesen scheinbaren emotionalen Barrieren auseinandersetzen, denn dadurch finden wir leichter heraus, wie real ihre intellektuellen Barrieren tatsächlich sind.

Manchmal zeugen die uns gestellten Fragen von einer Kombination aus intellektuellen und emotionalen Problemen. Der frühere Evangelist und jetzige Agnostiker und Wissenschaftler zum Neuen Testament Bart Ehrman, offenbarte in seiner Debatte mit Michael Brown über das Problem des Leids, dass eins seiner größten Probleme mit dem Christentum die Vorstellung von der Hölle sei. Wie kann ein liebender Gott mit dem Konzept einer ewigen Hölle in Einklang gebracht werden? Natürlich gibt es Wege, von einem intellektuellen Standpunkt zu erklären, wie eine ewige Hölle und ein liebender Gott zusammenpassen. Doch ich frage mich, ob Bart Ehrman in seiner Gemeinde vielleicht Erfahrungen gemacht hatte, die ihm seinen christlichen Glauben vergällten und seine Überzeugungen ins Wanken brachten. Wir müssen in unseren Gesprächen also darauf achtgeben, welcher Art ihre Barrieren tatsächlich sind: intellektueller oder emotionaler Art oder eine Kombination aus beidem. Das führt uns zum nächsten wichtigen Schritt, der diesen Gedanken weiterführt.

Worin genau besteht ihre emotionale Barriere?
Der dritte Schritt besteht darin, herauszufinden, welche Art emotionalen Ballast jemand mit sich herumträgt. Sobald Sie festgestellt haben, dass die Fragen oder Einwände Ihrer Gesprächspartner berechtigt sind (und nicht vorgeschoben) und nicht rein intellektueller Natur, entdecken Sie vielleicht gravierende emotionale Barrieren zwischen ihnen und dem Kreuz. Manche Menschen schleppen so viel emotionalen Ballast mit sich herum, dass sie das Evangelium einfach nicht verstehen. Die Bibel erinnert uns daran, dass die Arbeit des Teufels unter anderem darin besteht, den Geist der Nichtgläubigen zu verblenden, sodass sie die Wahrheit nicht sehen (2. Korinther 4,4). Selbst ein einfaches Gespräch über das Evangelium ist dann oft wenig effektiv, wenn der Teufel alten emotionalen Ballast verwendet, um jemandem die Augen vor der Wahrheit zu verschließen.

In einem Gespräch mit einem Collegestudenten wurde mir klar, dass wir geistlich gesehen kaum Fortschritte machten. Irgendetwas schien zu verhindern, dass er meine Worte über Jesus hörte. Schließlich erzählte er mir, der letzte Christ, mit dem er gesprochen habe, hätte gesagt: „AIDS ist Gottes Strafe für Homosexuelle." Das erklärte, warum ihn meine Worte nicht erreichten. Er hörte nicht, was ich zu sagen hatte, weil ihn diese Bemerkung emotional verletzt hatte.

Das ist nur ein Beispiel für emotionale Barrieren, die jemanden daran hindern können, einen Schritt auf Jesus zuzumachen. Andere Barrieren sind negative Kindheitserlebnisse oder anmaßende, religiöse Eltern. Der mit am häufigsten von Nichtgläubigen vorgetragene Einwand betrifft all die Scheinheiligen in der Kirche. Nachdem ich auf einem College-Campus über die Wahrheit des Christentums gesprochen hatte, fragte ein asiatischer Student: „Wie kommt es, dass Christen innerhalb der Kirche netter sind als außerhalb?" Das sollte uns ernüchtern und daran erinnern, dass unsere nicht-gläubigen Freunde genau auf die schiefen Töne in unserem Leben achten. Es sollte uns auch dazu motivieren, alles daran zu setzen, dass *wir selbst* kein Hindernis auf der geistlichen Reise unserer Freunde darstellen.

Vor allem in Gesprächen mit Mitgliedern herkömmlicher Sekten ist es wichtig, emotionale Barrieren aufzudecken. Viele Mitglieder haben sich der Sekte wegen ihres emotionalen Ballasts angeschlossen, weil sie sich geliebt fühlen oder Teil einer Gemeinschaft sein wollen. Wenn uns vorrangig daran gelegen ist, ihre Argumente zu widerlegen und ihren falschen Glauben bloßzustellen, verpassen wir eine Gelegenheit, Barrieren aus dem Weg zu räumen, die ihnen die Sicht auf die Wahrheit Jesu verstellen.

Vor einiger Zeit hatte meine Frau eine Freundin, die Mitglied in einer Sekte war und deren Mann Selbstmord begangen hatte. Wir brachten ihr zweimal etwas zu Essen vorbei, um ihr zu zeigen, dass wir in ihrer tiefen Trauer für sie da sein wollten. Später fand ich heraus, dass kaum jemand aus ihrer Sekte sie nach dem Tod ihres Mannes besucht hatte.

Es sollte ganz oben auf unserer Tagesordnung stehen, uns um die emotionalen und geistlichen Bedürfnisse unserer Mitmenschen zu kümmern, wenn wir das Evangelium an sie weitergeben wollen. Vielleicht tun sie sich schwer mit dem, was wir über Jesus zu sagen haben, aber der Sprache, die unser Leben spricht, können sie sich nicht entziehen. Vielleicht sind wir die einzige Bibel, die manche Menschen jemals lesen werden.

Da emotionale Barrieren ein echtes Hindernis darstellen können, müssen wir eine Strategie entwickeln, wie wir in unserem

Zeugnis mit diesem Problem umgehen. Anbei ein paar Vorschläge dazu.

Erstens: Wenn wir emotionale Barrieren bei Menschen entdecken, sollten wir sie behutsam bitten, uns ihre Geschichte zu erzählen. Zweitens: Zeigen Sie Mitgefühl und sichtbares Interesse an denen, die emotional schwierige Situationen durchgemacht haben. Achten Sie in Ihren Gesprächen auf die offensichtlichsten Barrieren.

Eines Tages bekam ich eine E-Mail einer Atheistin, die die Tochter eines bekannten christlichen Leiters ist. Sie erzählte mir von dem enormen geistlichen Missbrauch (meine Worte, nicht ihre), den sie als Kind erfahren hatte. Das Wichtigste war, dass ich ihr zuhörte und in meiner Antwort deutlich machte, wie wichtig mir ihr Wohlergehen war.

Drittens: Zeigen Sie diesen Menschen, wie sehr Gott sie liebt und dass es Hoffnung gibt, egal, ob verbal oder nonverbal. Lassen Sie sie wissen, dass Gott, unabhängig von ihren persönlichen Schwierigkeiten, für sie sorgt und sich eine persönliche Beziehung mit ihnen wünscht (2. Petrus 3,9). Viertens: Wenn es die Situation erfordert, entschuldigen Sie sich dafür, wie ein Bruder oder eine Schwester in Jesus sie behandelt hat. Wenn ein anderer Christ etwas gesagt oder getan hat, das sie verletzt hat, müssen wir diesen Fehler eingestehen. Vielleicht machen wir ihnen damit die Realität der Sünde bewusst, sodass sie am Ende erkennen, warum wir alle Jesus in unserem Leben brauchen.

In meiner E-Mail-Korrespondenz mit der jungen Atheistin waren meine wichtigsten Worte folgende: „Es tut mir leid, was Ihnen in Ihrer Kindheit widerfahren ist" sowie: „Ich glaube, dass das, was Ihr Vater Ihnen angetan hat, falsch war." In ihrem Weg hin zum Kreuz war ein wichtiger Schritt, anzuerkennen: Ja, leider machen auch Christen manchmal große Fehler, die ihre Kinder sehr beeinträchtigen. Damit machte ich nebenbei deutlich: „Deswegen brauchen wir alle Jesus!"

Fünftens: Ermutigen Sie sie, sich nicht durch negative religiöse Erfahrungen davon abhalten zu lassen, eine wahre Beziehung mit ihrem Schöpfer einzugehen. Sagen Sie Ihrem Gesprächspartner, dass Sie für ihn oder sie und seine/ihre Situation beten werden.

Sechstens: Gegebenenfalls können Sie demjenigen auch versprechen, dafür zu beten, dass Gott auf übernatürliche Weise in sein Leben eingreift, um ihm seine Existenz zu beweisen, und dass Gott ihm dabei hilft, seine Suche trotz aller Enttäuschungen nicht aufzugeben.

Denken Sie daran: In unserer postmodernen Gesellschaft wird es inzwischen durchaus akzeptiert, dass wir spirituelle Wesen sind, also sollten wir uns diese wichtige Brücke unbedingt zunutze machen. Sagen Sie Menschen, die mit Ihnen über eine schwierige Situation in ihrem Leben gesprochen haben, dass Sie für sie beten; vielleicht hilft ihnen das dabei, den christlichen Glauben im wahren Licht zu sehen, sodass sich weitere Möglichkeiten für Gespräche über den Glauben ergeben.

Es ist nicht nur wichtig, voller Mitgefühl zuzuhören, wenn ein Kollege oder Nachbar Ihnen von einem Problem oder einem Anliegen erzählt (egal, ob religiöser Natur oder nicht), sondern vor allem auch, zu erwähnen, dass Sie für dieses Anliegen beten werden. Doch nachdem Sie das gesagt haben, tun Sie etwas für den anderen Unerwartetes: Beenden Sie das Gespräch, ohne es als Aufhänger zu nutzen, um das Evangelium zu verkünden. Bis zur nächsten Begegnung hat Ihr Kollege oder Nachbar vielleicht entschieden, dass er sich Ihnen anvertrauen kann, und ist eher bereit, zuzuhören, wie Gott Ihnen in einer ähnlichen Situation oder bei einem ähnlichen Problem geholfen hat. Das gibt Ihnen die Möglichkeit, den geistlichen Dialog fortzusetzen.

Welche Fragen stecken hinter den Fragen oder Anliegen?

Der vierte Schritt im Versuch, verborgene Barrieren aufzudecken, besteht darin, herauszufinden, ob sich hinter einer geäußerten Frage oder einem Anliegen ein ganz anderes Problem versteckt. Ich empfinde es oft als wesentlich, Menschen gezielte Fragen zu stellen, um herauszufinden, welche anderen scheinbaren Probleme noch angesprochen werden müssen, bevor sie sich mit ihren tieferen geistlichen Problemen auseinandersetzen können.

Manchmal reicht es schon aus, zu fragen, warum jemandem eine bestimmt Frage so wichtig ist.

Jesus schien in seinen Gesprächen mit anderen Menschen immer zu wissen, wie er zum Herzstück einer bestimmten Angelegenheit vordringen konnte. Als ihn ein reicher Mann fragte: „Guter Lehrer, was soll ich tun, damit ich ewiges Leben erbe?", fragte Jesus zurück: „Was nennst du mich gut?" (Markus 10,17-18), damit der Mann sich damit auseinandersetzte, wer Jesus wirklich war. Dieser Mann hielt sich für gottgefällig, weil er das Gesetz hielt (V. 20), doch Jesus machte ihm klar, wo seine Loyalität in Wirklichkeit lag (V. 21-22).

Als die Sadduzäer Jesus die hypothetische Frage stellten, wer nach der Auferstehung der Ehemann einer bestimmten Frau sein würde, die sieben Männer gehabt hatte, blickte er hinter diese Frage und brachte den wahren Grund für ihren Einwand zum Vorschein (Markus 12,18-27). Er wusste, dass sie nicht an die Auferstehung der Toten glaubten, und indem er sich auf 2. Mose 3,6 aus dem Pentateuch bezog, an den sie sehr wohl glaubten, widerlegte er anschaulich ihren Glauben, es gebe keine Auferstehung.

Nichtgläubige sagen leicht: „Ich finde Christen arrogant, weil sie behaupten, Jesus sei der einzige Weg zu Gott." Doch hinter dieser Aussage steckt vielleicht etwas viel Beunruhigenderes, mit dem wir uns auch befassen müssen. Das wirkliche Problem liegt nämlich möglicherweise in ihrer Auffassung, dass sich Christen für besser als andere halten. Wir müssen also deutlich machen, dass wir mit dieser Behauptung nicht stolz oder voreingenommen erscheinen, sondern lediglich wiedergeben wollen, was wir als Wahrheit über Jesus verstehen. Unsere Gesprächspartner sollen begreifen, dass wir nur wie Bettler sind, die anderen Bettlern erzählen, wo es Brot gibt. Damit sie diese Wahrheit wirklich verinnerlichen, müssen wir darauf achten, *dass wir sie bescheiden und demütig äußern,* ansonsten werden sie unseren Worten kaum zuhören.

Nachdem wir ihnen mit ihren scheinbaren emotionalen Barrieren geholfen haben, ist unsere Aufgabe noch längst nicht vollbracht. Jetzt müssen wir sie noch dazu bringen, sich einzugestehen, dass die hauptsächliche Barriere vor allem etwas mit ihrem

Willen zu tun hat und weniger damit, dass sie von scheinheiligen sogenannten Christen verletzt wurden. Deswegen ist der nächste Schritt so wichtig.

Was ist die größte Barriere?

Der fünfte Schritt auf der Suche nach verborgenen Barrieren besteht darin, herauszufinden, welches die größten scheinbaren Barrieren sind, die sie von Jesus trennen. Menschen haben alle möglichen Einwände gegen den christlichen Glauben. Doch vielleicht haben sie nicht einmal für sich selbst formuliert, was es tatsächlich ist, das sie davon abhält, Jesus ihr Vertrauen zu schenken. Wenn wir mit unseren Fragen also die wichtigsten Barrieren ausfindig machen, können Nichtgläubige ihr Herz erforschen und herausfinden, was sie wirklich zurückhält.

Damit können sie auch leichter herausfinden, welche Zweifel, wenn überhaupt, sie am christlichen Glauben haben und ob diese Zweifel intellektueller, emotionaler oder willentliche Natur sind.

Es ist also unabdingbar, dass wir unsere Freunde immer wieder fragen: „Was ist unter allen Barrieren die größte Barriere zwischen dir und dem christlichen Glauben?" Wir müssen herausfinden, was sie davon abhält, schon jetzt ihr Vertrauen auf Jesus zu setzen. Dann erkennen sie vielleicht leichter, dass die größte Barriere weder intellektuell, noch emotional ist, sondern in der Tat mit ihrem Willen zu tun hat.

Nach dem, was sie in meinem Unterricht gelernt hatte, fragte eine meiner früheren Studentinnen ihre suchende Freundin: „Was hält dich davon ab, Jesus jetzt anzunehmen?" Dieser Freundin wurde klar, dass nichts sie von dieser Entscheidung abhielt, und sie betete, geleitet vom Heiligen Geist, dass Jesus in ihr Leben kam. Manchmal entdecken wir also, dass überhaupt keine Hindernisse im Weg stehen und wir unsere Freunde lediglich einladen müssen, einen Glaubensschritt zu tun und, geleitet vom Heiligen Geist, ihr Vertrauen auf Jesus zu setzen.

Doch manchmal kämpfen Menschen mit intellektuellen Barrieren, um die wir uns erst kümmern müssen, bevor sie sie bereit sind, einen weiteren Schritt zu machen. Ein Student sagte einmal: „Jesus ist schon seit 2000 Jahren tot, wir können also nicht wirklich wissen, was er getan oder gesagt hat." Doch nachdem ich ihm einen Artikel über die Beweise für die Auferstehung Jesu gegeben hatte, schienen seine intellektuellen Zweifel beseitigt. Dadurch war ich in der Lage, ihm begreiflich zu machen, dass seine wahren Einwände ganz woanders lagen.

Daher mache ich, wenn ich jemandem Zeugnis gebe, immer deutlich, dass jeder Mensch zwei Entscheidungen in Bezug auf Jesus treffen muss: Gibt es erstens genug Beweise, damit ich daran *glaube, dass* Jesus der Messias ist? Und wenn es genug Beweise gibt, so erkläre ich dann, muss ich mich zweitens immer noch dafür entscheiden, *an* Jesus *zu glauben,* um Christ zu werden. Ich mache klar, dass diese zweite Entscheidung die schwerere ist (siehe Kapitel 9 für weitere Erläuterungen dieses Unterschieds). Manchmal sage ich sogar: „Selbst wenn ich dir alle deine Fragen zufriedenstellend beantworte, stellst du womöglich fest, dass es gar nicht so leicht ist, wie du denkst, Jesus anzunehmen!" Doch intellektuelle Barrieren aus dem Weg zu räumen ist ein wichtiger Schritt, durch den unsere Freunden lernen können, ehrlich mit sich und mit uns darüber zu sein, was sie davon abhält, ihr Vertrauen auf das Kreuz zu setzen (Jeremia 17,9).

Zum Beispiel sprach ich am Anfang meines Dienstes im Laufe eines Jahres wiederholt mit einem asiatischen Studenten über Jesus und beantwortete einige seiner drängendsten intellektuellen Fragen. Eines Tages bekannte er, dass es keine intellektuellen Hindernisse mehr gebe, die ihn davon abhielten, sein Vertrauen auf Jesus zu setzen. Die größte verbleibende Hürde bestand darin, dass er erst fühlen wollte, wie es wäre, Christ zu werden, bevor er die Entscheidung traf, Jesus in sein Leben einzuladen. In anderes Mal sagte ein anderer asiatischer Student: „Eine meiner größten Barrieren gegenüber dem christlichen Glauben besteht darin, dass ich nicht mutig genug bin, mich auf religiöse Dinge einzulassen, ohne mich dabei darum zu kümmern, was andere Leute sagen." Vielleicht machte er sich Sorgen, wie seine Eltern reagieren würden, was in Asien eine sehr große Hürde ist.

Egal, wie nun die Barrieren unserer Freunde aussehen mögen (seien sie intellektueller oder emotionaler Art oder eine

Kombination aus beidem), unser Ziel ist es, ihnen dabei behilflich zu sein, das größte Hindernis ausfindig zu machen, das zwischen ihnen und Jesus steht.

Zum Beispiel sagte einmal ein Student, der scheinbar kein Interesse an Gespräche über den Glauben hatte, zu mir: „Ich weiß, dass alles, was Sie mir erzählen, wahr ist, aber es gibt einige Dinge in meinem Leben, die ich einfach nicht aufgeben will." Ich erinnerte ihn daran, was der als Märtyrer gestorbene Missionar Jim Elliot einst sagte: „Der ist kein Narr, der hingibt, was er nicht behalten kann, damit er gewinnt, was er nicht verlieren kann." Das ist bestimmt kein Einzelbeispiel.

In meinem langjährigen Dienst an Studenten ist mir aufgefallen, dass es bei den meisten der hauptsächlichen Barrieren gegenüber dem Christentum um Fragen des Lebensstils geht. Viele Menschen glauben, was sie glauben wollen, damit sie tun können, was sie tun wollen. Wenn ich mich heute mit Studenten unterhalte, stelle ich fest, dass immer mehr von ihnen die Bibel nicht länger für zuverlässig halten. Meinen Sie, das läge daran, dass sie die Dokumente des Neuen Testaments mit anderen antiken Manuskripten verglichen hätten, und dass sie wüssten, wie Textkritiker feststellen, ob ein Dokument korrekt abgeschrieben wurde? Wissen sie überhaupt, worauf Historiker bei der Frage achten, ob die Lehren des Neuen Testaments tatsächlich wahr sind? Nein, ihr Hauptgrund, weshalb sie die Bibel ablehnen, besteht darin, dass sie für ihre Taten keine Verantwortung übernehmen wollen!

Einmal sagte ich zu einem Studenten: „Geht es wirklich darum, dass du mehr Beweise brauchst, oder willst du einfach mit allen Mädchen ins Bett gehen dürfen?" Aber seien wir ehrlich: Nicht nur Studenten vertreten diese Sichtweise. Die Menschen im Allgemeinen haben die gleichen Vorurteile wie Studenten. Wie auch immer ihre Barrieren aussehen, wir müssen in unseren Gesprächen versuchen, die Nichtgläubigen dazu zu bringen, ihre größten Barrieren einzugestehen. Dann können wir ihnen dabei helfen, weiter in die Tiefe zu graben!

In Asien bestehen zwei der größten scheinbaren Barrieren gegenüber Jesus in „familiären Verpflichtungen oder

Erwartungen" und dem „Widerstreben, bestimmte rituelle und religiöse Zeremonien aufzugeben aus Angst vor Konsequenzen für einen selbst und für die Familie". Wollen wir diesen letzteren oberflächlichen Faktor ansprechen und dabei den tiefer liegenden willentlichen Grund offenbaren, müssen wir wie in den Tages Elias und der Baalspropheten verkünden, dass wir nur Gott Jehova anbeten und fürchten sollen, keine untergeordneten Menschen oder Geister (Lukas 12,4-5).

Was motiviert die Menschen?
Der sechste Schritt bei der Suche nach verborgenen Barrieren besteht darin, herauszufinden, wie Nichtgläubige dazu motiviert werden können, Antworten auf ihre Fragen über *Jesus zu bekommen.* Manche werden dadurch motiviert, dass ihnen klar wird, wie leer das Leben ohne den Glauben an Gott in Wirklichkeit ist. Wenn wir wissen, wie Menschen dazu motiviert werden können, sich mit dem christlichen Glauben auseinanderzusetzen, können wir ihr Interesse an geistlichen Themen viel zielgerichteter anfachen. Vielleicht lernen wir dadurch auch mit der Zeit, bessere Gespräche zu führen, und erkennen, worauf wir dabei den Fokus legen sollten.

Jemand sagte mir einmal: „Meine Mutter hat vor drei Jahren Selbstmord begangen, und ich glaube nicht an Gott oder das Christentum. Mir ist allerdings klar, dass, wenn es keinen Gott gibt, das Leben letztlich keinen Sinn oder Zweck hat, und ich bin noch nicht bereit, das hinzunehmen." Jemand anderes erzählte, seine Mutter sei vor ein paar Jahren gestorben, und er glaube, dass sie jetzt im Himmel sei. Er wurde dadurch, dass er seine Mutter wiedersehen wollte, zu Gesprächen über den Glauben motiviert.

Erst kürzlich merkte ich im Gespräch mit einem meiner Nachbarn, dass seine Motivation für geistliche Gespräche von dem nagenden Gedanken herrührte: „Was, wenn die Christen am Ende doch recht haben?" Ich vermute, dieser Gedanke wurde noch von der Erkenntnis bestärkt, dass seine Kinder langsam älter wurden und vielleicht kirchliche Hilfe benötigen würden, um ein Wertesystem fürs Leben aufzubauen.

Wenn wir also die Motivation unserer Gesprächspartner kennen, können wir sie leichter dazu anspornen, ein Gespräch über den Glauben fortzusetzen. Doch wenn ein solches Gespräch über längere Zeit fortgeführt wird, dringen Sie vielleicht auch zu den tieferliegenden Problemen vor. Das verschafft uns möglicherweise die Möglichkeit, eine Brücke zum Evangelium zu schlagen, oder lässt unsere Gesprächspartner eher zugeben, dass ihre Barrieren in der Tat weder intellektuell noch emotional sind.

Die Willensfaktoren aufdecken
Der siebte und letzte Schritt besteht darin, die Willensfaktoren aufzuentdecken. Wir möchten unserem Gegenüber deutlich machen, dass das eigentliche Problem im Unwillen des Menschen besteht, der über rein intellektuelle oder emotionale Barrieren hinausgeht. Wie bereits gesagt hat jeder Nichtgläubige ein grundlegendes Willensproblem mit der Wahrheit Gottes, was die hauptsächliche Hürde gegenüber dem Glauben an Jesus darstellt. Paulus erklärte, dass alle Menschen etwas von Gott wissen, weil er sich ihnen durch die Schöpfung offenbart hat, also sind sie „ohne Entschuldigung" (Römer 1,18-20). Dennoch halten sie „die Wahrheit durch Ungerechtigkeit nieder" (1,18).

Johannes bejammerte die Juden, die die Wunder Jesu gesehen hatten und seine Botschaft dennoch ablehnten: „Obwohl (Jesus) aber so viele Zeichen vor ihnen getan hatte, glaubten sie nicht an ihn" (Johannes 12,37). An anderer Stelle sagte Jesus über die Hartherzigen: „So werden sie auch nicht überzeugt werden, wenn jemand aus den Toten aufersteht" (Lukas 16,31). Wir können auf alle intellektuellen Fragen eine Antwort liefern, alle emotionalen Barrieren aufdecken, und trotzdem werden sich einige Menschen weigern, zu glauben.

Wenn wir uns also mit allen unter den Punkten 1 bis 6 genannten Barrieren beschäftigt haben und dem Glauben trotzdem noch eine Hürde im Weg steht, hilft es unseren nicht-gläubigen Freunden sehr, zu erkennen, dass die wirkliche Hürde letztlich ihr eigener Wille ist. Unabhängig von den Beweisen wollen sie einfach nicht glauben. Jesus sagte: „Jerusalem, Jerusalem ... Wie oft habe ich deine Kinder versammeln wollen wie eine Henne ihre Brut unter die Flügel, *und ihr habt nicht gewollt!*" (Lukas 13,34). Frei nach einem Sprichwort: „Man kann die Pferde durch Vor-Evangelisation zur Tränke führen, aber nur der Heilige Geist kann sie dazu überreden, zu saufen" (siehe Johannes 6,65).

Hierbei sind uns zwei wunderbare „Waffen" aus dem christlichen Arsenal hilfreich, vor allem, wenn wir unseren nicht-gläubigen Freunden kein Zeugnis geben dürfen: *Gebet* und *Liebe*. Auch wenn wir uns nicht darauf beschränken sollen, unsere nicht-gläubigen Freunde zu lieben und für sie zu beten, sind beide Dinge absolut unerlässlich.

Oft nutzt Gott Gebete, um die Herzen von scheinbar unerreichbaren Menschen zu erreichen. Wir sind dazu aufgerufen, inbrünstig (Lukas 18) und wirkungsvoll (Jakobus 5,16) zu beten. Wie es ganz richtig heißt: „Das Gebet ist der feine Nerv, durch den die Muskeln der Allmächtigkeit bewegt werden." Doch damit unser Gebet Wirkung zeigt, müssen wir mit der richtigen Einstellung beten. Wie ein christlicher Schriftsteller meint: „So lange wir nicht verzweifelt sind, weil wir nichts haben, ist unser Gebet reine Nebensache, im besten Fall ein netter Zusatz – aber niemals die Grundlage unseres Lebens."[53]

Da uns schließlich die „Güte Gottes ... zur Buße leitet" (Römer 2,4), ist unsere letzte Waffe gegen Zweifel und Unglauben die Liebe. Jesus sagte: „Daran werden alle erkennen, dass ihr meine Jünger seid, wenn ihr Liebe untereinander habt" (Johannes 13,35). Liebe hat eine weitaus größere Überzeugungskraft als Angst, und auch wenn sich viele Menschen nur wenig von Logik und Argumenten beeindrucken lassen, sind sie von unserer Liebe ihnen gegenüber doch bewegt. Jesus selbst sagte, dass die Nächstenliebe das zweitwichtigste Gebot ist (Matthäus 22,37-39). Es sollte uns also nicht erstaunen, dass Liebe den Willen zu etwas überreden kann, wozu Argumente nicht in der Lage sind. Durch unsere Lebensführung und unsere Nächstenliebe werden Menschen neugierig gemacht, mehr über Jesus zu erfahren.

Diese ersten sechs Schritte können uns sehr hilfreich sein, um scheinbare Barrieren zum Vorschein zu bringen, damit die Nichtgläubigen schließlich die Wahrheit erkennen, dass ihre

Barrieren nur ihrem Willen entspringen. Wir müssen ständig nach Anzeichen für unausgesprochene Probleme oder Anliegen Ausschau halten, damit Menschen für sich erkennen, was sie wirklich davon abhält, ihr Vertrauen auf Jesus zu setzen. Wenn wir uns auf diese Probleme konzentrieren, führt das zwar nicht unbedingt zu einer sofortigen Bekehrung, aber es kann auf jeden Fall dazu beitragen, dass derjenige Jesus einen Schritt näherkommt (1. Korinther 3,5-6).

Zusammenfassung

Als *Archäologe* wollen wir die *persönliche Geschichte der Nichtgläubigen ans Tageslicht bringen, sodass sie erkennen, was wirklich zwischen ihnen und dem Evangelium steht und wie es dazu kam.* Dafür müssen wir Gott um Weisheit bitten (Jakobus 1,5) und die folgenden sieben Schritte einhalten: Erstens versuchen wir herauszufinden, ob ihr Einwand berechtigt oder nur vorgeschoben ist. Zweitens klären wir ab, welcher Art diese scheinbare Barriere ist, ob intellektuell, emotional oder eine Kombination aus beidem. Drittens müssen wir feststellen, ob sie einen speziellen emotionalen Ballast mit sich herumtragen. Viertens wollen wir herausbekommen, ob sich hinter den geäußerten Fragen oder Einwänden ein tiefer liegendes Problem verbirgt. Fünftens müssen wir erkennen, welche die scheinbar größte Barriere zwischen ihnen und Jesus ist. Sechstens versuchen wir herauszufinden, wie sie motiviert werden können, nach Antworten auf ihre Fragen zu suchen. Und siebtens müssen wir ihnen zu der Erkenntnis verhelfen, dass die wahre Barriere in ihrem eigenen Willen liegt, der sie davon abhält, Jesus nachzufolgen.

Sobald wir diese scheinbaren Barrieren entdeckt und herausgefunden haben, wie wir sie effektiv beseitigen, können wir eine Strategie entwickeln, wie wir in unserem Gespräch am besten von der Vor-Evangelisation zur direkten Evangelisation übergehen. Darum geht es im folgenden Kapitel.

Zum Nachdenken

1. Denken Sie daran, dass es nicht leicht ist, sich einzugestehen, was einen wirklich von Jesus trennt. Das gilt wohl für die meisten von uns, und es ist gut, das demütig anzuerkennen. Wir müssen Gott um Weisheit bitten (Jakobus 1,5), wie wir am besten mit Menschen über die Dinge reden, die sie am meisten am christlichen Glauben stören.

2. Manchmal liegen die wahren Hürden auf dem Weg zu Jesus unter der Oberfläche verborgen und haben nichts mit den offen ausgesprochenen Bedenken zu tun. Daher sollten wir dafür beten, dass Gott uns geistliche Augen gibt und uns erkennen lässt, was wirklich vor sich geht.

3. Manchmal stellen uns Menschen Fragen zu unserem christlichen Glauben nicht, weil sie auf der Suche nach der Wahrheit sind (in unserer postmodernen Welt gilt das für viele als unmöglich), sondern weil sie uns entweder bloßstellen und es uns erschweren wollen, ihnen etwas von Jesus zu erzählen. Wir müssen immer darauf achten, ob ihre Fragen wirklich berechtigt sind, bevor wir uns an einer Antwort versuchen.

4. Es geht nicht darum, unsere Neugier auf die persönlichen Angelegenheiten von Menschen zu befriedigen. Wir wollen sie vielmehr einladen, darüber nachzudenken und mit uns darüber zu reden, warum sie Jesus ablehnen. Wenn wir dabei behutsam und respektvoll vorgehen, sind sie vielleicht bereit, mit uns über ihre Bedenken hinsichtlich des christlichen Glaubens zu sprechen. Wir sollten nicht versuchen, sie dazu zwingen, wenn sie nicht mit uns darüber reden wollen.

5. Denken Sie daran: Auch wenn Sie noch so eindeutige Worte verwenden, wenn Sie Ihren nicht-gläubigen Freunden das Evangelium erklären, kann ihr emotionaler Ballast es ihnen erschweren, die Wahrheit über Jesus zu erkennen.

6. Haben Sie je versucht, Ihren nicht-gläubigen Freunden das Evangelium zu erklären, und hatten dabei den Eindruck, als würde irgendjemand oder irgendwas verhindern, dass Ihre Worte wirklich zu ihnen durchdrangen (siehe 2. Korinther 4,4)? Überlegen Sie, mit welcher Art von emotionalem Ballast sie vielleicht zu kämpfen haben, der verhindert, dass sie Sie und Ihre Worte über Jesus wirklich hören. Machen Sie sich Gedanken, wie Sie diese Situation auf Grundlage des in diesem Kapitel Gelernten das nächste Mal anders angehen würden.

7. Das nächste Mal, wenn jemand Sie mit Fragen bombardiert und Ihren Glauben angreifen will, versuchen Sie nicht, alle Fragen sofort zu beantworten. Fragen Sie Ihr Gegenüber lieber, welche Frage ihm am wichtigsten ist und warum. Wenn Sie bestimmte Fragen nicht beantworten können, geben Sie das ehrlich zu und versprechen Sie, die Antwort nachzuliefern. Wenn Sie nicht den Eindruck zu erwecken versuchen, alle Antworten zu haben, ist Ihr Gegenüber vielleicht eher bereit, Ihnen zuzuhören.

8. Denken Sie daran, dass Sie an einem bestimmten Punkt vermutlich entdecken werden, dass die hauptsächliche Barriere im Leben des Nichtgläubigen sein Wille ist. Überlegen Sie, wie Sie diese Wahrheit behutsam formulieren können, damit der andere sie auch akzeptiert. Behalten Sie auch im Kopf, dass es der Heilige Geist ist, der zum Herzen der Menschen spricht. Wir sind nur seine Botschafter, denen er das Vorrecht gegeben hat, für ihn zu sprechen.

Praktische Anwendung

1. Bitten Sie Ihren Ehepartner oder einen guten Freund/eine Freundin, im Gespräch die Rolle des Skeptikers zu spielen. Üben Sie sich darin, aufmerksam zuzuhören und mit einem geduldigen, aufrichtigen Herzen zu antworten, auch wenn Sie auf Barrieren stoßen.

2. Überlegen Sie sich, welche Fragen Sie den nicht-gläubigen Freunden auf Ihrer „Top 3"-Liste stellen könnten, durch die sie ihre wahren Barrieren herausfinden. Halten Sie Ihre Vorschläge in die Tabelle „Gesprächsstrategien der Vor-Evangelisation" unter Schritt 3 in Anhang 1 fest.

3. Notieren Sie die verschiedenen Hürden auf dem Weg zum Kreuz, die Ihnen im Gespräch mit den Menschen auf Ihrer „Top 3"-Liste genannt wurden. Schreiben Sie dazu Ihre Ideen in die Lücke unter Schritt 3 in der Tabelle „Strategien in der Vor-Evangelisation".

4. Fragen Sie sich, worin das größte Hindernis bestehen könnte. Bitten Sie Gott dabei um Weisheit. Notieren Sie Ihre Antworten in der Lücke unter „Strategien in der Vor-Evangelisation", Schritt 3.

KAPITEL 6

DIE ROLLE DES BAUMEISTERS ERLERNEN

David: Könnten Sie mir eine bestimmte islamische Praxis in Teilen der Welt erklären, die ich nicht verstehe?

Taxifahrer (ein bekennender Moslem): Klar.

David: Warum ist es für manche radikale Muslime in Ordnung, andere Muslime in die Luft zu sprengen, die zufällig gerade am falschen Ort sind, wenn sie dabei ein paar „Ungläubige" töten? Ich verstehe ja, wie man den Koran so interpretiert, dass er das Töten von Ungläubigen billigt, aber wie kann man diese Auslegung so weit ausdehnen, dass auch eigene Glaubensgeschwister getötet werden dürfen?

Taxifahrer: Ich weiß nicht. Die sind halt verrückt.

David: Aber Sie wissen genauso gut wie ich, dass es sich dabei nicht um ein paar einzelne Muslime handelt. Das glauben Tausende, wenn nicht Millionen von Muslimen.

Taxifahrer: Ich verstehe nicht, warum die so denken.

David: Ich glaube einen der Hauptgründe zu kennen. Möchten Sie ihn hören?

Taxifahrer: Natürlich!

David: Das hängt mit der Lehre einiger radikaler Muslime zusammen, dass nur der sicher in den Himmel kommt, der im heiligen Dschihad stirbt. Wie Sie wissen, können sich ja noch nicht einmal muslimische Geistliche sicher sein, ob sie ins Paradies kommen. Nur diejenigen, die im heiligen Krieg gestorben sind. Darum sind so viele radikale Muslime bereit, Selbstmordattentate zu begehen, um sich einen Platz im Himmel zu sichern.

Taxifahrer: Ich weiß, dass es da einige Sachen gibt, bei denen sich Muslime und Christen einig sind.

David: Das stimmt, aber einer der Hauptunterschiede liegt darin, dass wir als Christen fest daran glauben, auch nach unserem Tod eine Beziehung mit unserem Schöpfer zu haben. Leider haben Muslime, die streng nach den Regeln Mohammeds leben, eine solche Gewissheit nicht. Würden Sie gerne hören, warum ich als Christ überzeugt bin, dass ich nach meinem Tod in den Himmel komme?

Taxifahrer: Ich weiß zwar nicht, ob man das wirklich wissen kann, aber klar, warum nicht?

Die Rolle eines jeden Schrittes in der Evangelisation im Dialog

Inzwischen haben wir den vierten Schritt erreicht, die Rolle des *Baumeisters,* und sind nun bereit, einen Aktionsplan zu erstellen, wie wir tatsächlich mit anderen Menschen über das Evangelium reden. Im ersten Schritt haben wir die Rolle des *Musikers* eingenommen und uns aufs Zuhören konzentriert, auf die persönliche Geschichte und auf Brüche, die „schiefen Töne" in den Überzeugungen unserer Gesprächspartner. Im zweiten Schritt, in der Rolle des *Malers,* lag der Fokus auf den Fragen, durch die wir persönliche Überzeugungen abklären und Schwachstellen zutage fördern und dabei gleichzeitig den Wunsch wecken, mehr zu hören. Im dritten Schritt haben wir die Rolle des *Archäologen* eingenommen und versucht, die scheinbaren Barrieren der Nichtgläubigen aufzudecken, um schließlich zur wahren Barriere dem Glauben gegenüber vorzudringen. In Schritt 4 fassen wir alle Erkenntnisse aus den ersten drei Schritten zusammen und erstellen einen Aktionsplan.

Als Baumeister *wollen wir eine Brücke zum Evangelium schlagen*, und dieser Bauprozess umfasst mindestens sechs Schritte. (In unseren Gemeindeschulungen konzentrieren wir uns nur auf die Schritte 2 bis 5.)

Wie man Gespräche aufbaut

Zunächst wollen wir in unseren Gesprächen die richtige Balance finden zwischen objektiven Beweisen und subjektiven Erfahrungen (Apostelgeschichte 14,1; Philipper 1,14). Zweitens müssen wir mit denen, die wir erreichen wollen, eine gemeinsame Grundlage finden. Drittens wollen wir eine Brücke schlagen, die von gemeinsamen Überzeugungen ausgeht, auch wenn es Nichtgläubigen nicht bewusst ist, dass es diese gibt. Viertens wollen wir einen kurzen Überblick über die wichtigsten Inhalte des christlichen Glaubens auswendig lernen. Fünftens behalten wir das Ziel im Auge (2. Timotheus 4,2), nämlich Hindernisse aus dem Weg zu räumen, damit Menschen Jesus einen weiteren Schritt näherkommen können (1. Korinther 3,6). Sechstens bemühen wir uns aktiv darum, Beweise für den christlichen Glauben zu präsentieren, und suchen nach Gelegenheiten, von der Vor-Evangelisation zur direkten Evangelisation überzugehen.

Es ist in der Regel nicht einfach, eine Brücke zum Evangelium zu schlagen, und heutzutage erst recht nicht, weil die Welt Menschen, die behaupten, die Wahrheit zu kennen, so feindlich gesinnt ist. Da die Wahrheit immer mehr ausgehöhlt wird, ist der Weg zum Kreuz oft nur noch schwer zu erkennen.

Im Folgenden wollen wir uns die genannten sechs Schritte einmal näher anschauen.

Die richtige Balance in unserem Ansatz finden

Zuerst müssen wir die richtige Balance in unserem Ansatz finden zwischen *objektiven Beweisen* und *subjektiven Erfahrungen*. Wenn wir von *objektiven Beweisen* für den christlichen Glauben reden, beziehen wir uns auf Beweise für Ereignisse wie zum Beispiel die Auferstehung Christi (1. Korinther 15,14) oder auf naturwissenschaftliche Belege für die Existenz Gottes. Unter *subjektiven Erfahrungen* verstehen wir die Beweise für Gott, die sich in unserem eigenen Leben und unserer Lebensführung zeigen. Viele Menschen waren beeindruckt davon, wie Paulus sein Leben führte (Philipper 1,14); und so sollte auch unser Leben das Evangelium widerspiegeln, wenn wir Frucht bringen wollen.

In unserer postmodernen Welt zählen sowohl objektive Beweise als auch subjektive Erfahrungen mit Jesus, also können wir in unserem Zeugnis auch auf beide zurückgreifen. Manchmal wird es uns allerdings schwerfallen, zu entscheiden, welche Art von Beweis den größten Eindruck auf unsere Zuhörer machen wird. Viele interessieren sich erst für objektive Beweise für den christlichen Glauben, wenn sie Jesus in unserem Leben sehen und den Eindruck erhalten, dass sie uns vertrauen können. So ein Lebenszeugnis kann also in bestimmten Situationen sehr fruchtbringend sein, vor allem bei engen Freunden oder Familienmitgliedern, die uns gut kennen und eventuell mehr Interesse an unserer Botschaft haben, wenn sie unser verändertes Leben bemerken.

Doch es gibt auch Grenzen, wenn wir Menschen Jesus durch unseren Lebensstil oder unser persönliches Zeugnis zeigen wollen. Manche meinen vielleicht, das sei lediglich „unsere persönliche Wahrheit", nicht aber „ihre Wahrheit". Der eine sagt vielleicht: „Ich habe Jesus im Herzen erlebt, daher weiß ich, dass die Bibel wahr ist." Jemand anderes sagt hingegen: „Ich verspüre ein Brennen im Herzen, daher weiß ich, dass das Buch Mormon wahr ist."

Wie können unsere nicht-gläubigen Freunde die Wahrheit herausfinden, wenn wir lediglich unsere persönlichen Erfahrungen weitergeben? Zusätzlich zu unserem Zeugnis müssen wir auch ein paar objektive Beweise für die Einzigartigkeit Jesu liefern. Auch der Apostel Paulus sagte: „Wenn aber Christus nicht auferweckt ist, so ist also auch unsere Predigt inhaltslos, inhaltslos aber auch euer Glaube" (1. Korinther 15,14). So hat auch unser Glaube nur durch einen objektiven Bezugspunkt Beweiskraft.

In unserer postmodernen Welt muss uns klar sein, dass manchmal eine bestimmte Vorgehensweise hilfreicher ist als eine andere. Manchmal können wir gute geistliche Gespräche in Gang bringen, indem wir Menschen davon erzählen, wie sehr Gott unser Leben verändert hat. Es ist ein wichtiger Bestandteil unseres Zeugnisses, sensibel dafür zu werden, welche Art von Beweisen ein Nichtgläubiger unter Umständen zuerst hören muss.

Einen gemeinsamen Nenner finden

Zweitens müssen wir einen gemeinsamen Nenner mit denjenigen finden, die wir erreichen wollen. Der Apostel Paulus sagte: „Den Schwachen bin ich ein Schwacher geworden, damit ich die Schwachen gewinne. Ich bin allen alles geworden, damit ich auf alle Weise einige rette" (1. Korinther 9,22). Mit dem „gemeinsamen Nenner" ist gemeint, dass wir die Schnittmenge finden zwischen unserem Glauben und dem unserer nicht-christlichen Freunde. Ermöglicht wird das durch die allgemeine Offenbarung Gottes in der Natur und durch unser Gewissen, das allen Menschen innewohnt (Römer 1,19; 2,12-15).

Lassen Sie uns verdeutlichen, was mit dem „gemeinsamen Nenner" gemeint ist. Eines Tages unterhielt ich (David) mich auf einem College-Campus mit einem jüdischen Agnostiker. Er erzählte mir, wie wütend er auf all die Christen sei, die sich in ihrem Zeugnis ihm gegenüber auf die Bibel beriefen, obwohl er die Bibel doch gar nicht für zuverlässig hielt. Er war sich noch nicht einmal der Existenz Gottes sicher. Der erste Schritt, die Suche nach einem gemeinsamen Nenner, bestand darin, dass wir über das Thema Wahrheit sprachen. Langer Rede kurzer Sinn, am Ende sagte er: „Jetzt kann ich bestimmt die ganze Nacht nicht schlafen, weil ich über all das nachdenken muss." Uns gegenüber reagierte er anders, weil wir zuerst nach einem gemeinsamen Nenner gesucht hatten, bevor wir ihm von Jesus erzählten. Wir suchen also nach Vorstellungen, die beide Seiten teilen, und die dann als Sprungbrett für ein tiefer gehendes Gespräch über den Glauben mit unseren nicht-gläubigen Freunden dienen.

Dieser gemeinsame Nenner ist vor allem in einer Welt so wichtig, die mehr und mehr in Einzelteile zerfällt und sich nicht nur von der Vorstellung einer absoluten Wahrheit verabschiedet hat, sondern auch vom korrekten Gebrauch des Verstandes. Für

Menschen, die sich für Christen halten, jedoch in einigen Bereichen massiv von der Bibel abweichen, ist es in Gesprächen zum Beispiel besonders wichtig, dass sie diese Wahrheit anerkennen: Gottes Wahrheit übersteigt zwar vielleicht den Verstand, aber sie läuft niemals dem Verstand zuwider (2. Korinther 1,18).

Gott widerspricht sich in seinen in der Bibel festgehaltenen Lehren nie. Und auch wenn Menschen beim Prozess des Niederschreibens beteiligt waren, ist Gott der dahinterstehende Verfasser (2. Petrus 1,21), und Gott kann sich nicht widersprechen. Eine biblische Lehre in einem Vers kann nie im Widerspruch zu einer anderen Lehre in einem anderen Vers stehen. Sobald wir uns auf diesen Punkt geeinigt haben, wird unsere Diskussion fruchtbarer, denn wir teilen die Auffassung, dass, unabhängig von unserer Meinung, diese Meinung keiner anderen Bibelstelle widersprechen kann.

Um auf einem gemeinsamen geistlichen Nenner aufzubauen, müssen wir unter Umständen erst andere gemeinsame Nenner finden, wie zum Beispiel gemeinsame Interessen, Hobbys oder dergleichen. Das gilt vor allem für Menschen, mit denen Sie viel zu tun haben. So versuche ich immer, Beziehungen zu den Vätern in meiner Nachbarschaft zu knüpfen, indem ich ihnen Fragen zu ihnen wichtigen Themen stelle (ihren Kindern, ihren Jobs, ihrem Rasen). Außerdem versuche ich, herauszufinden, was sie gerne in ihrer (möglicherweise knappen) Freizeit machen. Frauen, die sich hauptsächlich um ihre Kinder kümmern, können Kontakte knüpfen, indem sie sich mit anderen Müttern über die Kinder unterhalten. Dazu kann auch zählen, über Probleme in der Kindererziehung zu reden und wie ihre Beziehung zu Jesus ihnen nicht nur dabei geholfen hat, in solchen schwierigen Zeiten durchzuhalten, sondern sogar aufzublühen. Enge Bindungen entstehen vor allem in Zeiten der Krise oder des Leids, und vielleicht müssen wir in solchen Situationen einfach nur als stumme Zeugen für unsere Nachbarn oder Kollegen da sein und ihnen versichern, dass wir an sie denken und für sie beten.

Sobald wir einen gemeinsamen Nenner mit unseren nicht-gläubigen Freunden gefunden haben, ist der Schlüssel, um Türen zu weiteren Gesprächen *über den Glauben* zu öffnen, womöglich zum Greifen nah. Manchmal reicht es aus, zu fragen, was sie über ein bestimmtes Thema denken. Andere Brücken zum Kreuz können wir schlagen, wenn wir bei der Arbeit in der Kaffeeküche ein ethisches oder moralisches Thema anschneiden. Es ist fast unmöglich, Zeitung zu lesen oder Nachrichten zu hören, und dabei kein Thema zu finden, das nicht in irgendeiner Weise ein moralisches oder ethisches Problem enthält, über das die Menschen reden. Das können wir nutzen, um das Gespräch in eine geistliche Richtung zu lenken. Mir fällt es viel leichter, jemanden nach seinem religiösen Hintergrund oder seinen Überzeugungen zu fragen, wenn er vorher etwas sagt wie: „Ich finde es falsch, was der und der getan hat."

Sobald wir mit Menschen ein Gespräch *über den Glauben* führen, ist es wichtig, herauszufinden, wie viele gemeinsame geistliche Nenner wir haben. Dann können wir entscheiden, welchen Ansatz wir wählen, um ihnen später vom Evangelium zu erzählen. Gemeinsame Überzeugungen kann man zum Beispiel gut anhand folgender zwangloser Fragen herausfinden:

- „Ist es wichtig, woran man glaubt?"
- „Können alle Menschen recht haben?"
- „Zählt es nur, einfach zu glauben?"
- „Gibt es einen Unterschied zwischen Jesus und anderen religiösen Anführern?"

Diese Idee ist natürlich nicht neu. Wie bereits gesagt verwendete auch Paulus unterschiedliche Ansätze, je nach seinem Publikum. Wenn er zu Juden und gottesfürchtigen Griechen sprach (Apostelgeschichte 28,23), wählte er eine Methode, im Gespräch mit Polytheisten (Apostelgeschichte 17,22-31) jedoch eine andere. Immer suchte er nach einem gemeinsamen Nenner. In Apostelgeschichte 28 erklärte Paulus lediglich, dass Jesus die Erfüllung der alttestamentlichen Prophezeiungen über ihn war. Das war möglich, weil seine Zuhörer die Vorstellung eines monotheistischen Gottes bereits angenommen hatten. Auch akzeptierten sie die Autorität des Alten Testaments und hatten gewisse

Vorstellungen über den Messias, auch wenn diese Vorstellung verzerrt war.

Doch in Apostelgeschichte 17, im Gespräch mit Polytheisten, die weder das Alte Testament akzeptierten noch an einen monotheistischen Gott glaubten, sprach Paulus über den unbekannten Gott, den sie anbeteten, und ging von diesem Verbindungspunkt zu den Eigenschaften des christlichen Gottes über, dem Schöpfer des Universums.

Wie wichtig es ist, selbst bei Streitpunkten Übereinstimmungen zu finden

Ein Vorteil eines positiv-dekonstruktiven Ansatzes[54] besteht darin, dass wir immer nach gemeinsamen Nennern mit unseren Gesprächspartnern suchen, selbst wenn wir mit dem meisten, was sie sagen, nicht einverstanden sind. Wenn zum Beispiel jemand zu uns sagt: „Ich glaube, dass alle Religionen gleich sind", können wir ihnen zunächst in dem Punkt zustimmen, den wir genauso sehen. Wir könnten also erwidern: „Ich sehe es auch so, dass in *vielen* Religionen *einige* Dinge gibt, die sich sehr ähneln, zu Beispiel, dass wir gut sein und unsere Mitmenschen freundlich behandeln sollen."

Der Apostel Paulus wusste, wie wichtig es ist, mit etwas Positivem zu beginnen, als er in Apostelgeschichte 17 im Areopag sprach. Vielleicht erinnern Sie sich noch, wie er sich darum bemühte, einen gemeinsamen Nenner zu finden, um davon ausgehend seine eigentliche Botschaft zu überbringen. Er fand zwar nicht viele Gemeinsamkeiten, aber er sagte am Ende sinngemäß: „Immerhin seid ihr religiös, das haben wir schon einmal gemeinsam" (Apostelgeschichte 17,22-24). Wenn sich Paulus also zuweilen die extra Mühe machte, mit einem positiven Aspekt zu beginnen, so beinhaltet die Aufforderung „Wandelt in Weisheit" (Kolosser 4,5), dass auch wir heute hin und wieder dasselbe tun.

Auch wenn es gewisse Ähnlichkeiten zwischen verschiedenen Religionen gibt, dürfen wir natürlich die gravierenden Unterschiede nicht ignorieren. Jede der Hauptreligionen behandelt zum Beispiel die Frage nach der Erlösung anders. Doch wenn wir uns zunächst die Zeit nehmen, um Gemeinsamkeiten herauszuarbeiten, sind unsere Gesprächspartner vermutlich offener, mit uns auch über Themen zu sprechen, bei denen wir unterschiedlicher Meinung sind oder bei denen sie Zweifel haben. Wir können zum Beispiel also ganz praktisch sagen: „Ich stimme dir zu, dass die meisten Religionen gewisse Ähnlichkeiten haben, wie dass wir gut sein und unsere Mitmenschen freundlich behandeln sollen. Doch nicht die Übereinstimmungen sind das wesentliche Merkmal, sondern die Unterschiede." Wir können noch hinzufügen: „Wusstest du, dass es gravierende Unterschiede zwischen dem Christentum und allen anderen Weltreligionen gibt?"

In einem positiv-dekonstruktiven Ansatz ist es zudem hilfreich, wenn wir uns erst einmal in die Lage unserer Gesprächspartner versetzen, vor allem wenn es sich dabei um Mitglieder von pseudo-religiösen Sekten handelt. Oft sind wir vorschnell dabei, Fehler im Denken von Sektenmitgliedern anzuprangern, ohne dabei die theologischen Herausforderungen in unserem eigenen Glauben wahrzunehmen. Dann sind wir aber nicht längere ehrliche Sucher der Wahrheit, die wir nach dem Willen Jesu sein sollen (Johannes 8,32).

Bevor wir den Glauben unserer Gesprächspartner kritisieren, müssen wir erst genau verstehen, was sie glauben und warum. Hilfreich ist auch, herauszufinden, warum sie so vehement davon überzeugt sind, dass wir unrecht haben. Wir müssen das Leben aus ihrer Perspektive sehen. Wenn wir begreifen, was sie an unserer Sichtweise stört, fällt es uns womöglich leichter, ihnen so von der Wahrheit Jesu zu erzählen, dass sie es nachvollziehen können.

Gemeinsamkeiten können wir bei jedem Gesprächspartner entdecken. Als Christen können wir selbst dem Atheisten Richard Dawkins zustimmen, wenn er sagt: „Gottes Existenz oder Nicht-Existenz ist ein wissenschaftlicher Fakt über das Universum, erkennbar im Prinzip, wenn nicht sogar in der Praxis."[55] Auch teilen wir seine Meinung, wenn er sagt: „Nur weil man eine Frage grammatikalisch korrekt stellen kann, hat sie noch keine tiefere Bedeutung oder verdient unsere besondere Aufmerksamkeit."[56]

Im Gespräch mit Menschen, die eine komplett andere Meinung vertreten als wir, ist es elementar, zumindest so viele Gemeinsamkeiten zu entdecken, dass wir ein interaktives Gespräch führen können.

Wenn wir einen gemeinsamen Nenner finden, verdienen wir uns das Recht, angehört zu werden
Wenn wir einen gemeinsamen Nenner finden, verdienen wir uns damit manchmal einfach das Recht, angehört zu werden. Ein ehemaliger Student berichtet von seinen diesbezüglichen Erfahrungen mit einem Taxifahrer.

Ich stieg in ein Taxi, in dem der Taxifahrer irgendwelche buddhistischen Mantras hörte. Er fragte mich höflich, ob mir das etwas ausmache; wenn ja, würde er das Radio ausschalten. Mir machte es tatsächlich etwas aus, aber ich beschloss, die Chance zu nutzen und ihn zu fragen, was er da hörte. Er erzählte es mir und fragte, ob er es mir erklären dürfe. Außerdem wollte er wissen, welcher Religion ich angehörte, und ich antwortete, dass ich Christ bin. Ich war bereit, ihm zuzuhören, wenn er anschließend mir zuhören würde.

Dann begann er, mir von seinem buddhistischen Glauben zu erzählen, den er sehr liebte, und wie er versuchte, ein so guter Mensch wie möglich zu sein. Gleichzeitig prahlte er damit, dass er anderen Religionen gegenüber offen sei. Also fragte ich ihn, ob ich ihm erklären dürfe, warum der christliche Glaube meiner Meinung nach anders sei ... Als wir an meinem Zielort angekommen waren, hatte ich die Gelegenheit ergriffen, ihn in meine Gemeinde einzuladen (und er hatte mich zu einem seiner buddhistischen Treffen eingeladen) ...

Mir war klar, dass er mir gegenüber nur offen war, weil ich auch offen ihm gegenüber war. Auch wenn er es nicht so deutlich sagte, musste ich zunächst bereit sein, seinen

Mantras zuzuhören, und mir dann die Zeit nehmen, mir seinen Glauben anzuhören. Indem ich das tat, fanden wir zu einem gewissen gemeinsamen Verständnis, und er war bereit, auch meiner Sichtweise zuzuhören.[57]

Wenn wir einfach zuhören, was jemand anderes glaubt, und ehrliches Interesse zeigen, finden wir möglicherweise genug Gemeinsamkeiten, um daran anknüpfend leichter ein Gespräch über den Glauben führen zu können.

Der Bau einer Brücke auf der Grundlage von gemeinsamen Überzeugungen

Der dritte Schritt, nachdem wir einen gemeinsamen Nenner mit unserem Gegenüber entdeckt haben, besteht darin, dass wir nun ausgehend von diesen gemeinsamen Überzeugungen eine Brücke zum Evangelium schlagen und dabei als Planken allgemeine Erkenntnisse verwenden. Diese allgemeinen Erkenntnisse sind unseren nicht-gläubigen Freunden vielleicht gar nicht bewusst, wenn wir ihnen nicht dabei helfen, die Wahrheit für sich selbst herauszufinden, indem wir ihnen gezielte Fragen stellen oder eine persönliche Krise es ihnen schwer macht, die Wahrheit zu unterdrücken (Römer 1,18).

Und wenn Nichtgläubige eine neue Sichtweise auf Dinge entwickeln, bei denen wir zuvor unterschiedlicher Meinung waren, können wir dieses neue Übereinkommen auch als Grundlage für weitere Gemeinsamkeiten nutzen. So führten zum Beispiel die Ereignisse des 11. September vielen Nichtgläubigen vor Augen, wie wichtig es ist, woran man glaubt. Vielen Menschen wurde klar, dass eben nicht alle Glaubensüberzeugungen gleichermaßen gerechtfertigt sein können. In einer pluralistischen Zeit ist das eine wichtige Planke, auf der wir aufbauen können, denn so viele Menschen heutzutage hängen der Vorstellung an, dass im Grunde alle Religionen gleich seien. Wenn jemand jedoch anerkennt, dass die Glaubensüberzeugungen der Terroristen falsch waren, dann muss er eine neue Sichtweise einnehmen: Nicht alle Sichtweisen sind gleich; sie *können* gar nicht gleich sein!

Auch in der Wissenschaft gibt es Beispiele, wie eine neue Sichtweise dazu führt, dass sich andere Glaubensüberzeugungen ändern. Seit der Veröffentlichung von Darwins *Die Entstehung der Arten* haben Wissenschaftler viel über unser Universum und das Leben gelernt, was die naturalistischen Erklärungen infrage stellt. So nahm Darwin zum Beispiel an, dass Zellen recht einfach aufgebaut seien. Heute wissen wir es besser. Jahrelang bezweifelten Wissenschaftler sogar, dass das Universum einen Anfang gehabt habe. Dann jedoch zeigten Versuche in den 1960er-Jahren[58], die in den 1990er-Jahren bestätigt wurden, dass die Steady-State-Theorie (Gleichgewichtstheorie) unhaltbar war, und legte nahe, dass das Universum einen Anfang gehabt haben muss.[59]

Diese geänderte Sichtweise, dass das Universum zeitlich nicht unbegrenzt ist, änderte auch die Meinung einiger Wissenschaftler. Sie halten die Evolutionstheorie nun nicht länger für angemessen, um die Entwicklung des Lebens, wie wir es kennen, innerhalb eines so kurzen Zeitraums von 15 Milliarden Jahren zu erklären. (Astronomen behaupten, dies sei das höchste anzunehmende Alter des Universums.[60]) Wenn wir nur von 170 Millionen Jahren ausgehen, ist es sogar völlig undenkbar, dass die Evolution auf der Erde komplexe Lebensformen hat entstehen lassen.[61]

Hat man sich erst einmal auf einige Planken aus allgemeinen Erkenntnissen geeinigt, wird es leichter, weitere Planken zu bauen. Wenn jemand den Aussagen zustimmt: „Nicht alle Sichtweisen sind gleich" und „Es kann nicht jeder recht haben", dann ergibt sich daraus die Frage: „Würdest du mir dann zustimmen, dass manche religiösen Ansichten falsch sein müssen?" Es wird Sie vielleicht erstaunen, dass manche Ihrer nicht-gläubigen Freunde dies bisher noch nie als Möglichkeit in Erwägung gezogen haben.[62] Wenn sie diese Planke akzeptiert haben, können Sie weiter fragen: „Wie entscheidest du dann, wer recht hat und wer nicht?"

Das „Fünf-Planken-Konzept"

Um weitere Planken einzufügen, die uns beim Bau der Brücke zum Evangelium behilflich sind, können Sie sich des „Fünf-Planken-Konzepts"[63] bedienen und im Gespräch Ihren Fokus unter Leitung des Heiligen Geistes auf diese Punkte legen.

1. Helfen Sie Ihren Gesprächspartnern, die Wahrheit für sich zu entdecken, dass wir auf irgendeine Weise vor unserem Schöpfer Rechenschaft ablegen müssen (Römer 14,12).

2. Helfen Sie ihnen bei der Erkenntnis, dass unser Problem nicht nur darin besteht, dass wir Gottes Standard nicht entsprechen können (Jesaja 64,6; Matthäus 5,48; Jakobus 2,10); wir können noch nicht einmal unseren eigenen Standards entsprechen.

3. Helfen Sie ihnen bei der Erkenntnis, dass wir Sünder sind (Römer 3,23).

4. Helfen Sie ihnen bei der Erkenntnis, dass wir Hilfe von außen brauchen (Römer 7,19; Matthäus 5,48).
5. Helfen Sie ihnen dabei, die Einzigartigkeit Jesu zu erkennen (Apostelgeschichte 4,12).

In unserer postmodernen Gesellschaft fällt es den Menschen oft schwer, sich selbst als Sünder zu sehen, die einen Erlöser brauchen. Wir sollten also vorsichtig herausfinden, welchen gemeinsamen Nenner wir hier finden können, um eine Brücke zum Evangelium zu schlagen. Viele haben ein Problem damit, zuzugeben, dass sie vor ihrem Schöpfer Rechenschaft ablegen müssen (Römer 14,12). Sobald es mir gelingt, sie von dieser wichtigen Wahrheit zu überzeugen, verstehen sie allerdings viel eher, dass die Bibel auch damit recht hat, was sie über uns alle sagt – dass wir alle Sünder sind. Und sobald wir unsere Gesprächspartner zu dem Bekenntnis bringen, dass wir Sünder sind, können wir ihnen das Evangelium viel besser erklären und so möglicherweise geistliche Frucht ernten (Matthäus 4,8).

Um mit diesem Ansatz jedoch Erfolg bei unseren nicht-christlichen Freunden zu haben, müssen wir sie außerdem dazu bringen, anzuerkennen, dass wir geschaffen wurden[64], statt aus dem Nichts entstanden zu sein und uns in einem blinden Prozess weiterentwickelt zu haben, wie Richard Dawkins behauptet.[65] Wenn wir uns beide auf die Existenz eines Schöpfers geeinigt haben (siehe „Key Questions to Ask a Non-Christian auf www.conversationalevangelism.com für Vorschläge, welche Fragen man einem Atheisten oder Agnostiker stellen kann), bringen Sie folgende Hinweise dafür an, dass wir auf irgendeine Weise von diesem Schöpfer zur Rechenschaft gezogen werden:

- Als Kinder müssen wir vor unseren Eltern Rechenschaft ablegen.
- In der Schule müssen wir vor unseren Lehrern Rechenschaft ablegen.
- Wir sind unserem Chef rechenschaftspflichtig.

- Wir sind unserer Regierung rechenschaftspflichtig.
- Wir hoffen, dass es im nächsten Leben eine Art Rechenschaftspflicht gibt, damit Verbrechen wie die von Adolf Hitler und Osama bin Laden gesühnt werden.

Nun folgt die Schlüsselfrage: *Da Sie und ich geschaffen wurden und wissen, dass wir im Leben viele Rechenschaftsverpflichtungen eingehen, sollten wir dann nicht erwarten, auch von unserem Schöpfer auf irgendeine Weise zur Rechenschaft gezogen zu werden?* Wenn wir geschaffen wurden, ist das eine logische Schlussfolgerung, ganz unabhängig von einer göttlichen Offenbarung. Sobald wir diese erste Planke gelegt haben, können wir uns an die zweite Planke wagen.

Unser Problem liegt nicht nur darin, dass wir Gottes Standard in der Bibel nicht entsprechen können (Jesaja 64,6; Matthäus 4,48; Jakobus 2,10). Wir wissen aus eigener Erfahrung, dass wir zuweilen nicht einmal unseren eigenen Standards entsprechen können. So erzählte ich Nichtgläubigen zum Beispiel, wie sehr es mich bekümmert, dass ich meinen Kindern kein besserer Vater oder meiner Frau ein besserer Ehemann bin.

Im dritten Schritt sollen unsere Gesprächspartner nun die Wahrheit entdecken, dass wir alle Sünder sind (Römer 3,23). Das ist vielleicht einfacher, als Sie denken. Obwohl Menschen in der Lage sind, viel Gutes zu tun (siehe Mutter Teresa und Mahatma Ghandi), können sie auch unglaublich viel Böses tun. Denken Sie nur an die Ermordung von Millionen von Menschen durch Hitler oder Stalin oder die an unschuldigen Opfern begangenen Verbrechen durch Osama bin Laden.

Nachdem ich solche Beispiele genannt habe, fahre ich fort: „Aber ich will ehrlich mit dir sein ... Es ist nicht nur das Böse in anderen Menschen, das mir Probleme bereitet. Das Böse in meinem eigenen Leben macht mir auch sehr zu schaffen. Du musst noch nicht einmal die Bibel aufschlagen, um nachzulesen, was Gott über mich sagt. Du brauchst nur meine Frau zu fragen ... Sie wird dir sagen, dass ich ein Sünder bin." Seien wir ehrlich: Niemand, egal, ob Christ oder Nichtchrist, gibt gerne zu, dass er ein Sünder ist. Indem ich mich selbst als Beispiel für einen Sünder nenne, mildere ich den Schlag ein wenig ab, wenn ich das Thema Sünde aufbringe.

Im nächsten Schritt sollen unsere Gesprächspartner herausfinden, dass wir Hilfe von außen benötigen (Römer 7,19; Matthäus 5,48). Wenn wir weder Gottes Standard noch unserem eigenen entsprechen können, müssen wir uns Hilfe von außen suchen. Leider bezeichnen sich heutzutage viele Menschen als Christen, aber durch genaueres Nachfragen stellen Sie fest, dass sie immer noch glauben, ihre guten Werke würden ihre bösen überwiegen und sie in den Himmel bringen. Manche sind vielleicht sogar seit Jahren treue Kirchgänger, dennoch haben sie das Evangelium nie wirklich verstanden. Oder wenn sie es verstanden haben, haben sie es nie angenommen. Wir müssen unsere Freunde also daran erinnern, dass sie noch so viel Gutes tun können, am Ende macht es keinen Unterschied.

Lassen Sie mich das illustrieren. Angenommen, Sie haben Ihren Ehepartner oder einen anderen Ihnen wichtigen Menschen zutiefst verletzt. Wie können Sie das wiedergutmachen? Würden Sie für die Familie Ihres Ehepartners etwas Gutes, Aufopferndes tun, damit Sie sich wieder mit Ihrem Partner versöhnen? Natürlich nicht. Warum denken wir also, wir könnten Versöhnung mit Gott erwirken, indem wir anderen Menschen Gutes tun? Und wenn Vergebung oder Gnade ohne Gerechtigkeit schon menschlichen Standards nicht entsprechen können, wie sollte es dann im Hinblick auf Gottes Standards in Ordnung sein? Die meisten von uns, die an Gott glauben, sind sich darin einig, dass Gottes Standards höher sind als menschliche Standards.

Wenn unsere Sünden also verurteilt werden müssen und wir selbst nicht in der Lage sind, an dieser Situation etwas zu ändern, was bleibt uns da? Wir müssen uns an eine Quelle außerhalb unserer selbst wenden. Damit sind wir bei Jesus angelangt. Wie können fragen: „Wusstest du, dass Jesus der einzige Mensch in der Geschichte ist, der von sich behauptete, er könne Sünden vergeben, und der selbst ein sündenfreies Leben führte? Selbst im Koran heißt es, dass Jesus ohne Sünde war (Sure 3,45-46; 19,19-21). Dagegen lehrt der Koran, dass Mohammed aufgefordert wurde, um Vergebung zu bitten (Sure 40,55; 48,1-2).

Der andere große Religionsstifter, Buddha, war auch ein unvollkommener Mensch, da er angeblich viele Male wiedergeboren werden musste, ein Zeichen, dass sein Leben nicht perfekt war. Im besten Fall wies Buddha den Weg und erreichte einen gewissen Grad der Reinheit, aber er war nicht die Reinheit in Person.

Folgende Analogie hilft Ihnen beim Verständnis, warum wir Jesus als Hilfe von außen brauchen, um unser Dilemma zu lösen: Wenn Sie und ich einen schmutzigen Tisch abwischen, müssen wir einen sauberen Lappen verwenden, keinen schmutzigen. Genauso kann nur jemand vollkommen Sauberes unsere Sünden abwaschen.[66]

Wenn Sie und Ihr nicht-gläubiger Freund sich darin einig sind, dass wir Gottes Standard für Vollkommenheit nicht entsprechen können – und es wahr ist, dass uns niemand außer Jesus Christus aus dieser schlimmen Lage heraushelfen kann, da er der einzige sündenfreie Mensch ist, der je gelebt hat – dann sollten wir darüber nachdenken, was Jesus so einzigartig macht, dass wir ihn als Gott anbeten und unser Leben in seinen Dienst stellen. Da Sie schon einige Planken in Ihre Brücke eingefügt haben, ist Ihr Gegenüber nun möglicherweise offen genug, dass Sie ihm von Jesus und seiner Einzigartigkeit erzählen können.[67]

Was ist hilfreicher: eine Herzens- oder eine Kopfbrücke?

Wenn wir zusammen mit anderen Menschen eine Brücke bauen, müssen wir uns bewusst machen, dass sie in eine von zwei Kategorien fällt: Sie ist entweder eine *Kopfbrücke* oder eine *Herzensbrücke*. Beide sind im Umgang mit postmodernen Menschen wichtig. Eine *Herzensbrücke* hilft Menschen dabei, zu verstehen, dass Jesus die tiefsten Sehnsüchte ihres Herzens stillen und ihre Hoffnungen erfüllen kann. Nur in einer persönlichen Beziehung mit Gott finden wir den wahren Sinn unseres Lebens. Der christliche Apologet Ravi Zacharias sagt: „Jesus stellte ohne Zweifel fest, dass Gott der Urheber allen Lebens ist, und dass der Sinn des Lebens darin besteht, ihn zu kennen."[68] Eine *Kopfbrücke* besteht aus Informationen und Beweisen für einen theistischen Gott, die Auferstehung Jesu oder die Zuverlässigkeit der Bibel.

Unabhängig von der speziellen Situation brauchen wir die Leitung und Weisheit (Jakobus 1,5) des Heiligen Geistes, um zu entscheiden, welchen Ansatz wir zuerst wählen. Vielleicht müssen wir zuerst eine Kopfbrücke bauen, vor allem, wenn uns unsere nicht-gläubigen Freunde eine intellektuelle Frage über unseren Glauben stellen. So fragte mich zum Beispiel einmal ein chinesischer Student in den USA: „Warum ist es vernünftiger, zu glauben, dass Gott etwas aus dem Nichts geschaffen hat, als dass dieses Nichts etwas geschaffen hat?" Im Leben der Christen um ihn herum sah er etwas, das ihn mehr über ihren Glauben erfahren lassen wollte, aber das war in diesem Moment nicht sein Hauptanliegen. Ich beantwortete seine Frage, und ein paar Monate später erfuhr ich, dass er Christ geworden war. Ich bin mir sicher, dass Gott mithilfe dieser *Kopfbrücke* ein intellektuelles Hindernis aus dem Weg räumte und ihm somit dabei half, dem Kreuz weitere Schritte näherzukommen.

Doch in anderen Situationen sollten wir uns zunächst auf den Bau einer *Herzensbrücke* konzentrieren. In unserer postmodernen Gesellschaft ist es den meisten Menschen nicht wichtig, wie viel wir wissen, wenn sie nicht wissen, wie wichtig sie uns sind, und bis sie Jesus in unserem Leben erkennen und uns vertrauen.

Herzensbrücken bauen. Meist es wichtig, zuerst eine Herzensbrücke zu bauen, vor allem, weil sich so viele Menschen heutzutage nicht mehr auf Verstand und Vernunft verlassen, um die Wahrheit herauszufinden. Allzu oft verhindern ihre eigenen moralischen Entscheidungen, dass sie überhaupt korrekt denken *wollen*. Daher bedarf es oft erst des Heiligen Geistes, der ihr Herz mit Gottes Wahrheit trifft. Wir müssen den Menschen zuallererst klarmachen, welchen Unterschied Jesus im Leben von Menschen macht. Dabei hilft es, alle Eigenschaften Jesu zu beschreiben, die ihn für einen postmodernen Menschen so anziehend machen.

Eines Tages fragte ich einen christlichen Collegemitarbeiter mit hinduistischem Hintergrund, wie er zum Glauben an Jesus gekommen war. Er sagte, dass die Herzensbrücke, die ihn am meisten beeinflusst hatte, die Worte Jesu am Kreuz waren: „Vater, vergib ihnen! Denn sie wissen nicht, was sie tun" (Lukas

23,34). In einem Zeitalter, in dem erzwungener Gehorsam mit Fundamentalismus gleichgesetzt wird, ist das eine wichtige Herzensbrücke, um suchende Freunde daran zu erinnern, dass Jesus uns nicht lehrte, unsere Feinde zu hassen, sondern sie zu lieben und für die zu beten, die uns verfolgen (Matthäus 5,44). Diese erfrischende Wahrheit über den christlichen Glauben kann eine wichtige Herzensbrücke auf dem Weg unserer Freunde zum Kreuz darstellen.

Nur das Christentum bietet solche Herzensbrücken, die die Herzen der meisten Menschen erreichen. Das wurde mir erneut klar, als ich während einer religiösen Podiumsdiskussion das Evangelium präsentieren durfte. Während der Diskussion stellte jemand die Frage: „Wie kriegt man die Menschen dazu, einander nicht mehr zu hassen?" Kein Repräsentant einer anderen Religion versuchte sich auch nur an einer Antwort. Nach einer Weile der Stille sprach ich über diese zentrale Wahrheit der Bibel: dass der vom Tod auferstandene Jesus auch mir als Christ zur Verfügung steht und mich befähigt, das zu sein, wozu er mich berufen hat (Römer 8,11). Nur Gott kann das menschliche Herz im tiefsten Inneren verändern und aus Hass Liebe werden lassen.

Wenn ich mich mit skeptischen Studenten unterhalte, frage ich sie manchmal, welches das größte aktuelle Problem der Menschheit sei.[69] Durch diese Fragen möchte ich sie zu der Erkenntnis bringen, dass viele von ihnen, egal, welches Problem ihnen als das größte erscheint, das allergrößte Problem übersehen – das Problem des Bösen im menschlichen Herzen. Jesus ist der Einzige, der eine Lösung für dieses Problem hat, und daher gibt es ohne das Christentum keine Hoffnung für unsere Welt. Im Umkehrschluss heißt das: Da das Christentum wahr ist, gibt es Hoffnung für die Menschheit.

Eine eindrucksvolle Herzensbrücke kann auch entstehen, wenn wir schildern, wie Gott unser Leben heute schon verändert, und nicht nur wie unser Schicksal in der Ewigkeit aussieht (er hat uns einen Platz im Himmel reserviert). Eine Herzensbrücke, die ich selbst immer gerne errichte, ist das Wunder meines Sohnes Jonathan. Kurz nach seiner Geburt wurde bei ihm eine seltene Immunschwäche festgestellt, für die es bislang kein

Heilmittel gibt. Infolgedessen hätte er noch vor seinem ersten Geburtstag sterben müssen. Doch dann trafen wir uns zu einer speziellen Zusammenkunft in einer örtlichen Gemeinde, bei der mehrere Leute für ihn beteten. Am Tag danach war das Fieber weg und ist nie wieder zurückgekommen! Zwei Jahre später erklärte ihn der Arzt, der zunächst seine tödliche Krankheit diagnostiziert hatte, für vollkommen gesund. Wir dienen einem Gott, der nach wie vor Wunder in unserem Leben wirkt, nicht nur uns zum Segen, sondern auch damit andere Menschen zu Jesus finden. Ich kann nicht genug betonen, welche Auswirkungen diese Geschichte auf andere hat, wenn ich sie als *Herzensbrücke* einsetze.

Kopfbrücken bauen. Auch wenn Herzensbrücken oft der erste Schritt sind, um vom postmodernen Denken beeinflusste Menschen zu erreichen, können und sollen sie nicht der einzige Ansatz sein. Heutzutage meinen viele Menschen, keinen Erlöser nötig zu haben, weil sie keine Sünden hätten, die vergeben werden müssten. Doch auch wenn sie kein Bedürfnis nach Jesus verspüren, heißt das nicht, dass es dieses Bedürfnis nicht gibt. Wir müssen das Alleinstellungsmerkmal Jesu unter allen religiösen Anführern deutlich machen und Nichtgläubige herausfordern, ihre pluralistischen Sichtweisen zu überdenken.

Um diese wichtigen *Kopfbrücken* zu bauen, brauchen wir „Planken aus allgemeinen Erkenntnissen", über die wir bereits sprachen. Eine der wichtigsten Kopfbrücken ist die Einsicht, dass jedem Glauben ein Gegenstand zugrunde liegen muss, damit er einen Sinn hat. Leider begreifen selbst manche Christen nicht, *dass es nicht ausreicht, irgendetwas zu glauben, es kommt vielmehr auf den Gegenstand unseres Glaubens an.*[70] Der Buddhismus bliebe auch ohne Buddha Buddhismus, und der Islam behielte auch ohne Mohammed seine grundlegenden Lehren, aber das Christentum ohne Christus wäre kein Christentum mehr. Genauer gesagt: Ohne die Auferstehung wäre das Christentum kein Christentum mehr. Die Auferstehung ist die Grundlage des christlichen Glaubens (1. Korinther 15,12-20).

Planken aus allgemeinen Erkenntnissen bauen
Nachfolgend lesen Sie Beispiele für Planken, aus denen wir sowohl Kopf- als auch Herzensbrücken für Skeptiker, Pluralisten oder Vertreter der Postmoderne errichten können:

- „Es ist wichtig, was du glaubst, denn was du glaubst, beeinflusst, wie du lebst."
- „Nicht alle religiösen Überzeugungen können wahr sein."
- „Ein sinnvoller Glaube braucht einen Gegenstand/ein Objekt."
- „Die Ansprüche Jesu sind einzigartig verglichen mit denen anderer religiöser Anführer (Johannes 10,30; 14,6; Apostelgeschichte 4,12; 1. Timotheus 2,5).
- „Kein anderer religiöser Anführer kann seine Ansprüche mit wirklichen Beweisen belegen, das kann nur Jesus."
- „Ohne Gott finden manche Menschen nur schwer einen Sinn im Leben."

Zu jedem dieser Punkte können Sie Ihren nicht-gläubigen Freunden Fragen stellen, durch die sie sich der Wahrheit dieser Planken bewusst werden. Somit finden sie die Wahrheit für sich selbst heraus und müssen sich nicht von Ihnen sagen lassen, was sie glauben sollen.

Der durchschnittliche Student wird nicht gerne zugeben, dass „wenn nicht alle mit ihren religiösen Überzeugungen recht haben, jemand auch falsch liegen muss". Doch wenn man ihnen eine einfache Tabelle mit verschiedenen Weltanschauungen zeigt, wird vielen klar, dass irgendjemand tatsächlich unrecht haben muss. Das führt uns unausweichlich zu der Frage: „Wie entscheidest du, wer recht hat und wer nicht?" In vielen Fällen ergibt sich daraus eine Möglichkeit, von Jesus zu erzählen, und vielleicht sogar das ganze Evangelium zu präsentieren.

Eine weitere hilfreiche Planke in unserer Brücke besteht aus der Tatsache, dass kein anderer religiöser Anführer seine

Ansprüche mit wirklichen Beweisen belegen kann, sondern nur Jesus. So lautet zum Beispiel eine hilfreiche Frage, die wir unseren pluralistisch gesinnten Freunden stellen können: „Sind dir die gravierenden Unterschiede zwischen dem Christentum und allen anderen großen Religionen bewusst?" Wir können darauf hinweisen, dass Buddha behauptete, den Menschen den Weg zu weisen, dass Mohammed behauptete, ein Prophet Gottes zu sein, aber dass Jesus der einzige religiöse Anführer ist, der jemals beanspruchte, Gott zu sein, der ein sündloses Leben führte, der hunderte Prophezeiungen erfüllte, die Jahrhunderte vor seiner Geburt niedergeschrieben worden waren und der schließlich am Kreuz starb und von den Toten auferstand. Dadurch beginnen sie vielleicht zu begreifen, wie einzigartig Jesus tatsächlich ist.

Leider geht die Tendenz heute dazu, diese Ansprüche und Beweise für den christlichen Glauben kleinzureden und auf eine Stufe mit den Ansprüchen anderer Religionen zu stellen. Man sagt heutzutage gerne, das Christentum mit anderen Religionen zu vergleichen sei wie Äpfel mit Äpfeln zu vergleichen. Das wurde mir einmal mehr klar, als ich mich im Flugzeug mit meinem Sitznachbarn unterhielt. Dieser Mann war in einer Gemeinde groß geworden, doch er sagte: „Niemand hat mir je Beweise für den christlichen Glauben geliefert." Also erzählte ich ihm ein wenig von den Beweisen für die Auferstehung Jesu Christi. Er unterbrach mich lautstark: „Aber was ist mit Buddha oder Mohammed?" Ich bezweifle, dass er diese Frage stellte, weil er Buddha oder Mohammed tatsächlich für Jesus ebenbürtig hielt. Vielmehr fühlte er sich vermutlich durch den Heiligen Geist überführt und versuchte, gleiche Rahmenbedingungen zu schaffen, damit das Christentum nicht besser dastand als andere Religionen.

Unsere Aufgabe als Brückenbauer für unsere nicht-gläubigen Freunde besteht darin, ihnen zu der Erkenntnis zu verhelfen, dass Jesus wirklich einmalig ist.

Wenn wir erfolgreich Vor-Evangelisation betreiben wollen, müssen wir darauf achten, für bestimmte Arten von Menschen bestimmte Brücken zu bauen. So ist zum Beispiel die „Kamelmethode"[71] sehr hilfreich, um Brücken zu Muslimen zu errichten, weil wir „den Koran nutzen, um Jesus im Denken eines Moslems aus dem Status den Propheten herauszuheben und ihn als Erlöser zu präsentieren."[72]

Bei Anhängern des darwinistischen Materialismus können wir folgende zwei aus der Naturwissenschaft und Philosophie abgeleitete Schritte anwenden:

- Aus den Prinzipien von Ursache und Wirkung sowie aus der sorgfältig geplanten Schöpfung können wir den philosophischen Rückschluss auf ein intelligentes Wesen ziehen.
- Astronomische Beweise legen nahe, dass das Universum einen Anfang gehabt haben muss.
- Auch wenn man die Abläufe im Universum durch rein naturalistische Ursachen und Prozesse erklären kann, bleibt immer noch das Problem bestehen, dass es einen Anfang gehabt haben muss.
- Mit der Evolution kann man zwar die ersten Lebensformen erklären, aber nicht das erste Leben an sich.
- Das Leben ist viel komplexer, als Darwin sich je hätte träumen lassen, sodass es gar keinen rein naturalistischen Ursprung haben kann.

Wenn wir diese Planken in unsere Brücke einfügen, verhelfen wir unseren Freunden zu der Erkenntnis, dass selbst der Glaube an die Evolution den Glauben an Gott nicht überflüssig macht. Es wird jedoch deutlich, dass es eines intelligenten Schöpfers bedarf, um den *Ursprung* des Lebens zu erklären, selbst wenn natürliche Prozesse in der Evolution neue Lebensformen hervorbringen könnten, auch ohne das Eingreifen eines intelligenten Wesens.

Bei jedem Zusammentreffen mit Nichtgläubigen müssen wir die stabilsten Planken heraussuchen, um sie dazu zu ermutigen, auf ihnen einen Schritt auf Jesus zuzugehen. Deswegen ist es so wichtig, mehrere Methoden (und nicht nur ein paar einzelne Planken) zur Verfügung zu haben, wie wir Jesus einer ungläubigen Welt am besten präsentieren. Darum geht es im nächsten Schritt.

Auswendiglernen von apologetischen Stichpunkten
Der vierte Schritt beim Bau einer Brücke zum Evangelium besteht darin, die einzelnen unten aufgeführten apologetischen Stichpunkte auswendig zu lernen. Diese zwölf Punkte können dazu dienen, den christlichen Glauben verständlich und umfassend darzustellen. In einem anderen unserer Bücher gehen wir detaillierter auf die speziellen Argumente ein, die mit diesen zwölf Punkten einhergehen.[73] Apologetik bezeichnet die systematische und rationale Verteidigung des christlichen Glaubens. Mit *systematisch* meinen wir eine schrittweise und logische Darlegung. Wenn Sie eine solche Gliederung auswendig gelernt haben, wissen Sie, mit welchem Punkt Sie am besten anfangen, wenn Sie anderen Leuten vom Evangelium erzählen. Wenn sie nicht an die Wahrheit glauben, dann müssen Sie bei Punkt 1 ansetzen. Wenn sie glauben, dass alle Sichtweisen wahr sind, dann beginnen Sie mit Punkt 2. Wenn sie an die Wahrheit glauben, aber nicht an Gott, dann gehen Sie von Punkt 3 aus usw.

Wenn Sie mit dieser Methode vertraut sind, fällt es Ihnen leichter, herauszufinden, wo Ihr Zuhörer gerade steht und auf welche Themen Sie sich zuerst konzentrieren sollten. Ein ehemaliger Student sagte:

> Mein größtes Problem in der Vor-Evangelisation lag darin, die einzelnen Fragen oder Argumente so miteinander zu verknüpfen, dass mein Gesprächspartner zu einer Schlussfolgerung gelangen konnte. Ich war in den Gesprächen oft etwas konfus. Ich muss mich mehr darauf konzentrieren, die logische Abfolge der Argumente zu verstehen und auswendig zu kennen, damit auch mein Gegenüber sie erkennt und versteht.

Wenn Sie diese zwölf Punkte verinnerlicht haben, haben Sie ein nützliches Werkzeug an der Hand, um effektiv *Kopfbrücken* zum Evangelium schlagen zu können. Diese logisch aufgebaute, aus zwölf Punkten bestehende Argumentation für den christlichen Glauben lautet:

1. Wir können die Wahrheit über die Realität kennen.
2. Das Gegenteil von wahr ist falsch.
3. Es ist wahr, dass es einen theistischen Gott gibt.
4. Wenn es Gott gibt, dann sind Wunder möglich.
5. Wunder können dazu dienen, eine Botschaft von Gott zu bekräftigen.
6. Das Neue Testament ist historisch zuverlässig.
7. Das Neue Testament berichtet vom Anspruch Jesu, Gott zu sein.
8. Dieser Anspruch Jesu, Gott zu sein, wird durch Wunder untermauert:
   a. Er erfüllte eine Vielzahl von Prophezeiungen über sich selbst.
   b. Er führte ein sündloses und von Wundern gekennzeichnetes Leben.
   c. Er sagte seine Wiederauferstehung voraus und stand tatsächlich von den Toten auf.
9. Daher ist Jesus Gott.
10. Alles, was Jesus, der Gott ist, lehrt, ist wahr.
11. Jesus lehrte, dass die Bibel das Wort Gottes ist.
12. Daher ist es wahr, dass die Bibel das Wort Gottes ist, und alles, was ihr widerspricht, ist falsch.

Verlieren Sie das Ziel nicht aus den Augen
Fünftens dürfen wir uns nicht so in der Vor-Evangelisation verlieren, dass wir das Ziel aus den Augen verlieren, das darin besteht,

Hindernisse aus dem Weg zu räumen, damit Menschen Jesus jeden Tag einen Schritt näherkommen (1. Korinther 3,6). Unser Ziel sind Gelegenheiten, bei denen wir von der Vor-Evangelisation zur direkten Evangelisation übergehen können. Wenn wir uns nur mit Fragen der Vor-Evangelisation befassen und nie dazu kommen, über das eigentliche Evangelium zu reden, erfüllen wir nicht den Auftrag Gottes, Salz und Licht zu sein (Matthäus 5,13-16).

Es kommt leider in der Tat vor, dass wir das vergessen und uns in Argumentationen verzetteln. Ist das der Fall, untergraben wir möglicherweise das wichtige Werk des Heiligen Geistes im Herzen eines bestimmten Menschen. Wir gewinnen zwar vielleicht eine Schlacht, verlieren aber aufgrund unseres Auftretens den Krieg an sich. Wenn es uns das Wichtigste ist, allen zu beweisen, dass wir recht haben, dann sind wir in die Falle getappt!

In anderen Situationen sehen wir womöglich das große Ganze nicht mehr und unternlassen den ersten Schritt, um in unseren täglichen Gesprächen Brücken zum Kreuz zu bauen. Wer zwar die Wichtigkeit der Vor-Evangelisation begreift, und doch nie wirklich evangelisiert, versteht vielleicht nicht, was es heißt, wenn Jesus der Herr in unserem Leben ist. Anders als der Apostel Paulus erkennt derjenige unsere Verpflichtung nicht, anderen Menschen auf ihrem Weg zum Kreuz zu helfen (1. Korinther 9,16-17). Er lässt sich so von seinem Alltag vereinnahmen, dass er die Königreich-Gottes-Mentalität verliert. Darum muss einem Training in Vor-Evangelisation immer ein Jüngerschaftstraining folgen.[74]

Wenn wir unser Ziel im Auge und eine Königreich-Gottes-Mentalität behalten, liegt uns weniger daran, die Nichtgläubigen redensartlich in die Knie zu zwingen, damit sie uns recht geben; sie sollen vielmehr die Wahrheit über Jesus erkennen, sodass sie vor ihm auf die Knie fallen und zu ihm rufen: „Abba, Vater" (Römer 8,15).

Der Übergang von der Vor-Evangelisation zur direkten Evangelisation

Sechstens sollten wir aktiv nach Gelegenheiten suchen, um von der Vor-Evangelisation zur direkten Evangelisation überzugehen und das Evangelium zu verkünden. Natürlich können wir das Modell der Vor-Evangelisation in jede unserer Methoden einbinden, um die gute Nachricht zu verkünden. Während des Übergangs von Vor- zu direkter Evangelisation ist manchmal die Frage hilfreich: „Hat dir schon einmal jemand den Unterschied zwischen dem christlichen Glauben und allen anderen Religionen erklärt? Ich kann diesen Unterschied einfach anhand von zwei Wörtern erläutern – *tun* vs. *getan*."[75] Dieser Ansatz ist sehr hilfreich, weil er Ihre Gesprächspartner wahrscheinlich neugierig macht. Vielleicht fragen sie sich, wie eine solche Erklärung mit nur zwei Worten möglich sein soll.

Alle Religionen dieser Welt, mit Ausnahme des Christentums, sagen, dass man etwas Bestimmtes tun muss, um in den Himmel (oder das jeweilige Äquivalent) zu kommen. Muslime sagen: „Deine guten Werke müssen die schlechten überwiegen." Hindus sagen: „Du musst das Karma und die Wiedergeburt überwinden, indem du gute Werke tust." Buddhisten sagen: „Du musst dich durch den achtfachen Pfad von allem Begehren freimachen." Alle Religionen der Welt lehren, dass man etwas tun muss.

Im Christentum dagegen geht es nicht darum, etwas zu tun, sondern um das, was bereits getan wurde. Die Bibel lehrt, dass wir nichts tun können, um uns die Beziehung zu Gott zu verdienen. Egal, wie gut ich bin oder was ich alles für Gott mache, es wird nie ausreichen, um mir das Recht einer Beziehung mit ihm zu erwerben (Epheser 2,8-9; Titus 3,5). Daher liegt der Fokus im Christentum nicht auf dem *Tun*, sondern auf dem, was bereits *getan* wurde. Jesus stellte das Opfer zur Sühnung meiner Sünde dar (Römer 5,8). Meine Verantwortung besteht darin, das anzunehmen, was Gott für mich *getan* hat, und Jesus in mein Leben einzulassen (Johannes 1,12), sodass er mein Innerstes verändern kann – nicht aus meiner eigenen Kraft, sondern aus seiner (Philipper 2,13; 4,13).

Wenn diese Analogie aus „*tun* vs. *getan*" Ihre nicht-gläubigen Freunde dazu bewegt, sich einem Gespräch über Jesus zu öffnen, können Sie ihnen das Evangelium genauer erklären, zum Beispiel anhand der Bibel oder eines Ihnen vertrauten Traktats. Somit geht die Vor-Evangelisation nahtlos und effektiv in direkte Evangelisation über und wird ein natürlicher Teil Ihres Zeugnisses.

Um eine Brücke zum Evangelium zu schlagen, sind diese *sechs Schritte* hilfreich:

- Bleiben Sie in Ihrem Ansatz ausgewogen.
- Suchen Sie nach einem gemeinsamen Nenner.
- Bauen Sie eine Brücke (sowohl eine Kopf- als auch eine Herzensbrücke).
- Lernen Sie die zwölf Stichpunkte auswendig.
- Behalten Sie das Ziel im Auge.
- Suchen Sie aktiv nach Gelegenheiten, um von der Vor-Evangelisation zur direkten Evangelisation überzugehen.

Mithilfe dieser sechs Schritte werden Ihre nicht-gläubigen Freunde im Laufe der Zeit wirkliche Fortschritte auf ihrem Weg zum Kreuz machen.

„Evangelisation im Dialog": kurz zusammengefasst

Evangelisation im Dialog bedeutet kurz gesagt, dass wir anderen Menschen aufmerksam zuhören, ihre persönlichen Geschichten erfahren und die Brüche in ihren Überzeugungen entdecken. Danach versuchen wir, ihnen anhand von gezielten Fragen dabei zu helfen, sich ihrer Überzeugungen *klarzuwerden* und die Brüche und *Schwachstellen* in ihren Sichtweisen *deutlich zu machen*. Schließlich befassen wir uns noch eingehender mit ihrer Geschichte und spüren die verborgenen Barrieren gegenüber Jesus auf und *bauen* eine Brücke zum Evangelium (1. Korinther 3,6).

Wir müssen in unseren Gesprächen zuallererst *zuhören*. Zu wissen, wie ich danach weiter vorgehe, ist mehr eine Kunst als eine Wissenschaft. Eventuell stellen wir *erhellende* Fragen über die wahrgenommenen Diskrepanzen oder wir beschäftigen uns eingehender mit ihrer persönlichen Geschichte, um herauszufinden, was sie an den aktuellen Punkt ihres Lebensweges geführt hat. Erst danach stellen wir weitere Fragen, damit sie die Wahrheit für sich selbst herausfinden. Jede Situation ist anders, und nicht jeder Ansatz funktioniert gleich gut. Wir müssen sensibel für Gottes Führung sein und ihn um Weisheit bitten (Jakobus 1,5).

Wichtig bei der Vor-Evangelisation ist außerdem, dass sie mindestens vier verschiedene Aspekte beinhalten sollte: Zuhören, Erhellen, Aufdecken und Bauen. Das entspricht vier Rollen, die wir im Leben unserer nicht-gläubigen Freunde spielen können: Musiker, Maler, Archäologe und Baumeister. Wenn wir diese Aspekte der Vor-Evangelisation in unser Evangelisationstraining einbinden, können wir ungleich effektiver darin werden, die Skeptiker, Pluralisten und Vertreter der Postmoderne unserer Zeit zu erreichen.

Möge Gott uns, wie den Männern Issaschars, dabei helfen, unsere heutige Zeit zu verstehen, und zu wissen, was wir tun sollen (1. Chronik 12,33).

Zum Nachdenken

1. Suchen Sie nach gemeinsamen Interessen (Hobbys, Interessen, Vereine), wenn Sie mehr Offenheit für ein Gespräch über geistliche Themen erreichen möchten.

2. Um die Schnittmenge zwischen Ihrem Glauben und dem Ihrer nicht-gläubigen Freunde ausfindig zu machen, müssen Sie zuerst verstehen, wer sie sind und was sie im tiefsten Inneren glauben. Es erfordert viel Engagement und Zeit Ihrerseits, sie wirklich kennenzulernen.

3. Auch wenn Sie und Ihre nicht-gläubigen Freunde und Bekannte in vielen Punkten unterschiedlicher Meinungen sind, bemühen Sie sich stets darum, die Aspekte hervorzuheben, in denen Sie miteinander übereinstimmen. Bauen Sie Ihre Argumentation für Jesus nach und nach über einen längeren Zeitraum auf.

4. In diesem pluralistischen Zeitalter ist es unglaublich wichtig, Ihren Freunden deutlich zu machen, wie sehr sich Jesus von allen anderen Menschen unterscheidet. Helfen Sie ihnen durch Ihre Worte bei der Erkenntnis, dass er wirklich einzigartig ist. Lassen Sie sie auch durch Ihren Lebensstil wissen, dass dieselbe Kraft, die Jesus vom Tod auferweckte, auch seine Nachfolger zu einem veränderten Leben ermächtigt.

5. Widerstehen Sie der Versuchung, Ihre Sichtweise partout gegenüber Ihren nicht-gläubigen Freunden durchsetzen zu wollen, erst recht vor anderen Zuhörern. Verlieren Sie das eigentliche Ziel nicht aus den Augen, nämlich Barrieren aus dem Weg zu räumen, damit Ihre Freunde Jesus jeden Tag einen Schritt näherkommen. Versuchen Sie in Ihrem Ringen um menschliche Seelen nicht, eine einzelne Schlacht zu gewinnen, wenn Sie dabei den Krieg an sich verlieren!

6. Wenn Sie Brücken zu anderen Menschen bauen, stellen Sie Fragen, die Ihren nicht-gläubigen Freunden dabei helfen, die Wahrheit einer jeden einzelnen Planke anzuerkennen. Somit finden sie die Wahrheit für sich selbst heraus und müssen sich nicht von Ihnen sagen lassen, was sie glauben sollen.

7. Denken Sie daran, dass heutzutage unser effektives Zeugnisgeben in der Regel nicht an der falschen Methode scheitert, sondern an mangelnder geistlicher Reife. Wenn uns Gott wirklich wichtig ist und wir der Welt von seinem Willen berichten wollen, entwickeln wir eine Königreich-Gottes-Mentalität, die jeden Tag das Beste aus jedem Gespräch herausholt, das wir mit unseren Mitmenschen führen.

Praktische Anwendung

1. Bitten Sie den Herrn um Hilfe, diese grundlegenden Wahrheiten noch mehr zu verinnerlichen, während Sie aufmerksam in der Bibel lesen (2. Timotheus 3,16-17). Um noch besser

für die Fragen Ihrer Mitmenschen ausgerüstet zu sein, empfiehlt sich auch die Lektüre anderer apologetischer Texte. Notieren Sie sich die zwölf in diesem Kapitel vorgestellten apologetischen Stichpunkte. Schreiben Sie unter jeden Stichpunkt in eigenen Worten das, was besonders betont werden muss.

2. Bitten Sie Ihren Ehepartner oder einen Freund/eine Freundin, Ihnen zuzuhören, wenn Sie den christlichen Glauben anhand dieser Stichpunkte erklären. Bitten Sie um konstruktive Rückmeldung zu dem, was Sie gesagt haben und was Sie noch hätten sagen sollen.

3. Erinnern Sie sich an Gespräche mit den Menschen auf Ihrer „Top 3"-Liste. Überlegen Sie, auf welche Weise Sie mit jedem Einzelnen am ehesten einen gemeinsamen Nenner finden können (das ist von Mensch zu Mensch verschieden). Sobald Sie eine Schnittmenge zwischen Ihrem Glauben und dem Ihrer Freunde ausgemacht haben, notieren Sie Ihre Beobachtungen (siehe Schritt 4 in Anhang 1).

4. Legen Sie fest, mit welchen Planken Sie die Brücke zwischen Ihren „Top 3"-Freunden und dem Evangelium bauen möchten. Überlegen Sie dabei, welche Planken sie am ehesten akzeptieren werden und welche Planken darauf folgen können, damit sie Jesus einen Schritt näherkommen. Notieren Sie Ihre Ideen unter Schritt 4 in „Gesprächsstrategien der Vor-Evangelisation" in Anhang 1.

5. Entscheiden Sie, welche Art von Brücke *(Herz-* oder *Kopfbrücke)* für die Menschen auf Ihrer „Top 3"-Liste am effektivsten ist. Halten Sie Ihre Ideen in den entsprechenden freien Stellen unter Schritt 4 in „Strategien in der Vor-Evangelisation" fest.

6. Nachdem Sie alle Ihre Beobachtungen aufgeschrieben haben, lesen Sie sich Ihre Notizen sowie die unter „Gesprächstraining der Vor-Evangelisation" in Anhang 2 genannten

Punkte erneut durch. Überlegen Sie und beten Sie dafür, welche Strategie am effektivsten ist, um die Menschen auf Ihrer „Top 3"-Liste zu erreichen. Nehmen Sie sich Zeit für diese Gedanken. Hetzen Sie sich nicht. Notieren Sie schließlich Ihre Gedanken unter Schritt 4 der „Strategien in der Vor-Evangelisation".

7. Untersuchen Sie immer wieder ernsthaft, wie tief Ihre Beziehung zu Jesus ist. Nicht nur, dass wir wir als Christen dazu aufgefordert sind, sondern eine intensive Beziehung mit Jesus wirkt sich auch nachhaltig auf unser Zeugnis aus.

8. Bitten Sie den Herrn um Führung, dass Sie Gespräche mit Nichtgläubigen anfangen können (nicht zwangsläufig mit denen auf Ihrer „Top 3"-Liste). Gehen Sie genauso vor wie mit den Leuten auf Ihrer Liste. Dann seien Sie bereit, dorthin zu gehen, wohin der Herr Sie führt, und das zu sagen, was er möchte!

KAPITEL 7

DIE KUNST, AUF EINWÄNDE EINZUGEHEN, UND DABEI FORTSCHRITTE ZU MACHEN

Student: Wissen Sie, ich will ehrlich zu Ihnen sein. Ich weiß, dass alles, was Sie mir über Jesus erzählt haben, wahr ist. Aber es gibt in meinem Leben einige Dinge, die ich einfach nicht aufgeben will!

David: Ich weiß Ihre Ehrlichkeit sehr zu schätzen. Viele Studenten, mit denen ich mich unterhalte, wollen leider nicht so ehrlich zugeben, was sie davon abhält, Jesus aufzunehmen. Ihre Ehrlichkeit ist dagegen wirklich erfrischend.

Student: Na ja, mich macht es immer ziemlich wütend, wenn mich jemand übers Ohr hauen will.

David: Ich möchte Ihnen einen Gedanken mit auf den Weg geben. Wissen Sie, Gott erwartet von uns nicht, dass wir unser Leben zuerst in Ordnung bringen, bevor wir uns dazu entschließen, Jesus nachzufolgen. Wir müssen zuerst erkennen, dass wir in der falschen Richtung unterwegs sind, und Gott darum bitten, in uns den Wunsch nach Umkehr zu wecken. Dann müssen wir ihn um Kraft bitten, das zu tun, was wir aus eigener Kraft nie tun könnten.

Bei allem, was Ihnen und mir in diesem Leben so unglaublich wichtig erscheint, werden wir eines Tages erkennen, wie unwichtig diese Dinge im Vergleich zu dem sind, was uns im nächsten Leben erwartet.

Es reicht nicht aus, Nichtgläubigen nur ihre Fragen zu beantworten
Wenn wir die Fragen von Nichtgläubigen beantworten, dürfen wir eines nie vergessen: Im christlichen Glauben geht es in erster Linie um Jesus Christus. Wer wirklich Christ werden will, muss ihn annehmen. Alle anderen Aspekte des Christentums beruhen auf dieser Grundlage (1. Korinther 3,10-11; Epheser 2,20). Wenn wir Fragen zum christlichen Glauben beantworten, haben wir die Gelegenheit, von Jesus Christus zu erzählen. Egal, ob wir unseren Glauben einem Skeptiker gegenüber verteidigen oder ernsthafte Fragen zu christlichen Inhalten beantworten, unser Ziel ist es, den Nichtgläubigen mit unseren auf Jesus hinweisenden Worten dabei zu helfen, ihm einen Schritt näherzukommen.

Das Entscheidende ist also, dass wir lernen müssen, wie wir fundierte Antworten auf häufig von Nichtgläubigen gestellte Fragen geben können, und unsere Freunde dabei gleichzeitig ermutigen, ihre Hürden zu überwinden und Jesus einen Schritt näherzukommen. Doch wir helfen ihnen auf ihrem geistlichen Weg nicht weiter, wenn wir lediglich ihre Fragen beantworten, ohne auf die *hinter* den Fragen liegenden Probleme einzugehen. Das ist keine leichte Aufgabe.

Um welche Art Barriere handelt es sich?
Damit unser Ansatz möglichst viel Frucht bringt, ist es unter anderem wichtig, herauszufinden, was für eine Barriere zwischen einem Nichtgläubigen und Jesus steht. Dann können wir einen Weg finden, diese zu überwinden. Wir haben bereits über intellektuelle und emotionale Barrieren gesprochen sowie über Barrieren des Willens. Doch es gibt noch mindestens *zwei weitere Arten von Barrieren*, die zwischen Menschen und dem Evangelium stehen und die in keine dieser drei Kategorien fallen: Barrieren, die das *Verständnis vom christlichen Glauben* bzw. die *Annahme des christlichen Glaubens* behindern.

Barrieren, die das Verständnis vom christlichen Glauben behindern, entstehen unter anderem dadurch, dass jemand sein Leben auf eine bestimmte Weise führen will und deswegen die Wahrheit des christlichen Glaubens weder sehen noch annehmen will. Es handelt sich also um ein Problem des Willens. Auch schwerer emotionaler Ballast kann einen Menschen daran hindern, die Wahrheit zu erkennen. Und ihre falschen Vorstellungen vom Christentum tragen erst recht dazu bei, dass ihre intellektuellen Barrieren wachsen.

Auch Barrieren, die die Annahme des christlichen Glaubens behindern, können das Ergebnis anderer intellektueller und emotionaler Barrieren sein. Manche Menschen halten Gläubige zum Beispiel per se für einfältig und errichten deshalb intellektuelle Barrieren gegenüber jedweder religiösen Überzeugung. Doch oft haben diese Nichtgläubigen Entscheidungen bezüglich ihres Lebenswandels getroffen, die nun eine starke Barriere darstellen, weil sie das Christentum nicht annehmen *wollen*.

Obwohl bei den meisten Menschen beide Arten von Barrieren *(Verständnis* und *Annahme)* zu finden sind, habe ich (David) im Laufe vieler Jahre festgestellt, dass in Gesprächen über Jesus eine Barriere in der Regel besonders hervorsticht.

Ich habe Menschen getroffen, die sagen: „Ich weiß, dass das, was Sie mir über Jesus erzählen, wahr ist, aber ich will mein Leben auf meine eigene Weise leben." Diese Menschen wissen durchaus, was Christsein bedeutet – sie haben also weniger Probleme mit dem Verständnis des christlichen Glaubens (auch wenn wahrscheinlich ein paar Verständnis-Barrieren übrigbleiben). Ihr Problem ist vielmehr, dass sie das Christentum gar nicht annehmen *wollen*. Einige dieser Barrieren gegenüber der Annahme des christlichen Glaubens sind zum Beispiel:

- Ihr sündiges und selbstsüchtiges Wesen (Jeremia 17,9)
- Ihre Gleichgültigkeit gegenüber der Religion
- Ihr materialistisches Interesse
- Ihre negative Einstellung gegenüber dem Anspruch Jesu, der einzige Weg zu Gott zu sein
- Ihre pluralistische Denkart, die dazu führt, dass sie sich alle Optionen offenhalten wollen
- Scheinheiligkeit unter Christen

Dann gibt es jene, die durch ihre Worte zeigen, dass sie den christlichen Glauben nicht wirklich verstanden haben. Für sie ist er nur eine Religion aus Ver- und Geboten. Weil sie nicht begreifen, worum es im Christentum wirklich geht, verspüren sie keinerlei Wunsch, Christ zu werden. Um bei diesen Menschen echten Fortschritt zu erreichen, müssen wir erst mit ihren falschen Auffassungen vom christlichen Glauben aufräumen.

Beispiele für Hürden, die ihr Verständnis vom christlichen Glauben behindern, sind:

- Sie glauben, alle Religionen seien gleich.
- Sie verstehen das wahre Wesen der Sünde und ihre Konsequenzen nicht.
- Sie verstehen nicht, was Erlösung durch Gnade bedeutet (sie glauben lieber an Erlösung durch Werke).
- Sie können das Problem des Bösen nicht mit der Vorstellung eines liebenden Gottes in Einklang bringen.

Die Erfahrung lehrt uns, dass es wichtig ist, die hervorstechendste Barriere auszumachen und uns in unseren evangelistischen Gesprächen darauf zu konzentrieren. Wenn wir uns dieser scheinbaren Barriere zuwenden, dringen wir vielleicht auch zu den unter der Oberflächen verborgen liegenden Barrieren vor. Deshalb ist der nächste Schritt so wichtig.

Die vier Fragen hinter jeder Frage
Je effektiver wir die ganz normalen Barrieren identifizieren und falsche Auffassungen korrigieren, umso eher können wir anderen Menschen dabei helfen, Jesus einen Schritt näherzukommen. Um Missverständnisse aufzuklären und Brücken zum Evangelium zu schlagen, müssen wir mindestens *vier grundlegende Fragen* zu jeder Frage bzw. jedem Anliegen unserer nicht-gläubigen Freunde stellen und beantworten:

1. Welche Fragen (oder Anliegen) verbergen sich möglicherweise hinter den gestellten Fragen/geäußerten Anliegen, die wir ebenfalls ansprechen müssen?
2. Welche der verwendeten Begrifflichkeiten müssen wir definieren?
3. Welche Wahrheit in Bezug auf die geäußerte Frage/das Anliegen wollen wir ihnen begreiflich machen?
4. Mithilfe welcher Fragen und Erklärungen kann dies geschehen?

Wenn wir die Chance erhöhen wollen, in unserer postmodernen Gesellschaft gehört zu werden, ist es ungemein wichtig, Illustrationen und Geschichten zu verwenden. Der Evangelist Nick Pollard beschreibt zwei Charakteristika der Postmoderne, die wir im Hinterkopf behalten sollten: die Tendenzen, alles zu hinterfragen und unbedingte Wahrheit zugunsten von Geschichten aufzugeben.[76] Also sollten wir in unseren Gesprächen mit nicht-gläubigen Freunden auch Fragen, Geschichten und Illustrationen verwenden.

Eines Tages fragte mich ein Student mit hinduistischem Hintergrund: „Warum reichen meine guten Werke nicht aus, um in den Himmel zu kommen?", und: „Warum lässt Gott mich nicht einfach in den Himmel?" Doch die eigentliche dahinterstehende Frage war: „Ist es wirklich gerecht, wie Gott mit den Menschen umgeht?" Ich wollte ihm folgende theologische Wahrheit deutlich machen: Als menschliche Wesen neigen wir dazu, unsere eigene Rechtschaffenheit zu überschätzen und Gottes Heiligkeit zu unterschätzen. Doch um ihm das begreiflich zu machen, musste er diese Wahrheit für sich selbst entdecken, also stellte ich ihm Fragen und veranschauliche meine Argumentation mit Geschichten.

Er trank gerade ein Glas Wasser, also fragte ich ihn: „Wäre es für Sie okay, ein kleines bisschen Abwasser in Ihr Wasser zu schütten?"

Natürlich verneinte er das.

„Merken Sie also, was für eine große Auswirkung etwas scheinbar so Kleines haben kann? Ähnlich verhält es sich mit unseren Sünden: In unseren Augen wiegen sie vielleicht nicht schwer, aber in Gottes Augen haben sie eine gravierende Auswirkung auf unsere Beziehung mit ihm. Verstehen Sie also, warum unsere Sünden eine größere Barriere zwischen uns und Gott errichten, als wir meinen?"

Eine weitere hilfreiche Illustration für dieses Argument: „Stellen Sie sich eine junge Frau vor, die in einem wunderschönen weißen Hochzeitskleid aus einem Auto steigt.[77] Dann stellen Sie sich vor, wie ein zweites Auto anhält und ein komplett mit Öl verschmierter Mann aussteigt. Im Vorbeigehen beschmutzt er ihr ganzes Hochzeitskleid. Glauben Sie, ihr Kleid wäre für die Frau noch okay? Natürlich nicht, denn jede Frau wird einem bestätigen, dass ein Hochzeitskleid makellos rein zu sein hat. Wenn Sie und ich schon einen Standard für Richtig und Falsch haben, dem wir nicht entsprechen können, denken Sie dann nicht, dass Gottes Standard noch ein bisschen höher ist?"

An dieser Stelle erläutern wir noch nicht, wie dieser Standard Gottes aussieht (Matthäus 5,48; Jakobus 2,10), sondern wollen unseren Gesprächspartnern nur begreiflich machen, dass es einen solchen Standard gibt, um mit ihnen auf einen gemeinsamen Nenner zu kommen.

Beachten Sie die einzelnen Schritte, die wir anwandten, um die theologische Wahrheit darzustellen. Im ersten Schritt fragen Sie sich selbst, welche Art von Frage, Illustration oder Geschichte Ihnen dabei helfen könnte, das *allgemeine Prinzip* zu verdeutlichen. In der Geschichte mit dem Hochzeitskleid ist dieses allgemeine Prinzip: „Manche Dinge sind nicht okay." Im zweiten Schritt ziehen wir die Parallele zum biblischen Prinzip. In der Geschichte vom Hochzeitskleid sagen wir zum Beispiel: „Wenn Sie und ich einen Standard für Richtig und Falsch haben, dem wir nicht entsprechen können, denken Sie dann nicht, dass Gottes Standard noch ein bisschen höher ist?"

In der Geschichte vom Wasser und dem Abwasser lautet das allgemeine Prinzip: „Etwas Kleines kann trotzdem gravierende

Auswirkungen haben." Sobald Ihre Gesprächspartner das begriffen haben, können Sie zum biblischen Prinzip überleiten: „Genauso verhält es sich mit unseren Sünden ... Wir empfinden sie als klein, aber für Gott haben sie leider größere Auswirkungen." In unserer postmodernen Welt betrachten die Menschen die Wahrheit nur ungern im Licht der Bibel, sodass wir viel Überzeugungskraft aufbringen müssen, um ihnen zu zeigen, dass genau das sinnvoll ist. Das im Hinterkopf zu behalten hilft uns dabei, unser Ziel zu erreichen.

Mehr als nur Antworten geben
Wir müssen mehr tun, als einfach nur die Fragen von Nichtgläubigen zu beantworten, wenn wir im Leben unserer Freunde etwas bewegen wollen. Wir müssen ihnen fundierte Antworten liefern, die uns beim Bau der Brücke zum Kreuz dienlich sind. Einmal unterhielt ich mich mit einer älteren Dame, die mich fragte: „Ist es wahr, dass wir alle nach diesem Leben ins Gericht kommen?" Vielleicht war ihre dahintersteckende Sorge aber in Wirklichkeit: „Ist es wirklich gerecht, wenn Gott Menschen in die Hölle schickt?", oder: „Sollte Gott mich bestrafen, auch wenn ich mein Bestes versucht habe?"

Wenn wir die Fragen und die möglichen Fragen hinter den Fragen von Menschen beantworten, möchten wir ihnen Antworten liefern, die sie Jesus einen Schritt näherbringen. So könnte eine mögliche Antwort auf die Frage der Dame lauten: „Ja, es ist wahr: Keiner von uns entspricht Gottes Standard; nicht einmal unsere eigenen Standards von Richtig oder Falsch erfüllen wir. Also ist es *gerecht, wie Gott mit uns verfährt*" (das ist das allgemeine Prinzip). Um dann aber die Brücke zu unserem Gesprächspartner zu schlagen, sollten wir hinzufügen: „Aber die gute Nachricht ist, dass Gott eine Lösung für unser Problem geschaffen hat, indem er Jesus sandte ..."

Egal, mit welchen schwierigen Fragen oder Streitthemen Menschen zu uns kommen, wir sollten ihnen dabei behilflich sein, Jesus einen Schritt näherzukommen. Dabei behalten wir unser letztliches Ziel im Auge, nämlich Hindernisse auf dem Weg zum Kreuz aus dem Weg zu räumen (2. Korinther 10,5). Mit den vier Fragen und unserem Ziel im Hinterkopf wollen wir uns nun mit einigen typischen Fragen befassen und Vorschläge für mögliche Antworten geben.

Schlüsselfragen im Rahmen der Evangelisation im Dialog
Nichtgläubige unserer Generation haben bestimmte Schlüsselfragen oder Einwände. Ob diese nun real oder eingebildet sind, sie stellen eine Barriere zwischen den Menschen und Jesus dar. Wir brauchen Antworten, um diese Hindernisse auf dem Weg zum Evangelium niederzureißen, ohne dass sich die Nichtgläubigen dabei selbst niedergemacht fühlen. Nachfolgend sind einige häufig gestellte Fragen/Einwände aufgeführt.

1. Es ist egal, woran du glaubst, solange du ernsthaft dabei bist und niemandem wehtust.
Es gibt zahllose Beweise dafür, dass Menschen etwas ernsthaft tun und doch falsch liegen. Das passiert uns ständig, wenn wir im Straßenverkehr falsch abbiegen. Und es gilt auch für andere Lebensbereiche. Darüber hinaus kann es tödlich sein, ernsthaft falsch zu liegen. Wenn wir auf vermeintlich dickem Eis Schlittschuh laufen und einbrechen, ist das verheerend. Wenn wir ernsthaft glauben, ein blinkendes Licht an einem Bahnübergang sei fehlerhaft, und deswegen über die Schienen fahren, obwohl ein Zug kommt, kann das zum Tod führen.

Wir müssen die hinter dieser Aussage über Ernsthaftigkeit stehenden Fragen ansprechen. Etwas ohne oder trotz gegenteiliger Beweise ernsthaft zu glauben, ist in keinem Bereich des Lebens weise, erst recht nicht, wenn die Folgen ewigkeitswirksam sind. Wir müssen außerdem überlegen, welche Begrifflichkeiten abgeklärt werden sollten. So können wir zum Beispiel fragen:

- „Was meinst du mit ‚ernsthaft'? Garantiert Ernsthaftigkeit auch einen guten Ausgang?"
- „Wie definierst du ‚niemandem wehzutun'?"
- „Woher weißt du, dass dein Glauben einem anderen nicht auf irgendeine Weise Schaden zufügt?"

- „Ist es möglich, dass ein Mensch durch seinen Glauben Schaden nimmt, ohne sich dessen bewusst zu sein?"

Wir stellen diese Fragen, damit die anderen eine wichtige Wahrheit begreifen: Nicht unsere Ernsthaftigkeit, sondern der Gegenstand unseres Glaubens zählt.
Schließlich müssen wir betonen, dass Ernsthaftigkeit kein Garant für Wahrheit ist. Das könnten wir in etwa so veranschaulichen: „Ich bin mir sicher, dass die Attentäter vom 11. September auch ernsthaft in ihrem Glauben wahren, und doch lagen sie ernsthaft falsch." Um eine Brücke zu bauen, können wir nun fragen: „Wenn es doch wichtig ist, woran wir glauben (denn nicht alle Sichtweisen sind gleichermaßen richtig), wie entscheidest du persönlich, wer im Recht ist und wer nicht?" Mit dieser Frage können Sie eventuell eine größere geistliche Offenheit für ein weiteres Gespräch über Jesus bewirken.

2. Was ist am christlichen Glauben so besonders? Ich dachte immer, dass alle Religionen im Grunde dasselbe lehren.
Nichtgläubige sollen die wichtige Tatsache begreifen, dass nicht alle religiösen Anführer dieselben Aussagen machen und diese mit entsprechenden Beweisen untermauern können. Mit welchen Fragen oder Illustrationen können wir ihnen diese Wahrheit begreiflich machen?
Wir könnten zum Beispiel fragen: „Ist dir bewusst, dass nicht alle Religionen dasselbe lehren? Wir Christen glauben, dass wir allein durch Glauben allein an Jesus Christus gerettet werden. Muslime glauben, dass erlöst wird, wer an Allah und seinen Propheten Mohammed glaubt und gute Werke tut – aber die guten Werke müssen die schlechten überwiegen. Die meisten Hindus glauben, dass sie Erlösung erlangen, indem sie das Karma und die Wiedergeburt durch gute Werke überwinden. Buddhisten glauben, dass Erlösung ermöglicht wird, indem man sich durch den achtfachen Pfad von allem Begehren freimacht."
Um ihnen noch eindringlicher klarzumachen, dass nicht alle Religionen dasselbe lehren, fragen Sie weiter: „Stimmst du mir zu, dass Jesus entweder der verheißene Messias ist oder nicht?

Wenn er der verheißene Messias ist, dann sind die strenggläubigen Juden im Unrecht. Wenn er nicht der verheißene Messias ist, dann sind die Christen im Unrecht."

Das Fazit lautet: Nicht alle Religionen können wahr sein, da sie sich gegenseitig widersprechen.

Auch eine weitere Frage verdeutlich diese Tatsache: „Ist dir klar, dass ein Vergleich von Christentum mit den anderen Religionen nicht wie ein Vergleich von Äpfeln mit Äpfeln ist? Die Ansprüche Jesu und die Beweise für diese Ansprüche sind einzigartig im Vergleich zu allen anderen religiösen Anführern. Buddha behauptete, den Weg zu weisen; Mohammed behauptete, ein Prophet Gottes zu sein; aber Jesus ist der einzige religiöse Anführer, der je behauptet hat, selbst Gott zu sein, der Prophezeiungen erfüllte, ein sündloses Leben führte, am Kreuz starb und schließlich von den Toten auferstand."

Einmal unterhielt ich mich mit einer Chinesin und stellte fest, dass ihre Mutter Buddhistin war und ihre Schwester Christin. Sie wusste noch nicht so recht, wem sie glauben sollte. Also fragte ich sie: „Wenn Sie am Ende Ihres Leben angekommen wären und vor Jesus und anderen bedeutenden religiösen Anführer stünden, von denen jeder einen anderen Weg vorschlägt, wessen Rat würden Sie annehmen? Würden Sie nicht demjenigen vertrauen, der schon einmal vom Tod ins Leben zurückgekehrt ist und uns davon berichtet hat?" Mit dieser Frage gelang es mir, die Hürde in ihrem Glauben zu überwinden, dass das Christentum genauso gut, aber eben nicht besser als alle anderen Religionen sei.

Einige Wochen später fragte ich sie: „Wenn Sie sich unsicher sind, ob Sie Jesus oder einem anderen religiösen Anführer nachfolgen sollen, überlegen Sie doch einmal Folgendes: Wenn Sie Jesus nachfolgen, aber unrecht haben, haben Sie vielleicht in vielen späteren Leben die Möglichkeit, es richtig zu machen. Aber wenn Sie andere Wege versuchen und dabei nicht recht haben, haben Sie keine weitere Chance, es richtig zu machen (Hebräer 9,27). Ist es also nicht klüger, sich gleich für Jesus zu entscheiden?"

Mit dieser Frage baute ich an einer Brücke zum Evangelium.

3. Wie kannst du behaupten, es gebe nur einen Weg zu Gott? Ist das nicht arrogant und exklusiv?
Zuerst sollten wir uns erkundigen, *welches Anliegen* (welcher Glaube) hinter dieser Frage stecken könnte. Nichtgläubige meinen oft, Christen hätten die Wahrheit für sich gepachtet und würden sich deswegen anderen überlegen fühlen. Auch glauben sie, dass Christen anderen Religionen gegenüber nicht offen seien. Darauf gehen wir ein, indem wir folgenden Brücke bauen: „Ich bin mit dir einer Meinung, dass uns unser Glaube nicht überheblich machen sollte und wir uns nicht für besser als Angehörige anderer Religionen halten dürfen. Ich sehe das Christentum so, dass hier ein Bettler dem anderen Bettler erzählt, wo er Brot finden kann."

Anschließend sollten wir einige der verwendeten *Begriffe abklären.* So könnten wir beispielsweise fragen: „Was meinst du mit ‚exklusiv'?" Ravi Zacharias sagte einmal: „Was meint derjenige mit ‚Du muss für alles offen sein?' Meistens bedeutet das doch: ‚Du musst für alles offen sein, für das ich auch offen bin, und alles ablehnen, was ich auch ablehne.'"[78]

Als Nächstes *sprechen wir die Wahrheit an, die unsere Gesprächspartner verstehen sollen* (und in diesem Fall sind das mehrere). Zuerst: Manchmal gibt es tatsächlich nur einen richtigen Weg, und Exklusivität muss nicht unbedingt schlecht sein. Unser Gegenüber hat, wie seine Frage zeigt, noch nicht verstanden, dass unser Leben von Grund auf neu gemacht werden muss. Um diese Tatsache zu verdeutlichen, ist die Frage hilfreich: „Glaubst du, wir entsprechen unseren eigenen Standards von Richtig und Falsch?" Wenn jemand sich selbst gegenüber ehrlich ist, muss er zugeben, seinen eigenen Standards auch nicht zu entsprechen. Fragen Sie weiter: „Erkennst du, welches Problem sich daraus ergibt?"

Anschließend veranschaulichen wir, dass es in manchen Situationen eben nur einen einzigen richtigen Weg gibt: „Wie viele verschiedene Möglichkeiten gibt es, um eine zerbrochene Beziehung zum Ehepartner oder einem anderen nahestehenden Menschen wiederherzustellen, wenn wir etwas Böses gesagt oder getan haben?[79] Müssen wir nicht auf die eine oder andere

Art sagen, dass uns das, was wir Verletzendes gesagt oder getan haben, leid tut? Wenn das in menschlichen Beziehungen so ist, warum sollte es in unserer Beziehung mit Gott anders sein?"

Damit sie verstehen, dass Exklusivität nicht notwendigerweise schlecht ist, können wir fragen: „Wenn wir heiraten, gehen wir eine exklusive, intime Beziehung mit einem Menschen des anderen Geschlechts ein, die alle anderen Menschen ausschließt. Meinst du nicht auch, dass das für eine Ehe gut ist?" Exklusivität kann also sehr positiv sein, je nachdem, was wir warum in unser Leben hereinlassen und was wir warum daraus ausschließen.

Doch Christen werden nicht nur als arrogant und exklusiv bezeichnet, sondern auch als intolerant. Um mit diesem Irrglauben aufzuräumen, könnten wir folgende Fragen stellen:

- „Kann ein Christ nicht etwas ganz anderes glauben und dem Glauben anderer gegenüber trotzdem tolerant sein?"
- „Stimmst du mir zu, dass du mir gegenüber nicht intolerant bist, wenn du meine Meinung nicht teilst?"
- „Gibt es keinen Unterschied zwischen *Diskriminierung* und *unterschiedlicher Meinung?*
- „Richte ich jemanden, nur wenn ich seine Meinung für falsch halte?" (Diesen Punkt müssen wir unbedingt klären, da Toleranz in unserer postmodernen Gesellschaft solch einen hohen Stellenwert hat.)

4. Was ist mit denen, die noch nie vom Evangelium gehört haben?
Normalerweise ist diese Frage kein Einstieg zu einer tiefgehenden theologischen Diskussion, sondern vielmehr ein Vorwand, um die Wahrheit des Evangeliums zu umgehen. Sobald wir dem Fragesteller eine passende Antwort gegeben haben (siehe unten für verschiedene Möglichkeiten), ist es hilfreich, die Frage (nach dem Bumerang-Prinzip) herumzudrehen, damit der andere sich verantwortlich fühlt, etwas aus unserer Antwort zu machen. So können wir fragen: „Da du jetzt Bescheid weißt, wie gehst du

nun mit diesem Problem um?" Auf diese Weise ermutigen wir ihn, sich Jesus einen weiteren Schritt anzunähern.

Wir sollten auf jeden Fall herauszufinden versuchen, ob sich hinter der Frage eine weitere Frage oder ein Anliegen verbirgt, wie etwa: „Wie kann es gerecht sein, dass Gott jemanden verdammt, der nicht genug weiß, um gerettet zu werden, aber doch genug, um verdammt zu werden?"[80]

Wenn wir darauf antworten, müssen wir uns bewusst machen, dass Gott nicht dazu verpflichtet ist, uns mehr von sich zu offenbaren, wenn wir nicht auf das reagiert haben, was uns bereits offenbart wurde. In Matthäus 13,12 heißt es: „Denn wer hat, dem wird gegeben und überreichlich gewährt werden; wer aber nicht hat, von dem wird selbst, was er hat, genommen werden." Andere biblische Beispiele für diese Tatsache sind der Äthiopier in Apostelgeschichte 8, Kornelius in Apostelgeschichte 10 und die gottesfürchtigen Griechen in Apostelgeschichte 17. In Römer 1 lesen wir, dass alle Menschen bestimmte Dinge über Gott wissen, auch wenn uns dieses Wissen nicht rettet.

Folgendes Beispiel veranschaulicht, dass Gott auch dann gerecht ist, wenn ein Mensch nie in seinem Leben etwas von Jesus Christus hört. Stellen Sie sich vor, Sie hätten sich in der Wüste verirrt und es würde langsam dunkel. Sie haben Hunger und Durst und wissen, dass Sie sterben werden, wenn Sie nicht bald Nahrung und Unterschlupf finden. Dann sehen Sie einen Funken Licht am Horizont, der Ihnen signalisiert, dass es menschliches Leben hier draußen gibt. Wenn Sie vor dem Licht davonlaufen, wessen Schuld ist es dann, wenn Sie sterben? Ihre eigene, richtig? Wären Sie auf das Licht zugegangen, wäre es größer geworden und hätte Ihnen gezeigt, wer sich dahinter verbirgt. Mit Gott verhält es sich ähnlich: Er ist nicht dafür verantwortlich, uns mehr Licht zu geben, wenn wir auf das Licht, dass er uns in seiner Offenbarung bereits gezeigt hat, nicht reagieren.

In der Bibel wird immer wieder deutlich, wie sehr sich Gott um uns Menschen sorgt, wenn es heißt, dass im Himmel Menschen „aus jeder Nation und aus Stämmen und Völkern und Sprachen" (Offenbarung 7,9) sein werden. Das zeigt, dass Gott in seiner Liebe nicht diskriminierend ist, sondern sich vielmehr wünscht, dass alle Menschen zu ihm kommen (2. Petrus 3,9). Schließlich hilft es, zu fragen: „Wenn Gott uns wirklich liebt und das dadurch zeigt, dass er den Preis für uns bezahlt und Jesus an unserer Stelle sterben lässt, wäre es dann nicht möglich, dass er alles Notwendige tun würde, um uns zu retten?" Anschließend können wir erneut die Schlüsselfrage stellen: „Was machst du mit dieser Information, da du nun über Jesus Bescheid weißt?"

5. Du kannst glauben, was du willst, solange du nicht versuchst, andere zu deinem Glauben zu bekehren.
Zunächst müssen wir herausfinden, welche Überzeugung sich dahinter verbirgt. Den Versuch, andere von ihrem Glauben abzubringen, empfinden Nichtgläubige oft als arrogant und engstirnig. Sie sollten darum bitten, dass Ihr Gesprächspartner den Begriff *bekehren* näher erläutert. Weitere Fragen, die Sie stellen können, sind:

- „Glaubst du, dass es immer falsch ist, jemanden von seiner Meinung abbringen zu wollen? In bestimmten Situationen kann das doch richtig sein, oder?"
- „Wonach entscheidest du, ob es richtig oder falsch ist, jemanden von seiner Meinung abzubringen?"
- „Würdest du versuchen, mich zu deiner Ansicht zu bekehren, wenn du meine Ansicht für falsch hieltest?"

Jemanden zu einer anderen Sichtweise zu bekehren ist nicht immer schlecht. Es kann sogar ein Akt der Liebe sein, vor allem, wenn es um schädliche Einflüsse (wie Drogen oder Rauchen) geht.
Mit der folgenden Frage, die ich schon in Kapitel 1 angesprochen habe und die Bezug nimmt auf unser Schicksal in der Ewigkeit, können wir eine Brücke zum Evangelium schlagen: „Stell dir vor, dein bester Freund wäre in einem brennenden Gebäude gefangen, und du weißt: Wenn du ihn nicht rettest (das könntest

du), wird er sterben. Was für ein Freund wärst du, wenn du ihn einfach verbrennen lassen würdest? Kein besonders guter, nicht wahr?" Dann fragen Sie Ihren nicht-gläubigen Freund: „Wenn auch nur eine kleine Chance besteht, dass der christliche Glaube wahr ist und wir alle eines Tages im Gericht stehen, wäre es dann nicht ein Zeichen meiner mangelnden Liebe, wenn ich dich nicht dazu bringen wollte, es für dich selbst herauszufinden?" Sie und ich können keine größere Liebe erweisen, als wenn wir anderen Menschen von der guten Nachricht erzählen, die die Macht hat, unser Leben heute zu verändern und uns eine Zukunft und eine Hoffnung für morgen zu geben!

6. Kannst du mir beweisen, dass es Gott gibt?

Auch hier müssen wir wieder herausfinden, was hinter der Frage steckt. Vielleicht glaubt unser Gegenüber, dass Verstand und Logik bei Fragen über Religion und Gott keine Rolle spielen. Das finden wir heraus, indem wir fragen: „Was meinst du mit ‚beweisen'?" In einem Zeitalter, in dem sogar infrage gestellt wird, ob es überhaupt eine Realität gibt, wird es schwer, die Existenz von irgendetwas, und sei es die eigene Existenz, zu beweisen. Dennoch können wir fragen: „Willst du von mir wissen, ob ich dir gute Gründe für den Glauben an Gott liefern kann?"

Sobald das geklärt ist, können Sie das Bumerang-Prinzip anwenden und sagen: „Ich glaube, ich kann dir gute Gründe für den Glauben an Gott liefern. Aber lass mich zuerst dir eine Frage stellen: Wenn du wissen könntest, dass Gott tatsächlich existiert, würdest du es überhaupt wissen wollen? Wenn nicht, warum nicht?" Wenn Ihre Gesprächspartner nicht glauben, dass es solche Gründe für den Glauben an Gott gibt, können Sie mit folgenden Fragen auf ihre Skepsis eingehen:

- „Glaubst du aus einem bestimmten Grund nicht, dass es Gott gibt?"
- „Bist du dir absolut sicher, dass es keinen Gott gibt? Wenn nicht, dann könnte es doch zumindest möglich

sein, oder? Bist du nicht immerhin ein Agnostiker (jemand, der sagt: ‚Ich weiß nicht, ob es einen Gott gibt') statt ein Atheist (der sagt: ‚Ich weiß, dass es keinen Gott gibt')?"
- „Kannst du mir beweisen, dass es keinen Gott gibt? Wenn nicht, besteht dann nicht die Möglichkeit, dass es ihn doch gibt? Und wenn diese Möglichkeit besteht, wäre es dann nicht sinnvoll, darüber nachzudenken, was das für dein Leben und das Leben nach dem Tod bedeutet?"
- „Stimmst du mir zu, dass es schwierig ist, die Begriffe *Liebe, Sinn, Werte* und *Schönheit* zu definieren, wenn wir nur das Resultat blinder materieller Ursachen sind?"

Diese letzte Frage ist sehr hilfreich, denn selbst in unserer postmodernen Welt sehnen sich die Menschen nach einem Sinn in ihrem Leben, der über das materielle Universum hinausgeht. Vielleicht erklärt das auch, warum viele junge Menschen so fasziniert von „Reality-TV" sind: Sie suchen nach etwas Realem, auch wenn das allen Grundsätzen postmoderner Überzeugungen zuwiderläuft. Für viele Vertreter der Postmoderne kommt es der Realität am nächsten, wenn sie sich einem Menschen verbunden fühlen, der sowohl reale Verletzungen und Sorgen erlebt als auch reale Freude empfindet.

Bei der Antwort auf die Frage nach Gottesbeweisen hilft es auch, Apologetik mit eigenen Fragen zu kombinieren. Weisen Sie zunächst darauf hin, dass die Existenz Gottes die grundlegendste Frage beantwortet, die man überhaupt stellen kann, nämlich: „Warum gibt es etwas statt nichts?" Fragen Sie weiter:

- „Stimmst du mir zu, dass irgendetwas jetzt gerade existiert?" (vor allem der Fragesteller selbst)
- „Stimmst du mir weiterhin zu, dass etwas nicht aus nichts entstehen kann?"[81]

- „Und meinst du nicht auch, dass wir daraus schließen *müssen*, dass irgendetwas schon immer existiert haben muss? Denn wenn es jemals eine Zeit gegeben hätte, in der es nichts gab, gäbe es auch heute noch nichts."[82]

Sobald Sie die Planke der Existenz Gottes in Ihre Brücke eingefügt haben (wir haben uns darauf geeinigt, dass es im Universum eine unendliche Macht gibt), können Sie weitere Planken verwenden, wie zum Beispiel die Möglichkeit von Wundern und vom Anspruch Jesu, der zu sein, der er zu sein vorgab. Das sind alles wichtige Schritte, um jemanden auf seinem Weg zu Jesus zu begleiten.

7. Wenn Gott Liebe ist, warum gibt es dann die Hölle?

Das Wichtigste, was Nichtgläubige hier verstehen sollen, ist die Tatsache, dass es die Hölle gibt, *weil* Gott Liebe ist. Um das zu verdeutlichen, stellen Sie folgende Fragen:

- „Wenn der Himmel ein Ort ist, an dem die Menschen Gott anbeten, und dir das schon jetzt keine Freude macht, welcher Gott würde dich dazu zwingen, das die gesamte Ewigkeit lang zu tun? Kein Gott der Liebe, oder?"
- „Wäre es nicht auch eine Hölle, wenn Gott jemanden zwingen würde, ihn zu lieben und anzubeten?"
- „Du bist bestimmt meiner Meinung, dass es nicht sehr liebevoll von Gott wäre, alle Menschen zum Glauben an Jesus zu zwingen, ob sie wollen oder nicht."

Als Nächstes können Sie anhand einer Eheanalogie zeigen, dass kein Liebender seinen potenziellen Ehepartner zu einer Ehe zwingen wollen würde, wenn der oder die andere nicht aufrichtig bereit ist für eine solche Bindung. Genauso hindert Gottes Liebe ihn auch daran, uns zu etwas zu zwingen, das unserem Willen widerspricht. Im Himmel gibt es keine Zwangsehen.

Zur weiteren Verdeutlichung weisen Sie auf ein paar gute Gründe für die Hölle hin. Fragen Sie zum Beispiel:

- „Wie kannst du an Gerechtigkeit glauben, wenn es keine Strafe für Missetaten gäbe?"
- „Glaubst du, dass Hitler hier in diesem Leben seine gerechte Strafe bekommen hat? Wenn nicht, wie sollen Hitler und Menschen wie er für all das von ihnen begangene Böse bestraft werden, wenn es keine Hölle gibt?"

Wenn Sie das Gefühl haben, bei Ihren Freunden weiterzukommen, können Sie langsam zum Evangelium überleiten. Die schlechte Nachricht ist zwar, dass wir aufgrund unserer Rebellion gegen Gott von ihm getrennt sind, aber betonen Sie, dass es auch eine gute Nachricht gibt, weil die Geschichte nicht an diesem Punkt zu Ende ist. Warten Sie ab, ob Ihre Freunde nachfragen, was es mit dieser guten Nachricht auf sich hat. Wenn Sie das Gefühl haben, dass sie bereit sind für mehr, fragen Sie: „Würdest du gerne mehr darüber hören, was die Bibel über diese gute Nachricht zu sagen hat?"

8. Warum gibt es nicht mehr als einen Gott?
Wenn jemand diese Frage stellt, können wir das Bumerang-Prinzip anwenden und zurückfragen: „Warum sollten einem allmächtigen Gott in irgendeiner Weise Grenzen gesetzt sein?" und: „Was könnte einen allmächtigen Gott eingrenzen?" Die Antwort auf beide Fragen lautet natürlich: absolut nichts! Die Bibel lehrt, dass alles durch seine Macht besteht (Kolosser 1,17). Die Bibel macht unmissverständlich klar, dass es nur einen einzigen Gott gibt.

„Ihr seid meine Zeugen: Gibt es einen Gott außer mir? Es gibt keinen Fels, ich kenne keinen."
(Jesaja 44,8b)

Um diese Aussage mit logischen Argumenten zu untermauern und nicht nur zu behaupten, dass es sich um eine biblische Lehre handelt, können wir sagen: „Wenn es mehr als ein ewiges, grenzenloses Wesen gäbe, müssten sie sich nicht auf irgendeine Weise unterscheiden? Wenn sie sich in nichts unterscheiden (im Gegensatz zu „in etwas"), hieße das, dass sie sich überhaupt nicht unterscheiden. Wenn sie sich aber in etwas unterscheiden, dann müsste einer eine Eigenschaft oder Fähigkeit haben, die dem anderen fehlt. Dann wäre einer Gott und der andere nicht.[83] Es kann also nur einen unbegrenzten, unveränderlichen, ewigen Gott geben, nicht zwei oder gar mehr."

9. *Wenn Gott ein Gott der Liebe ist, warum gibt es dann so viel Böses und Leid?*
Zunächst müssen wir die Schlüsselfrage bzw. das Schlüsselproblem hinter dieser Frage ausfindig machen und betonen, warum uns diese Frage solche Schwierigkeiten bereitet. Diese Frage impliziert nämlich, dass Gott, wenn es ihn denn gäbe, nicht so viel Schmerz und Leid in der Welt zulassen würde. Wenn er aber existiert, und es gibt trotzdem so viel Böses, dann kann er nicht wirklich Gott sein.

Zweitens müssen wir unseren nicht-gläubigen Freunden bei der Erkenntnis helfen, dass nur ein Theist eine befriedigende Antwort auf die Frage nach dem Bösen und dem Leid geben kann. Der Agnostiker hat keine Antwort, weil er niemanden hat, dem er seine Frage stellen kann. Der Pantheist hat auch keine angemessene Antwort, denn für ihn ist das Böse nicht real. Doch wenn der Theismus wahr ist, dann ist diese Frage berechtigt, und der Theist kann einige stichhaltige Antworten liefern.

Als Nächstes wollen wir die Begriffe *Böses* und *Leid* definieren, indem wir die Fragen stellen: „Was meinst du mit ‚dem Bösen'? Kann man ohne einen Standard des Guten überhaupt wissen, was böse ist?"

C. S. Lewis bezeichnet es in seinem Buch *Pardon, ich bin Christ* als Trugschluss, den Begriff des Bösen zu akzeptieren, ohne gleichzeitig den Begriff des Guten zu akzeptieren. Er sagt: „[Als Atheist] war mein Argument gegen Gott, dass das Universum so grausam und ungerecht scheint. Doch wie war ich zu der Unterscheidung in gerecht und ungerecht gelangt? Man bezeichnet auch eine Linie nicht als krumm, wenn man keine Vorstellung davon hat, wie eine gerade Linie aussieht. Womit verglich ich also das Universum, wenn ich es ungerecht nannte?"[84]

Stellen Sie also die Fragen:

- „Beurteilen wir nicht am Maßstab des Guten, was böse ist, statt das Gute am Maßstab den Bösen?"
- „Wie unterscheiden wir in einem Universum ohne Gott objektiv das Richtige vom Falschen?"
- „Wenn wir sagen, dass etwas gut oder richtig ist, setzt das nicht ein moralisches Gesetz voraus? Und wenn es ein moralisches Gesetz gibt, setzt das nicht wiederum einen moralischen Gesetzgeber voraus?"

Danach sollten wir den Begriff *zufügen* definieren. „Würde ein guter Gott guten Menschen Böses *zufügen,* oder würde ein guter Gott es *zulassen,* dass guten Menschen Böses widerfährt?" Das ist eine wichtige Unterscheidung, denn die Bibel lehrt: „Denn Gott kann nicht versucht werden vom Bösen, er selbst aber versucht niemand" (Jakobus 1,13). Das führt dann möglicherweise zur nächsten Frage: „Wer verursacht das Böse?"

Ein Skeptiker argumentiert vielleicht, dass, wenn Gott der Schöpfer von allem und das Böse real ist, Gott auch der Verursacher des Bösen sein muss. Der Pantheist entzieht sich diesem Dilemma, indem er darauf beharrt, dass das Böse nicht real sei, sondern eine reine Illusion. Das ist jedoch inakzeptabel für jemanden, der an den Theismus und die Realität des Bösen glaubt.

Ein Lösungsansatz besteht in dem Hinweis, dass das Böse kein Ding ist, sondern das *Fehlen* oder der *Mangel* an etwas. Es ist ein Mangel an Dingen.[85] Augustinus bezeichnete es als einen „Verfall"[86]. Das Böse ist der Verfall der guten, von Gott erschaffenen Dinge. Das Böse wird damit zum seinsmäßigen Parasiten. Es kann nur im Verhältnis zum Guten existieren. Das heißt, es kann nichts rein Böses geben, so wie es auch kein vollständig von Motten zerfressenes Kleidungsstück geben kann. Das Gleiche gilt für den Rost am Auto. Ihr Auto kann nicht komplett von Rost zerfressen sein, dann würde es nämlich nicht mehr existieren. Genauso kann das Böse nicht ohne Beziehung zum Guten existieren. Theologisch ausgedrückt: Das Böse ist, wie die Sünde, eine Zielverfehlung, es schießt am Ziel vorbei, entspricht nicht dem Standard, erreicht das Ziel nicht; es heißt, dass wir nicht so sind, wie wir sein sollten (Römer 3,23). Da Sünde als ein Mangel beschrieben werden kann (aber nicht als etwas, dass es nicht gibt), kann man nicht folgern, dass Gott das Böse verursacht (Jakobus 1,13-17).

Wenn wir darauf hinweisen, dass Gott der Urheber des gesamten Universums ist und dennoch nicht der Verursacher des Bösen, erklären wir am besten auch, dass Gott, als er die Welt schuf, alles perfekt gemacht hatte. Dazu zählen auch die freien Geschöpfe. Daher ist der freie Wille die Ursache des Bösen (1. Mose 3,6). Daraus folgt, dass das Nicht-Perfekte (das Böse) durch die Freiheit indirekt aus dem Perfekten entstehen kann.[87]

Die Frage lautet also nicht: „Warum *würde* ein Gott guten Menschen Böses zufügen?", sondern: „Warum *lässt* er es zu?" Beantworten Sie diese Frage mit einer Gegenfrage: „Wo soll Gott deiner Meinung nach die Grenze ziehen? Wenn Gott ab sofort alles Böse auslöschen würde, was wäre das Ergebnis? Wer von uns bliebe dann noch übrig?"

Anschließend müssen wir einige der möglichen Mutmaßungen aufdecken, die sich hinter dieser Frage verbergen. Manche Leute meinen, dass das Ziel unseres Lebens darin bestehe, glücklich zu sein, und nicht darin, Gott kennenzulernen, was uns im nächsten Leben glücklich sein lässt. In diesem Leben passiert viel *Böses,* das uns nicht glücklicher macht, uns aber viel über Gott lehrt.[88] Wenn wir diesen Punkt klären, lösen wir damit vielleicht einige irrige Vorstellungen der Menschen auf.

Es kann auch hilfreich sein, sie daran zu erinnern, dass Gott durchaus einen Plan mit dem Bösen verfolgen kann, selbst wenn wir diesen Plan nicht erkennen. Wir wissen, dass Gott auch das

Böse für seine guten Zwecke nutzt (Römer 8,28), und wir erkennen mindestens fünf Gründe, warum Gott das Böse und das Leid zulässt.

- Beides ist zur Charakterbildung notwendig.
- Es lehrt uns moralische Konsequenzen.
- Es warnt uns vor drohender Gefahr.
- Es ist Teil von Gottes Plans für das große Ganze.
- Es führt zur endgültigen Trennung von Gut und Böse.[89]

Doch das führt unter Umständen zur nächsten Frage: „Warum kann Gott das Böse nicht ausmerzen?" Dann ist die Erklärung hilfreich, dass Gott nicht alles Böse zerstören kann, ohne etwas Gutes, nämlich den freien Willen, mit zu zerstören. Trotzdem kann und wird er eines Tages das Böse bezwingen, ohne dabei den freien Willen zu zerstören.

- Gott ist allumfassend gut und will das Böse ausmerzen.
- Gott ist allmächtig und in der Lage, das Böse auszumerzen.
- Noch ist das Böse nicht besiegt.
- Doch *eines Tages* wird es besiegt werden.

Darauf könnte jemand einwenden: „Warum erschafft Gott eine Welt, wenn er doch wusste, dass es nicht die bestmögliche Welt sein würde, die er hätte erschaffen können?" Die Antwort lautet: „Diese gefallene Welt ist nicht die bestmögliche Welt, aber es die beste Möglichkeit, um zur bestmöglichen Welt zu gelangen."[90] Die bestmögliche Welt ist eine, in der die freien Geschöpfe das Potenzial für das Gute vergrößern können. Dafür muss jedoch die Möglichkeit des Bösen bestehen. Im Gleichnis vom Unkraut unter dem Weizen (Matthäus 13,24-30) bekommen die Knechte vom Hausherrn den Auftrag, beides ihr maximales Potenzial erreichen zu lassen und es erst am Ende voneinander zu trennen (V. 30). Damit sich das Gute ungehindert ausbreiten kann, muss das Böse gleichzeitig existieren dürfen, bis es eines Tages für immer ausgelöscht wird (Offenbarung 20,10).[91]

10. Wie kann ich Jesus annehmen, wenn meine verstorbenen Ahnen getrennt von ihm sind und dann auch von mir getrennt wären?
In Kulturen, in der der Ahnenkult eine große Bedeutung hat, spiegelt diese Frage eine der schwierigsten Barrieren zwischen Menschen und Jesus wider. Daher ist es umso wichtiger, eine wohlbedachte Antwort zu geben. Nachfolgend einige Vorschläge dafür.

Zuerst können wir fragen: „Bist du dir ganz sicher, dass deine Ahnen von Jesus getrennt sind?" Manchmal glauben wir zwar, den geistlichen Zustand eines Menschen zu kennen, doch wir sehen nur das Äußere, während Gott das Herz ansieht (1. Samuel 16,7).

Wir sollten uns auch klarmachen, was wir nicht sagen dürfen. Wir sollten Fragen vermeiden wie: „Warum solltest du deine ewige Glückseligkeit von den Entscheidungen anderer abhängig machen?" In Kulturen mit ausgeprägtem Ahnenkult wäre diese Frage kontraproduktiv, denn Entscheidungen werden hier in der Regel nicht danach gefällt, was für den Einzelnen das Beste ist, sondern danach, welche Auswirkungen sie auf die gesamte Familie haben. In Asien gelten Entscheidungen aufgrund persönlicher Befindlichkeiten und Wünsche als sehr egoistisch. Nachfolgend lesen Sie einige hilfreiche Fragen, die auch das Thema der Familie sensibel berücksichtigen:

- „Wenn deine toten Ahnen wüssten, was du über Jesus weißt, was würden sie dir zu tun raten?"
- „Wusstest du, dass die Bibel sogar dieses Thema anspricht? In Lukas 16 erzählt Jesus das Gleichnis vom reichen Mann und dem Bettler Lazarus. Nachdem sie beide gestorben sind, fleht der reiche Mann Abraham an, seine Brüder durch Lazarus vor der Hölle zu warnen."

Das führt möglicherweise zur nächsten Frage: „Wie können wir im Himmel glücklich sein, wenn unsere Liebsten in der Hölle sind?" Hier sollten wir ehrlicherweise zugeben, dass wir diese Frage auch uns selbst gegenüber nicht absolut zufriedenstellend beantworten können, und doch hilft uns folgende Sichtweise: In der Bibel gibt es einige Dinge, die wir nicht verstehen, aber wir glauben von Herzen, dass sie dennoch wahr sind. Ich zum Beispiel weiß nicht, wie ich im Himmel glücklich sein kann, während einer meiner Lieben in der Hölle ist, aber ich verlasse mich auf das Versprechen der Bibel, dass Gott alle unsere Tränen abwischen wird (Offenbarung 21,4). Im Glauben vertraue ich Gott, dass das stimmt. Weil er mir Dinge offenbart hat, die ich verstehe, kann ich ihm auch in Dingen vertrauen, die ich nicht verstehe. Da ich Gott als meinen liebenden himmlischen Vater kenne, kann ich darauf vertrauen, dass sich sein Wort als wahr erweist, egal, wie trostlos die Umstände auch sein mögen.

Zweitens müssen wir uns vor der irrigen Auffassung schützen, wir seien gnädiger als Gott selbst, obwohl Gott unendlich gnädig ist. Zudem ist auch Gott im Himmel glücklich, obwohl er weiß, dass nicht alle Menschen dort sein werden. Könnten wir im Himmel nicht glücklich sein, weil ein geliebter Mensch nicht auch dort weilt, dann würden wir unser Glück in die Hände anderer Menschen legen. In einer Szene seiner Erzählung *Die große Scheidung* beschreibt C. S. Lewis diese Situation mit großer Einsicht:

„Manche Leute hier auf Erden sagen, dass der endgültige Verlust der Seele die Freuden aller Erretteten Lügen strafen wird."

„Ihr seht, dass das nicht stimmt."

„Aber ich meine, es müsste so sein."

„Das klingt sehr barmherzig, doch seht nur, was sich dahinter verbirgt."

„Was denn?"

„Die Forderung der Lieblosen und Selbst-Inhaftierten, das Universum erpressen zu dürfen: dass, solange sie nicht einwilligen, (nach ihren eigenen Bedingungen) glücklich zu sein, auch niemand sonst das Glück schmecken dürfe; dass sie die letzte Instanz seien; dass die Hölle den Himmel *ablehnen könne.*"

Wenn ein Hungernder zum Beispiel ein Essensgeschenk ausschlägt, das seinen schmerzhaften Hunger gestillt hätte, sollte er die Freude des Großzügigen nicht ablehnen, der sein Abendessen genießt.

Wir können unseren nicht-gläubigen Freunden außerdem erklären, dass ihre Entscheidung im Hier und Jetzt den entscheidenden Faktor darstellen kann, dass sich ihre noch lebenden Familienangehörigen ebenfalls für Jesus entscheiden, bevor sie sterben und nicht mehr dazu in der Lage sind (Hebräer 9,27). Darüber hinaus hat ihre Entscheidung womöglich sogar weitreichende Konsequenzen für zukünftige Generationen ihrer Familie. Berichten Sie an dieser Stelle ruhig von Ihnen bekannten Menschen, die sich einst zwischen Jesus und ihrer Familie hin- und hergerissen fühlten und sich am Ende für Jesus entschieden.

Zusammenfassung

Wir können unseren nicht-gläubigen Freunde auf ihrem Weg zum Kreuz helfen, indem wir zwei weitere Hürden ansprechen: Hürden in ihrem Verständnis und in ihrer Annahme des christlichen Glaubens. Wir helfen ihnen, wenn wir die oben genannten vier Fragen im Hinterkopf behalten, und freimütig auch auf schwierige Fragen antworten, wie wir sie in diesem Kapitel besprochen haben. Die vier Fragen lauten:

- Welche Frage verbirgt sich hinter der Frage?
- Welche der verwendeten Begrifflichkeiten müssen definiert werden?

- Welche Wahrheit wollen wir unseren Freunden begreiflich machen?
- Mithilfe welcher Fragen und Erklärungen kann dies geschehen?

Zum Nachdenken

1. Wenn wir beim Zeugnisgeben auf Barrieren stoßen, sollten wir uns fragen: Handelt es sich um Barrieren, die vor allem das *Verständnis* vom christlichen Glauben oder vielmehr die *Annahme* des christlichen Glaubens behindern? Von der Antwort auf diese Frage hängt auch ab, wie Sie in Ihrem Zeugnis weiter vorgehen.

2. Um in unserer heutigen Welt mundgerechte und plausible Antworten geben zu können, müssen wir unter Umständen zuerst eine Illustration oder Geschichte verwenden, damit unsere Zuhörer das zugrundeliegende allgemeine Prinzip verstehen, das wir verdeutlichen wollen. Erst, wenn wir hierin Einigkeit erzielt haben, können wir zu den sich daraus ergebenen theologischen Parallelen überleiten.

3. Ist Ihnen aufgefallen, wie oft sich Menschen auf Grundlage ihres persönlichen Standards gegen Gott und seinen Standard für Rechtschaffenheit wenden? Setzen sie Gott damit nicht auf die Anklagebank, weil er ihren Vorstellungen nicht entspricht? Um bei solchen Menschen einen Fortschritt auf geistlicher Ebene zu erreichen, müssen wir ihnen zunächst dabei helfen, einige ihrer Schlussfolgerungen neu zu überdenken, bevor wir sie mit unseren Worten wirklich erreichen können.

4. Das Verständnis, was für einen Gott wir anbeten und wer wir in Beziehung zu ihm sind, ist grundlegend, um viele der uns gestellten Fragen und Einwände korrekt beantworten zu können.

Praktische Anwendung

1. Hören Sie den Einwänden der Menschen aufmerksam zu, um falsche und vorurteilsbehaftete Vorstellungen von Gott zu entdecken. Untersuchen Sie diese Prämissen zusammen mit Ihrem Gesprächspartner, damit er selbst erkennt, was für ein Urteil er da gefällt hat. Für jemanden, der um ein korrektes Verständnis von Gott und der Bibel ringt, ist es ungemein hilfreich, seine falschen Vorstellungen vom Wesen Gottes zu korrigieren.

2. Studieren Sie die Bibelstellen, in denen von der alles übersteigenden und unnahbaren Heiligkeit Gottes die Rede ist (z. B. Jesaja 6,1-7; Hebräer 12,28-29). Machen Sie sich im Hinblick auf dieses Wissen neu bewusst, wie wunderbar unsere Erlösung durch Jesus ist.

KAPITEL 8

DIE KUNST, MENSCHEN MIT UNTERSCHIEDLICHEN WELTANSCHAUUNGEN FRAGEN ZU STELLEN

David: Sie glauben also, dass die Terroristen, die das World Trade Center zerstörten und all die Menschen töteten, definitiv böse waren?

Student: Ja, und ich bin zutiefst davon überzeugt, dass sie eines Tages für das, was sie getan haben, zur Rechenschaft gezogen werden!

David: Wirklich? Aber haben Sie mir nicht eben gesagt, dass Sie gar nicht an ein Leben nach dem Tod glauben?

Student: Ja, das stimmt. Die Menschen haben sich als Nebenprodukt von Materie und Energie plus Zeit und Zufall entwickelt.

David: Aber wenn Sie nicht an ein Jenseits glauben, dann gibt es für Sie doch auch keinen Himmel und keine Hölle, oder?

Student: Genau.

David: Dann erklären Sie mir bitte, wie die Terroristen nach ihrem Tod für ihre Taten zur Rechenschaft gezogen werden sollen, wenn Sie nicht an ein Jenseits glauben. Wenn Sie nicht glauben, dass es nach diesem Leben eine Art Gericht gibt, wo sollen Menschen wie Hitler oder die Terroristen für ihre furchtbaren

Verbrechen bestraft werden, wie sollen die Terroristen zur Rechenschaft gezogen werden?

Student: Ich weiß nicht ...

Die Kunst erlernen, Barrieren gegen das Evangelium aus dem Weg zu räumen

In unserer postmodernen Welt müssen sich Christen gewisse Fähigkeiten aneignen, um Barrieren aus dem Weg zu räumen und Menschen mit dem Evangelium zu erreichen, wie die Bibel es uns aufträgt (2. Korinther 10,5; 1. Petrus 3,15; Judas 3). Wir müssen lernen, die richtigen Fragen zu stellen, damit unsere Gesprächspartner ihre Überzeugungen neu überdenken und Interesse entwickeln, mehr von Jesus zu hören.

Barrieren beim Überwinden von Barrieren
Die Schwierigkeiten beim Überwinden von Barrieren werden heutzutage von einigen Faktoren noch verstärkt. Erstens widerspricht unser Glaube dem postmodernen Denken. Daher müssen wir nicht nur genau wissen, *was* wir zu Menschen sagen, sondern auch *wie* wir es sagen. Wir dürfen nicht als Besserwisser auftreten, sondern als Bettler, die anderen Bettlern zeigen, wo es Brot gibt. Wir müssen also lernen, unsere Antworten „*mit Sanftmut und Ehrerbietung*" (1. Petrus 3,16) zu geben.

Zweitens: Einzelne Aspekte unseres Glaubens finden sich auch in anderen Religionen wieder. In Asien wird Jesus zu noch einem weiteren Gott in einem Pantheon aus Göttern, die uns bei unseren Problemen helfen können. Sowohl im Osten als auch im Westen denken viele Menschen, dass es kaum einen Unterschied zwischen dem Christentum und anderen Religionen gibt. Im Westen hat der christliche Glaube keinen höheren Stellenwert als die meisten anderen Religionen. Er wird lediglich als ein Weg zu Gott angesehen, aber bestimmt nicht als der einzige.

Drittens stellt der Relativismus ein zunehmendes Problem bei der Verkündigung der Wahrheit dar. Wenn wir andere Menschen auf Schwachstellen in ihren Überzeugungen hinweisen, werden wir oft als arrogant und intolerant missverstanden. Weil wir uns unseres Wissens so sicher sind, meiden uns Nichtgläubige und verstärken ihre Schutzwälle. Geben wir also in unseren Gesprächen acht, dass wir nicht streitsüchtig, überheblich, arrogant, herablassend oder unsensibel auftreten.

Wir müssen lernen, unsere Fragen möglichst umsichtig zu stellen, damit unser Gespräch konstruktiv verläuft. Dabei behalten wir das dreifache Ziel im Auge, indem wir die Fragen der dialogorientierten Evangelisationsmethode verwenden. Wir müssen lernen, Fragen so zu stellen, dass sie in unserem Gegenüber *Zweifel* (Unsicherheit) an seinen Überzeugungen säen, ohne dass wir sie dabei in die *Defensive* drängen. Gleichzeitig wollen wir in ihnen den *Wunsch* wecken, mehr zu hören.

Tipps zum Überwinden von Barrieren
Die folgenden sieben Tipps können Ihnen dabei helfen, eine postmoderne Generation für Jesus zu erreichen.

1. Richten Sie sich nach dem Tempo Ihres Gesprächspartners.
Wenn wir Fragen stellen und unseren Freunden helfen wollen, Probleme anzupacken, müssen wir uns nach ihrem Tempo richten, nicht nach unserem eigenen. Wenn sie in unseren Gesprächen den Eindruck gewinnen, wir wollten ihnen nur etwas „verkaufen", weil wir sie zu einer sofortigen Entscheidung drängen, wenden sie sich eher ab. Oft ist es ein langer, steiniger Weg, bevor sich jemand ernsthaft mit der Person Jesu Christi auseinandersetzt. Daher benötigen wir viel Geduld mit den Menschen, während wir mit ihnen die Schwachstellen in ihren Überzeugungen durchgehen. Wahrer Fortschritt braucht Zeit.

Der christliche Evangelist Nick Pollard erinnert uns daran, warum es so wichtig ist, diese Einstellung zu kultivieren.

> Viele Studenten, denen ich tagtäglich zu helfen versuche, sind noch weit davon entfernt, Christen zu werden. Sie wollen noch nicht einmal etwas von Jesus hören ... Mein unmittelbares Ziel mit diesen Menschen ist also nicht deren Bekehrung ... oder dass sie Jesus auch nur einen Schritt näherkommen. So weit sind wir oft noch gar nicht.

Mein Ziel ist lediglich, dass sie einen Schritt von ihrer aktuellen Weltanschauung abrücken.[92]

Denkweisen ändern sich genauso langsam wie unser Verhalten. Darauf müssen wir uns beim Zeugnisgeben postmodernen Menschen gegenüber einstellen. Manches braucht einfach seine Zeit. Das gilt vor allem für Evangelisationsgespräche mit einem Nachbarn oder Kollegen, der bereits auf der Hut ist und uns für übermäßig religiös hält.

Erst zwei Jahre nach unserem Einzug konnte ich (David) einem meiner Nachbarn erklären, wie die Sünde eine Trennung zwischen uns und Gott bewirkt. Es war nicht so, dass ich vorher kein Interesse daran gehabt hätte, ihm das Evangelium zu erklären. Ich hatte ihm viel erzählt, er wusste also, dass wir gläubig sind, und ich hoffte, dabei ein positives Beispiel abgegeben zu haben, wie ein Christ sein sollte. Mir war jedoch klar, wie wichtig es ist, erst eine gewisse geistliche Offenheit oder sogar Neugier abzuwarten (vor allem, weil er skeptisch war), bevor ich ihn mit dem gesamten Evangelium konfrontierte. Ich richtete meinen Ansatz nach seinen Interessen und nach seinem Tempo. Das hatte großen Einfluss auf seine heutige Offenheit, mit mir Gespräche über den Glauben zu führen.

2. Verstehen Sie ihre Sichtweise.
Eine der Hauptschwierigkeiten in der Evangelisation im Dialog besteht darin, zu entscheiden, welche Frage in der jeweiligen Situation am geeignetsten für Menschen mit unterschiedlichen religiösen Hintergründen ist. Noch problematischer wird es, wenn unsere Gesprächspartner überhaupt keine konsequenten religiösen Ansichten mehr vertreten. Es ist schon schwierig genug, die richtige Frage auszuwählen, wenn jemand eine konsequente religiöse Überzeugung hat. Doch heutzutage ist selbst das oft nicht mehr der Fall, was unsere Aufgabe noch einschüchternder macht.

Um also effektiv Evangelisation im Dialog betreiben zu können, müssen wir daran denken, dass unser Gespräch vom persönlichen Standpunkt unseres Gegenübers bestimmt wird.

Menschen vertreten unterschiedliche Überzeugungen, und diese Überzeugungen helfen uns bei der Auswahl der richtigen Fragen. Diese Vorgehensweise ist biblisch und umsichtig.

In Markus 2,1-12 weiß Jesus um die Überzeugung der Pharisäer, dass nur Gott heilen und Sünden vergeben kann. Daher sagte er zu dem Gelähmten: „Kind, deine Sünden sind vergeben", und heilte ihn anschließend körperlich, um die religiösen Anführer damit zu konfrontieren, wer er in Wirklichkeit war. In Apostelgeschichte 28,23 erklärt Paulus, wie Bibelstellen aus dem Alten Testament, Prophezeiungen und das Gesetz Mose auf Jesus hinweisen, weil ihm bewusst war, dass seine Zuhörer diese Schriften akzeptierten. In Apostelgeschichte 17,28-29 spricht Paulus zu einer Gruppe von Philosophen aus Epikureern und Stoikern und zeigte, warum deren Überzeugungen nicht im Einklang mit einigen ihrer eigenen Autoren und Dichtern standen.

Unsere Gespräche werden also von der Weltanschauung unseres Gegenübers beeinflusst. Mit einem Atheisten fangen wir an einem ganz anderen Punkt an als mit einem Theisten. Einem Atheisten müssen wir in unserer postmodernen Welt zunächst einmal erklären, warum wir an etwas Absolutes glauben. Für Vertreter der Postmoderne stellen zum Beispiel einander widersprechende Aussagen über die Existenz Gottes kein Problem dar. So sagen sie vielleicht: „Für dich existiert Gott vielleicht, aber für mich nicht." Wenn wir hier keine Grundlage für die Wahrheit legen, führen wir am Ende mehr und mehr Gespräche, die kein wirkliches Ziel haben.

Nachdem wir die Existenz einer absoluten Wahrheit festgestellt haben, müssen wir als Nächstes womöglich erklären, warum wir an die Existenz Gottes glauben, bevor wir von Jesus erzählen können. Warum sollten wir mit Menschen darüber diskutieren, dass Jesus der Sohn Gottes ist, die überhaupt nicht an einen Gott glauben? Ein Student sagte mir einmal: „Selbst wenn Sie mir beweisen könnten, dass Jesus vom Tod auferstanden ist, beweist das noch nicht, dass Jesus Gott ist. In einer naturalistischen Welt wäre die Auferstehung einfach nur eine Anomalie." Rein logisch betrachtet wäre sein Argument nicht schlecht gewesen, wenn er hätte beweisen können, dass der Naturalismus wahr ist und es keine Beweise für die Existenz Gottes gibt. Dennoch war ihm meiner Meinung nach bewusst, dass seine Aussage reine Spekulation oder im schlimmsten Fall ein Produkt seiner Fantasie war. Einen Naturalisten können wir nur überzeugen, indem wir ihm philosophische und naturwissenschaftliche Beweise dafür liefern, dass der Schöpfer des Universums existiert.

Ein ähnliches Problem haben wir in Gesprächen mit Hindus. Sie können vielleicht erst über Jesus sprechen, nachdem Sie von Gott erzählt haben, der uns und die gesamte Welt erschaffen hat und doch nicht eins mit seiner Schöpfung ist (also ein theistischer Gott). Wenn wir uns mit Muslimen unterhalten, ist das nicht notwendig. Ein Moslem glaubt bereits an einen theistischen Gott, auch wenn er bestreitet, dass Jesus sich selbst je als Gott bezeichnete. Hier müssen wir vermutlich bei der Zuverlässigkeit und Autorität der Bibel ansetzen, bevor wir etwas über Jesus sagen können. Ein von Hinduismus, Taoismus oder einem animistischen Glauben beeinflusster Asiate vermischt unter Umständen verschiedene Weltanschauungen und behauptet, Jesus sei nur einer von vielen Göttern in seinem Pantheon.

Wenn wir von unterschiedlichen Sichtweisen sprechen, ist die Rede von unterschiedlichen *Weltanschauungen.*

Eine Weltanschauung ist ein Weg, die Realität zu sehen oder zu deuten. Es ist die interpretatorische Linse, durch die wir einen Sinn in den Daten des Lebens und der Welt erkennen ... Für einen orthodoxen Jude ist zum Beispiel der Exodus Israels aus Ägypten ein Eingreifen Gottes. Er sieht es als ein Wunder an. Ein Naturalist dagegen hält dasselbe Ereignis (wenn es denn stattgefunden hat) für eine Anomalie, also einen ungewöhnlichen, aber natürlichen Vorgang.[93]

Was wir unseren nicht-gläubigen Freunden für Fragen stellen, hängt also von deren jeweiligen Weltanschauung ab. Es gibt mindestens sieben Weltanschauungen: Theismus, Atheismus,

Pantheismus, Panentheismus, Deismus, Glauben an einen begrenzten Gott und Polytheismus.[94] Darunter sind in unserer heutigen Gesellschaft drei besonders vertreten: Theismus, Atheismus und Pantheismus. In diese Weltanschauungen mischen sich zum Teil auch unterschiedliche Philosophien: Naturalismus, Nihilismus, Existenzialismus und Postmodernismus.[95] Je nach Weltanschauung oder Philosophie unseres Gegenübers können wir gezielt auf entsprechende Fragen oder Einwände eingehen.

Der Evangelist Nick Pollard teilt diese Einschätzung: „Wenn ich Menschen helfen will, die sich nicht für Jesus interessieren, weil sie mit ihrem eigenen Glauben ganz zufrieden sind, muss ich erst herausfinden, was sie tatsächlich glauben. Ich setze alles daran, um ihre Weltanschauung zu verstehen. Erst dann weiß ich, welche Fragen ich ihnen am besten stelle."[96]

Wenn wir uns auf eine solche Expedition durch unbekanntes Gelände machen und die Sichtweisen eines anderen Menschen verstehen wollen, müssen wir drei Dinge im Kopf behalten.

Erstens prägt die Weltanschauung eines Menschen immer seine Wahrnehmung der Realität. Es ist wichtig, die Weltanschauung unserer Gesprächspartner zu verstehen, denn ihre Schlussfolgerungen sind von ihrer Wahrnehmung der Realität geprägt. Einmal unterhielt ich mich mit einer hinduistischen Studentin über die Beweise für die Auferstehung Jesu. Nachdem ich ihr einige der wichtigsten Beweise erklärt hatte, schaute sie mir gerade in die Augen und sagte: „Ich glaube, wir alle haben die Macht, das zu tun, was Jesus getan hat." Sie interpretierte die Beweise für die Auferstehung aufgrund ihres pantheistischen Weltbildes um. Ihre Weltanschauung beeinflusste, wie sie die Beweise deutete. Genauso prägt die Weltanschauung unserer nicht-gläubigen Freunde ihre Wahrnehmung der Realität.

Wenn wir wissen, wodurch die Sichtweisen anderer Menschen geprägt werden, fällt es uns leichter, die richtigen Fragen zu stellen und dadurch gute Gespräche mit ihnen zu führen. Wir finden somit auch schneller heraus, warum wir in bestimmten Punkten unterschiedlicher Meinung sind, weil wir sensibel dafür sind, wie sich unterschiedliche Voraussetzungen auf ihre Schlussfolgerungen auswirken. Mit gezielten Fragen können wir sie dann dazu bringen, diese Wahrheit zu begreifen. Der christliche Apologet Paul Copan sagt: „Ein Hindu oder Anhänger des New Age mit pantheistischem Hintergrund glaubt, dass die Probleme der Menschheit aus Unwissenheit entstehen – weil wir nicht um unsere eigene Göttlichkeit oder das illusorische Wesen der physischen Welt wissen. Für den Christen ist jedoch die Sünde und die daraus folgende Trennung von Gott die Quelle aller menschlichen Probleme."[97] Das sollten wir unbedingt im Hinterkopf behalten, wenn wir Frucht bringende Gespräche führen möchten.

Wenn wir unsere wissenschaftlich geprägten darwinistischen Freunde also nicht von unserem christlichen Standpunkt überzeugen können, liegt das womöglich daran, dass ihre eigene Sicht der Dinge von ihrem übermäßig naturalistischen Standpunkt geprägt ist, und zwar mehr, als ihnen vielleicht bewusst ist. Manchen dagegen ist es zwar bewusst, doch sie wollen keine andere Perspektive einnehmen, auch wenn es keinerlei Beweise für ihre eigene Position gibt. Der Harvard-Zoologe Richard Lewontin behauptet unverfroren, dass sich Darwinisten

> auf die Seite der Wissenschaft [also der darwinistischen Wissenschaft] stellen, trotz der offensichtlichen Absurdität einiger ihrer Konstrukte, trotz ihres Unvermögens, alle ihre allzu blumigen Versprechen von Leben und Gesundheit einlösen und trotz aller Toleranz der wissenschaftlichen Gemeinschaft gegenüber unbelegten Ätiologien (= Erzählungen, durch die etwas Unerklärliches erklärt, begründet, interpretiert, verständlich gemacht wird, AdÜ), denn wir fühlen uns vorrangig dem Materialismus verpflichtet. Es ist nicht so, als würden uns die Methoden und Institutionen der Wissenschaft dazu treiben, eine materielle Erklärung für die Welt der Phänomene zu akzeptieren, sondern wir sind im Gegenteil durch unser grundsätzliches Festhalten an materiellen Ursachen gezwungen, einen Forschungsapparat und eine Reihe von Vorstellungen zu schaffen, egal, wie sehr sie der Intuition zuwiderlaufen, egal, wie rätselhaft sie auf Uneingeweihte wirken.[98]

Einige Menschen müssen wir also erst überzeugen, die Realität durch die theistische Linse zu betrachten oder sich zumindest der Möglichkeit zu öffnen, dass es mehr als nur naturalistische Erklärungen für die Welt um uns herum gibt, bevor wir mit unserem christlichen Standpunkt Fortschritte erzielen können.[99]

Da einige Menschen die Welt nur als Abfolge natürlicher Ursachen sehen, lassen sie die Möglichkeit nicht zu, dass das Universum durch eine übernatürliche Macht entstanden sein könnte. Daher ist es so wichtig, dass wir von Anfang an tragfähige Argumente für die Existenz eines theistischen Gottes liefern. Doch nicht immer ist es notwendig, zuerst unsere theistische Weltanschauung zu konstatieren, bevor wir die Beweise für Jesus als den verheißenen Messias diskutieren. Die Bibel lehrt, dass Gott den Menschen das moralische Gesetz ins Herz geschrieben hat (Römer 2,14-15), ob sie es wahrhaben wollen oder nicht. Weiter lesen wir in Prediger 3,11, dass Gott den Menschen „die Ewigkeit in ihr Herz gelegt" hat. Auch Römer 1,18-20 erinnert uns daran, dass alle Menschen durch die Natur etwas von Gott erfahren, dieses Wissen jedoch unterdrücken. Weiter lehrt die Bibel, dass manche Nichtgläubige unwissend bleiben, weil sie keinen Wunsch verspüren, Gott zu kennen (Epheser 4,18), auch wenn sie trotzdem einiges über Gott wissen können.

Auch wenn es also theoretisch logisch ist, mit den Beweisen für den Theismus zu beginnen, um die Glaubwürdigkeit des Christentums hieb- und stichfest zu untermauern, ist es nicht immer *praktisch* notwendig. Außerdem ist es oft kontraproduktiv, Fragen aufzuwerfen, die unsere nicht-gläubigen Freunde gar nicht gestellt haben. Wir sollten uns mit problematischen Weltanschauungen nur dann befassen, wenn sie unseren eigenen so offensichtlich und radikal widersprechen, dass wir sonst nur schwer zu einem gemeinsamen Nenner finden. Auch wenn es nicht ratsam ist, nur mit einem Blasrohr bewaffnet in einen Kampf zu ziehen, sollten wir genauso wenig mit einem Panzer auf eine Schießscheibe zielen! Wir müssen uns überlegen, welche Art apologetischer Munition der Situation angemessen ist. Wenn wir apologetische Mittel auf diese Weise einsetzen, werden wir immer effektiver in unserem Zeugnis vor anderen Menschen.

Zweitens ändern manche Menschen ihre Weltanschauung nur sehr ungern. Viele suchen sich ihre Glaubensüberzeugungen danach zusammen, wie sie die Welt sehen wollen. Sie glauben, was sie glauben wollen, damit sie tun können, was sie tun wollen. Je mehr sich Menschen auf eine bestimmte Weise verhalten, umso mehr verstärkt sich ihre Weltanschauung. Nick Pollard hat richtig erkannt:

In ihrer Entwicklung scheinen Menschen gewisse Antworten auf die grundlegenden Fragen des Lebens anzunehmen. Diese Antworten werden zu einem umfangreichen System zusammengefügt – einer Sicht der Welt. Gleichzeitig bestimmt jedoch diese Sicht der Welt, wie sie die Welt in Zukunft sehen. Sie wird zur Linse, durch die alles betrachtet wird, zum Raster, anhand dessen die Realität organisiert wird. Diese Sicht hat Einfluss darauf, wie diese Menschen die grundlegenden Fragen des Lebens beantworten usw. Wenn wir Weltanschauungen auf diese Weise begreifen, verstehen wir, warum sie sich so schwer ändern lassen. Sie sind in der Regel so fest verwurzelt, weil sie sich kontinuierlich selbst bestätigen und stützen.[100]

Drittens: Manche Menschen *vermischen* verschiedene Weltanschauungen, was es uns noch zusätzlich schwierig macht.

Manche Menschen vermischen Weltanschauungen so, dass sie zu dem passen, was sie glauben wollen (siehe die Unterhaltung zu Beginn dieses Kapitels). Das macht es uns schwer, die richtigen Fragen auszuwählen oder uns auch nur vernünftig mit ihnen zu unterhalten. Das gilt auf jeden Fall für Menschen unter dem Einfluss der Postmoderne. Vertreter der Postmoderne vermischen Weltanschauungen auf zwei verschiedene Weisen. Pollard benennt zwei Modelle: „von unten nach oben" und „von oben nach unten". Das Modell „von unten nach oben" beschreibt die „Schlussfolgerungen, zu der ein Mensch kommt, nachdem er die Welt betrachtet und die grundlegendsten Fragen gestellt hat: ‚Wer bin ich?', ‚Wo bin ich?', ‚Was läuft falsch in dieser Welt?' und ‚Was ist die Lösung?'". Das Modell „von oben nach unten" dagegen ist „der Ausgangspunkt. Es ist die Weise, wie Menschen die Welt sehen, die Linse, durch die alles betrachtet wird, das Raster, anhand dessen die Realität organisiert wird."[101]

Ich habe (wie Pollard) festgestellt, dass die meisten Verteter der Postmoderne ihre Weltanschauung nach dem Modell „von oben nach unten" wählen. Sie fühlen sich zu einer bestimmten Überzeugung hingezogen, weil diese ihnen eine Rechtfertigung für ihr fragwürdiges Tun liefert, nicht, weil sie von ihrer Wahrheit überzeugt sind. Wie reagieren sie, wenn etwas oder jemand ihre Sicht infrage stellt? Wieder kommt Pollard zu einer aufschlussreichen Erkenntnis: „Wenn ein junger Mensch bereits mehrere einander widersprechende Überzeugungen vertritt, ist es für ihn auch kein Problem, noch weitere anzunehmen, selbst wenn darin absolute Aussagen gemacht oder Forderungen gestellt werden, solange man ihn nicht darauf aufmerksam macht. Er ist bereits in der Lage, die bisherigen Widersprüche zu ignorieren, einer mehr macht also keinen Unterschied."[102]

Diese Vermischung von Weltanschauungen führt dazu, dass in Bezug auf Glaubensfragen eine Selbstbedienungsmentalität entsteht. Menschen suchen sich die Glaubensüberzeugungen aus, die zu ihrem Lebensstil passen. Dadurch wird es noch schwieriger, klar ihre Position zu bestimmen und die richtigen Fragen zu stellen. Wie finden wir heraus, wo genau jemand steht? Pollard gelangt zu dem Schluss: „Im Grund ist das nichts anderes als ein ‚Musterabgleich'. Ich betrachte eine Reihe zeitgenössischer Weltanschauungen und finde heraus, welche Glaubensüberzeugungen und Werte daraus entstehen. Dann schaue ich mir die Glaubensüberzeugungen und Werte eines Menschen an und suche nach der größtmöglichen Übereinstimmung (oder mehreren Übereinstimmungen), um die dahinterliegende Weltanschauung bzw. die Weltanschauungen zu erkennen."[103]

Um die Weltanschauungen von westlich geprägten Menschen zu identifizieren, müssen wir notdürftig über Naturalismus, Nihilismus, Existenzialismus, Deismus, Theismus, Pantheismus und Postmodernismus Bescheid wissen. In asiatischen Kulturen ist es hilfreich, sich auch ein wenig in Animismus, Buddhismus und Taoismus auszukennen. Die meisten Menschen hängen einer der drei am weitesten verbreiteten Weltanschauungen an: Theismus, Pantheismus oder Atheismus. Theisten (darunter Anhänger von Judentum, Christentum und Islam) glauben daran, dass *ein persönlicher Gott alles geschaffen hat*. Pantheisten (darunter Anhänger einiger Formen des Buddhismus, von Hinduismus und New-Age-Bewegungen) glauben, dass *ein unpersönlicher Gott alles ist*. Atheisten glauben, dass es Gott überhaupt nicht gibt.

Auch ohne sich im Detail in diesen verschiedenen Weltanschauungen auszukennen, können Sie viel über den Standpunkt Ihrer Freunde erfahren und ihre Überzeugungen besser verstehen, wenn Sie weiterhin gezielte Fragen stellen. Dadurch erhalten Sie die Informationen, anhand derer Sie später weitere Fragen stellen und damit die Schwachstellen in ihren Sichtweisen offenlegen können. Diese Erkenntnisse helfen Ihnen dabei, eine Brücke für zukünftige Gespräche zu schlagen.

Wenn wir also die Ansichten von Menschen besser verstehen und herausfinden wollen, wie wir am besten mit ihnen sprechen, müssen wir drei Dinge klären: inwieweit ihre Schlussfolgerungen von ihrer Weltanschauung geprägt sind, wie ihr Verhalten ihre Sicht der Welt verstärkt, und wie sehr sie Weltanschauungen vermischen. Alle diese Aspekte sind sehr wichtig, wenn wir ihren Standpunkt tatsächlich verstehen wollen.

3. Ermutigen Sie Ihre Gesprächspartner, die Tragfähigkeit ihrer Grundlagen zu überprüfen.
Menschen sind in der Regel wenig motiviert, ihre Glaubensüberzeugungen zu verändern. Wir müssen unseren Freunden also bei der Überprüfung helfen, ob ihre Grundlage aus Weltanschauungen tragfähig ist. Dafür stellen wir ihnen gezielte Fragen, statt ihnen vorzugeben, was sie glauben sollen. Pollard sieht das genauso:

> Ich habe Informationen, die ich an sie weitergeben möchte. Das möchte ich so tun, dass sie ermutigt werden, selbst zu denken, Fragen zu stellen und eigene Schlüsse zu ziehen. In der Regel heißt das, dass ich ihnen die Informationen eher in Form einer Frage zur Verfügung stelle als in einer Aussage. Es gibt da keine Standardlösung, aber

ich verwende gerne Formulierungen wie: „Darin steckt viel Wahrheit, aber hast du schon einmal darüber nachgedacht ...?"[104]

Mindestens zwei praktische Messlatten helfen Menschen dabei, herauszufinden, ob ihr Glauben tragfähig ist. Fragen Sie sie zunächst, ob sich ihre Glaubensüberzeugungen konsequent *bestätigen* lassen. Ist das nicht der Fall, sind sie auch nicht wahr. Manche Dinge können wir zwar *sagen*, sie jedoch nicht *bestätigen*. So kann ich beispielsweise *sagen,* dass ich kein Wort Englisch spreche, es jedoch nicht sinnvoll *bestätigen*. Ich kann nicht etwas sinnvoll bestätigen, wenn ich es, um diese Aussage zu machen, abstreiten muss. „Keine Aussage ist wahr, wenn das Gegenteil der Fall sein muss, um diese Aussage treffen zu können."[105] So ist es prinzipiell unmöglich, die Aussage zu bestätigen, dass wir nichts über die letztliche Wahrheit wissen können, denn um die Aussage überhaupt treffen zu können, setzen wir voraus, etwas über die letztliche Wahrheit zu wissen. Deshalb kann zum Beispiel der Nihilismus nicht bestätigt werden. Wenn jemand behauptet, dass es keine Sinn und keine Werte gibt, weiß er zumindest das Recht wertzuschätzen, diesen Glauben auszusprechen.

Pantheismus als Weltanschauung kann nicht bestätigt werden, weil er lehrt, dass Gott zwar existiert, wir als Individuen aber nicht. Aber ein Mensch muss existieren, um sagen zu können, dass Gott existiert, er selbst jedoch nicht.

Die Aufforderung eines Atheisten, an den Atheismus zu glauben, weil er die Wahrheit ist, ergibt keinen Sinn. Einem Atheisten fehlt die Grundlage, an irgendetwas zu glauben, das weder Materie noch Energie ist. Er hat kein Recht, solche Aussagen über die Wahrheit zu machen. Es ist wie bei einem Arzt, dem freie Hand gelassen wird, sich in die Wirtschaftspolitik der Regierung einzumischen. Er hat kein Recht, sich zu diesem Thema zu äußern. Um den Atheismus als Wahrheit zu verkünden und seinen Glauben daran zu bestätigen, muss sich der Atheist aus der Decke der Christen das Konzept der „Wahrheit" borgen. Und dann hat er die Stirn, zu fragen, ob ihm überhaupt jemand die Decke der Wahrheit gegeben hat.[106]

Jede andere Weltanschauung mit Ausnahme des Theismus kann sich also nicht selbst bestätigen, sie führt sich selbst ad absurdum.[107] Der Theismus hingegen kann bestätigt werden und ist daher wahr, denn er widerspricht sich nicht nur nicht, er stimmt mit der Realität überein und kann somit nicht *geleugnet* werden.[108] Wenn sich eine Weltanschauung nicht prinzipiell bestätigen lässt, kann sie nicht wahr sein. Das ist die erste Messlatte, anhand derer andere Menschen die Stärke ihrer Überzeugungen messen können.

Die zweite Messlatte ist das Prinzip der *Lebbarkeit*.[109] Wenn unsere Sichtweise tatsächlich der Wahrheit entspricht, muss man sie auch leben können. Wenn etwas wahr ist, muss es praktikabel sein. Umgekehrt ist aber etwas, das gelebt werden kann, nicht zwangsläufig auch wahr. So kann man zum Beispiel behaupten, dass man einige buddhistische Prinzipien durchaus leben kann, trotzdem entspricht dieser Glaube nicht der Wahrheit. Aber die pantheistische Ansicht, dass die ultimative Realität jenseits von Gut und Böse ist, kann eindeutig nicht gelebt werden.

Ich stelle Studenten, die an ihrem pantheistischen Weltbild festhalten, gerne folgende Frage: „Warum glauben Sie etwas, leben aber etwas ganz anderes?" Meistens muss ich das etwas erläutern. Ich erkläre ihnen, dass eine einzige ultimative Realität, wenn es sie denn gibt, jenseits von Gut und Böse sein muss, denn sonst müsse es mindestens zwei Realitäten geben. Und doch haben die meisten Pantheisten den Glauben daran verinnerlicht, dass bestimmte Dinge richtig oder falsch sind. Weil der Pantheismus nicht zwischen Liebe und Grausamkeit unterscheidet, wird es ein Mensch als schwierig empfinden, das im Alltag zu leben.[110] Außerdem: Wenn es tatsächlich nur eine einzige Realität gibt, ist die Vielfalt, die wir im Leben wahrnehmen, reine Illusion. Und doch lebt der Pantheist sein Leben nicht so, als gebe es nur eine einzige Realität. Er unterscheidet zwischen richtig und falsch und zeigt mit seinem Leben, dass er von Pluralität ausgeht. Das, was ein Pantheist zu glauben vorgibt, stimmt also nicht mit seinem Leben überein.

Auch echten Relativismus kann man nicht leben. Es ist eine Sache, zu behaupten, dass Moral nur eine Frage der persönlichen

Vorliebe ist, doch es ist etwas ganz anderes, sein Leben ohne jede Moralvorstellung zu führen. Unser ganzes Leben fällen wir Entscheidungen auf den Prinzipien von „gut vs. böse", „richtig vs. falsch" und „moralisch vs. unmoralisch". Daher ist die Philosophie des Nihilismus[111] nicht praktikabel. Der Vater des Nihilismus, Friedrich Nietzsche höchstpersönlich, beklagte seine unerträgliche Einsamkeit und die Leere in einem Leben ohne Gott.[112]

Mithilfe dieser beiden Messlatten – „Kann dein Glaubenssystem bestätigt werden?" und „Kann dein Glaubenssystem gelebt werden?" – können wir unseren Gesprächspartnern helfen, ihren Glauben zu überprüfen.

4. Konzentrieren Sie Ihre Fragen auf das, was am meisten heraussticht.

Leider begehen manche Christen den Fehler, Apologetik wie einen Hammer einzusetzen, und wundern sich dann, warum sie so wenig Erfolg haben. Um das Verhalten eines Menschen zu ändern, ist es wenig erfolgversprechend, ihm alle Punkte aufzuzeigen, in denen er versagt hat. Wie bereits gesagt, sollten wir auch im Streit mit einem Ehepartner oder Freund nicht sämtliche Schwächen in deren Überzeugungen ansprechen. Das treibt sie nur in die Defensive und führt dazu, dass sie sich emotional von uns zurückziehen. Stattdessen sollten wir behutsam unsere *Hauptanliegen* und einige der für uns offensichtlichen Schwachstellen in ihren Aussagen ansprechen, in der Hoffnung, dass auch sie diese Schwachstellen sehen.

Genauso ist es nur weise, wenn wir in unserem Zeugnis Nichtgläubigen gegenüber lediglich unsere Hauptanliegen ansprechen, über die sie nachdenken sollten. Wir sollten sie nicht mit der ganzen Wahrheit auf einmal erschlagen. Unsere fleischliche Natur verleitet uns leicht dazu, über Menschen herzufallen und ihnen zu zeigen, warum sie unrecht haben und wir recht. Doch wir brauchen die Führung des Heiligen Geistes, um zu wissen, wann, wo und wie wir apologetische Hilfsmittel einsetzen sollen.

Wir müssen strategisch planen, welche Fragen wir wie einsetzen. Das gilt vor allem für unser heutiges Zeitalter, in dem logisches Denken oft als Streitsucht empfunden wird. Unser Gegenüber fühlt sich schnell in die Defensive gedrängt und verweigert fortan jedes weitere Gespräch. Es ist wichtig, dass die anderen uns als Verbündete wahrnehmen, die ihnen in ihrem Ringen beistehen wollen, und nicht als Feinde, die sie glauben angreifen zu müssen, selbst wenn sie uns in einigen Punkten recht geben.

5. Machen Sie sich mit einigen der grundlegenden Beweise für den christlichen Glauben vertraut.
Lernen Sie die zwölf apologetischen Schritte aus Kapitel 6 auswendig. Diese zwölf Punkte sind als Argumente für den christlichen Glauben sehr hilfreich, um die drängendsten Einwände eines Skeptikers gegenüber dem Christentum festzumachen. Dadurch finden wir leichter heraus, wo derjenige in Bezug auf Jesus steht, und wir erkennen, wann wir noch einmal zum vorigen Punkt zurückkehren müssen, um ihn zu vertiefen. Ansonsten verlieren wir unser Gegenüber auf dem Weg zur abschließenden Schlussfolgerung.

Wenn jemand zum Beispiel nicht von der historischen Zuverlässigkeit des Neuen Testaments überzeugt ist (Punkt 6), liegt das vielleicht daran, dass er Wunder grundsätzlich nicht für möglich hält (Punkt 4). Und seine Probleme mit Wundern rühren vielleicht daher, dass er nicht vollkommen von der Existenz eines theistischen Gottes überzeugt ist (Punkt 3) usw. Wenn wir die gesamte Argumentationskette verinnerlicht haben, können wir das eigentliche Problem schneller erkennen und uns damit befassen, demjenigen bei der Überwindung dieser Hürde zu helfen.

6. Lernen Sie ein paar der Schlüsselfragen auswendig.
Auswendig gelernte Schlüsselfragen sind in Gesprächen mit Menschen unterschiedlicher Weltanschauungen sehr hilfreich. Auf www.conversationalevangelism.com finden Sie eine Liste mit Fragen auf Englisch („Key Questions to Ask Non-Christians"), die speziell auf Atheisten, Agnostiker, Muslime, Hindus, Buddhisten oder Taoisten zugeschnitten sind. Außerdem finden Sie dort Vorschläge für Gespräche mit Zeugen Jehovas, Mormonen und jüdischen Nichtgläubigen.

7. Bitten Sie Gott um Weisheit
„Wenn aber jemand von euch Weisheit mangelt, so bitte er Gott, der allen willig gibt und keine Vorwürfe macht, und sie wird ihm gegeben werden" (Jakobus 1,5). Da wir nicht immer verstehen, mit welchen tiefer liegenden Problemen die Menschen tatsächlich zu kämpfen haben, ist es besonders notwendig, den Heiligen Geist um Weisheit zu bitten, welche Fragen wir wann stellen sollen. Denken Sie daran, dass Gott der große Heiler ist. Wenn wir seine Diagnose vernehmen, können wir dem Betroffenen das entsprechende Medikament verabreichen.

Zusammenfassung

Diese sieben Tipps – Richten Sie sich nach dem Tempo Ihres Gesprächspartners; verstehen Sie ihre Sichtweise; ermutigen Sie Ihre Gesprächspartner, die Tragfähigkeit ihrer Grundlagen zu überprüfen; konzentrieren Sie Ihre Fragen auf das, was am meisten heraussticht; machen Sie sich mit einigen der grundlegenden Beweise für den christlichen Glauben vertraut; lernen Sie ein paar der Schlüsselfragen auswendig; bitten Sie Gott um Weisheit – helfen uns dabei, die Menschen dieses Jahrtausends im Rahmen der Evangelisation im Dialog effektiver zu erreichen. Genauso wichtig ist es, sensibel mit heiklen Themen umzugehen, damit sie ihre Glaubensüberzeugungen überdenken und vielleicht sogar motiviert werden, einen zweiten Blick auf Jesus zu riskieren.

Zum Nachdenken

1. Heute ist das Zeugnisgeben zum Teil noch schwerer als früher, weil unsere christlichen Überzeugungen in so einem krassen Gegensatz zu unserer Gesellschaft stehen. Wir müssen nicht nur wissen, *was* wir den Menschen sagen, sondern auch *wie* wir es sagen, um die Chancen zu maximieren, dass wir angehört werden.

2. Wir sollten vor allem darauf achten, dass wir nicht streitsüchtig, angeberisch, arrogant, herablassend oder

unsensibel auftreten. Für ein konstruktives Gespräch wollen wir außerdem lernen, unsere Fragen möglichst besonnen zu stellen.

3. Die Weltanschauung unserer nicht-gläubigen Freunde zu verstehen ist der beste Weg, um herauszufinden, welche Fragen beim Zeugnisgeben am effektivsten sind.

4. Schlussfolgerungen aufgrund verinnerlichter Weltanschauungen führen oft zu unterschiedlichen Sichtweisen und daher massiven Meinungsverschiedenheiten. Ihre Freunde kommen daher aufgrund der von Ihnen vorgestellten Beweise vielleicht für Sie völlig unerwartet zu vollkommen anderen Schlussfolgerungen. Behalten Sie das im Hinterkopf, wenn Sie in einem Gespräch in eine Sackgasse geraten.

5. Es ist nicht immer leicht, die passende Frage zu finden, die die Schwachstellen im Glauben von Menschen aufdeckt, vor allem, wenn sie verschiedene Weltanschauungen vermischen und in ihren religiösen Überzeugungen nicht konsequent sind.

6. Auch wenn manche Menschen bestreiten, dass etwas definitiv oder absolut richtig oder falsch sein kann (im Gegensatz zu relativ richtig oder falsch), denken Sie daran, dass auch sie in ihrem Leben ständig Entscheidungen auf der Grundlage von gut versus böse, richtig versus falsch und moralisch versus unmoralisch fällen.

7. Im Zeitalter des Relativismus sind die zwei Messlatten, anhand derer wir immer noch Wahrheit von Lüge unterscheiden können, die Fragen, ob etwas eindeutig *bestätigt* werden kann und ob man es *leben* kann.

8. Auch wenn es nicht zwingend notwendig ist, ist es doch hilfreich, sich mit dem Glauben der Angehörigen anderer

Religionen zu beschäftigen, bevor wir ihnen vom Evangelium erzählen. Sie sind dann nicht nur selbstbewusster, Sie wissen auch besser, welche gezielten Fragen Sie stellen können, durch die die Schwachstellen ans Tageslicht gefördert werden. Fangen Sie an, indem Sie eines der am Ende dieses Buches empfohlenen Materialien erwerben und lesen.

9. Angesichts der rasanten Ausbreitung des Islams sollten Sie sich die Zeit nehmen, sich mit den grundlegenden Lehren dieser Religion zu befassen; sei es, dass Sie etwas darüber lesen, oder, noch besser, sich mit einem Moslem unterhalten. Versuchen Sie auch, andere nicht-christliche Glaubensrichtungen gleichermaßen zu verstehen.

10. Wenn Sie Probleme haben, die Glaubensüberzeugungen eines anderen nachzuvollziehen, lassen Sie sich nicht entmutigen, sondern fragen Sie so lange nach, bis Sie sich ein ungefähres Bild von diesem Glauben machen können.

Praktische Anwendung

1. Unsere Gespräche mit Menschen sind geprägt von deren Weltanschauungen. Achten Sie also darauf, welche Weltanschauungen in den Gesprächen mit Ihren nicht-gläubigen Freunden anklingen. Auch wenn sie darin nicht immer konsequent sind, versuchen Sie herauszufinden, in welche Kategorie von Weltsicht die meisten ihrer Überzeugungen fallen.

2. Wenn Sie das nächste Mal in eine Sackgasse geraten, weil jemand im Gespräch eine vollkommen andere religiöse Sichtweise vertritt, überlegen Sie sich, ob Sie in Ihrer Argumentation für Jesus nicht ein paar Schritte in der Zwölf-Punkte-Liste zurückgehen.

3. Überlegen Sie, auf welcher Grundlage Sie Ihre Entscheidungen im Leben treffen. Dann machen Sie sich Gedanken über

die Konsequenzen, wenn Sie sich willentlich so entscheiden würden, als würde es überhaupt keinen Unterschied machen. Was hat zum Beispiel die Auffassung, dass es kein absolutes Richtig oder Falsch gibt, für Konsequenzen, wenn es um das Herunterladen urheberrechtlich geschützter Musik oder Filme geht? Um Ihr Zeugnis gegenüber postmodernen Menschen effektiver zu gestalten, versuchen Sie, die relativistische Denkweise zu verstehen, und integrieren Sie Ihre Erkenntnisse in die Gespräche.

4. Lernen Sie einige der Schlüsselfragen unter „Key Questions to Ask Non-Christians" (Schlüsselfragen für Nichtchristen) auf www.conversationalevangelism.com auswendig (englisch).[113] Bei nächster Gelegenheit können Sie sie einem Atheisten, Agnostiker, Buddhisten, Hindu, Moslem, Zeugen Jehovas, Mormonen oder nicht-gläubigen Juden stellen. Am besten formulieren Sie sie mit eigenen Worten.

5. Lernen Sie die zwölf apologetischen Punkte auswendig (siehe Kapitel 6). Versuchen Sie, in den Diskussionen Ihre Fragen so zu stellen, dass Ihre Freunde die Wahrheit für sich selbst entdecken, aber trotzdem zu denselben Schlussfolgerungen kommen wie Sie. Üben Sie sich darin, Ihre Fragen so aneinanderzureihen, dass Sie mit jeder gestellten und beantworteten Frage ein Stückchen mehr zu einer gemeinsamen Überzeugung gelangen. Wenn Sie die wichtigsten Punkte auswendig kennen, laufen Sie nicht Gefahr, Punkte zu überspringen, durch die ein anderer zu der Einsicht kommen kann, dass der christliche Glaube tatsächlich vernünftig und dass es ein großes geistliches Abenteuer ist, Gott kennenzulernen.

KAPITEL 9

WIE REAGIEREN WIR AUF WEIT VERBREITETE, ABER FALSCHE VORSTELLUNGEN, DIE UNSERE EVANGELISATION BEEINTRÄCHTIGEN?

David: Halten Sie es für wichtig, woran wir glauben, oder ist die Hauptsache, dass wir überhaupt an etwas glauben?

Student: Ich denke, es gibt verschiedene Arten von Glauben. Meiner Meinung nach kann man an die Liebe glauben, an eine Religion, an Gott, an die Familie. Ich halte den Glauben im Allgemeinen für sehr wichtig. Man muss auf jeden Fall auf irgendetwas vertrauen, ob es nun das Schicksal, der Glaube oder sonst etwas ist.

David: Würden Sie mir zustimmen, dass für Christen nicht der Glaube an sich, sondern der Gegenstand ihres Glaubens zählt? Paulus sagt nämlich in 1. Korinther 15: „Wenn aber Christus nicht auferweckt ist, so ist euer Glaube nichtig."

Student: Ich weiß nicht, was ich dazu sagen soll ... Ich mag die Vorstellung, einfach einen allgemeinen Glauben zu haben, da mein Glaube sehr viele Gegenstände beinhaltet. Damit will ich nicht sagen, dass es wichtig ist, diese Ziele auch zu erreichen. Aber für mich ist der Glaube an sich sehr wichtig.

David: Glauben Sie an Aufzüge?

Student: Klar, ich fahre ständig damit.

David: Aber Sie kontrollieren nicht vorher, ob der Aufzug einen Boden hat, bevor Sie einsteigen?

Student: Nein ... ich steige einfach ein.

David: Aber meinen Sie nicht, es wäre sinnvoll, vor dem Betreten nachzugucken, ob da wirklich ein Boden ist?

Student: Im Grunde schon.

David: Also ist es nicht nur wichtig, Glauben zu haben, sondern auch der Gegenstand unseres Glaubens zählt.

Student: Ja, das sehe ich ein.

Es lässt sich nicht leugnen, dass unsere heutige Welt mitbestimmt, wie viel Frucht wir beim Evangelisieren bringen. Doch viele von uns sind sich gar nicht des verheerenden Einflusses bewusst, den diese weltweite Krise im Denken der Menschen auch auf den normalen Christen hat. In seinem Buch *Love Your God with All Your Mind* (Liebe deinen Gott mit deinem ganzen Verstand) stellt der Apologet J. P. Moreland die ernüchternde Frage: „Wie kann jemand 20 oder 30 Jahre lang aktives Mitglied einer evangelikalen Gemeinde sein und trotzdem *so gut wie nichts* über Geschichte und Theologie des Christentums wissen, über die Methoden und Mittel zum ernsthaften Bibelstudium und über die notwendigen Fähigkeiten und Kenntnisse, um das Christentum in einer post-christlichen, neoheidnischen Welt zu verteidigen?"[114]

Das Problem ergibt sich häufig aus den weit verbreiteten falschen Vorstellungen unter Christen, die ihr eigenes Glaubensverständnis beeinträchtigen. Doch manche dieser irrigen Meinungen haben auch einen negativen Einfluss darauf, wie sehr wir die Vor-Evangelisation in unserem Zeugnis wertschätzen und anwenden. Drei der häufigsten Fehlannahmen sind:

1. Was meinen wir mit biblischem Glauben (der Glaube muss einen Gegenstand haben)?

2. Welche Rolle spielt der Verstand, wenn jemand zu Jesus kommt (Unterschied zwischen dem Glauben, *dass* es Jesus gibt, und dem Glauben *an* Jesus)?

3. Was bedeutet es in 1. Petrus 3,15, dass wir bereit sein sollen, Rechenschaft zu geben?

Nachfolgend befassen wir uns mit diesen drei Punkten und zeigen, wie uns das korrekte Verständnis in unserem Zeugnis hilft.

Was ist biblischer Glaube?
Manche Menschen gehen davon aus, dass biblischer Glaube etwas ist, das nicht bewiesen werden kann und daher blind geglaubt werden muss. Doch der biblische Glaube beinhaltet nicht nur den Glauben des Gläubigen, sondern auch den Gegenstand unseres Glaubens. Viele Christen verstehen diese simple Wahrheit heute nicht mehr. Der Meinungsforscher George Barna berichtet: „Etwa einer von vier (26 %) der wiedergeborenen Gläubigen meinte, es sei nicht wichtig, welcher Religion man angehört, weil sie alle dasselbe lehren."[115] Doch der Apostel Paulus sagt in 1. Korinther 15,14: „Wenn aber Christus nicht auferweckt ist, so ist also auch unsere Predigt inhaltslos, inhaltslos aber auch euer Glaube."

Unser Glaube ist also immer nur so stichhaltig wie das, war er zum Gegenstand hat. Nicht der Glaube an sich zählt, sondern der Gegenstand des Glaubens. Paulus fordert uns auf, sorgfältig zu prüfen, woran wir glauben und worauf wir vertrauen. Nur, weil wir ernsthaft an etwas glauben, ist dieses Vertrauen nicht gerechtfertigt. Viele Dummheiten, an die niemand glauben sollte, werden uns als Wahrheit verkauft. Wir sollten weise genug sein, keinem Glauben anzuhängen, wenn er durch keinerlei Beweise gestützt wird.

Kaum jemand von uns würde eine Operation am offenen Herzen von einem Arzt durchführen lassen ohne irgendeine Art von Beweis dafür, dass es sich um einen kompetenten Chirurgen oder eine kompetente Chirurgin handelt. Genauso sollten wir auch religiöse Wahrheitsansprüche prüfen, bevor wir sie als wahr annehmen und ihnen unser Leben widmen. Ein Glaube bekommt nur durch den Gegenstand seinen Wert. Und der Glaube wird nur glaubwürdig, wenn wir Beweise haben, dass dieser Gegenstand unser Vertrauen verdient. Wenn wir verstehen, wie die Bibel den Glauben sieht, wird uns auch die Wichtigkeit der Vor-Evangelisation bewusst, denn der Gegenstand unseres Glaubens ist das, was zählt, nicht der Glaube an „irgendetwas".

Die Beziehung zwischen Glaube und Verstand

Doch Christen haben nicht nur falsche Vorstellungen vom biblischen Glauben, sondern auch von der Beziehung zwischen Glauben und Verstand. Genauer gesagt: Welche Rolle spielt der Verstand, wenn ein Mensch zu Jesus findet? Weil sie diese Frage nicht beantworten können, sind viele Christen so schlecht vorbereitet, um den Einflüssen von Skeptizismus, Relativismus, Pluralismus und Postmodernismus zu begegnen.

Die Bibel hilft uns dabei, diese Beziehung zwischen Glauben und Verstand zu verstehen. Erstens legt die Bibel in keiner Weise nahe, dass der biblische Glaube ein „blinder" Glaube sei. Wie bereits an anderer Stelle gezeigt, sprach auch Jesus den Verstand an und legte Beweise vor, um Menschen zum Glauben zu führen. Die Autoren des Alten und Neuen Testaments liefern uns reichlich Beweise dafür, dass Gott existiert und sich in der Person Jesu Christi offenbart hat. Einer der bedeutendsten Unterschiede zwischen dem christlichen Glauben und allen anderen Religionen besteht darin, dass das Christentum an einem einzigen historischen Ereignis hängt: der Auferstehung Jesu Christi. Wenn die Auferstehung nicht stattgefunden hat, ist das Christentum wertlos. Wenn sie aber stattgefunden hat (und dafür gibt es reichlich Beweise)[116], dann ist das Christentum wahr.

Der biblische Glaube ist außerdem kein blinder Glaube, weil er einen Sinn ergibt. Die folgenden biblischen Beispiele belegen diese Wahrheit.

- Gottes Segen für und seine Versorgung von Israel. Durch seine Segnungen Israels untermauerte er seinen Anspruch auf alleinige Anbetung. Gott gebrauchte Israel, um die Nationen davon zu überzeugen, ihm ihre Herzen zuzuwenden, und um seinen souveränen Erlösungsplan für die Menschheit umzusetzen (1. Mose 12,3; Psalm 67,8).
- Die Wunder, die Gottes Propheten Mose (2. Mose 7,5) und Elia (1. Könige 18,2-38) wirkten.
- Die Wunder, die Jesus und seine Apostel wirkten (Johannes 20,30-31; Apostelgeschichte 5,12-16; 2. Korinther 12,12; Hebräer 2,1-4).

Außerdem sind wir aufgefordert, Gott mit unserem Verstand zu lieben. In Markus 12,29-30 zitiert Jesus aus dem Alten Testament und sagt: „Höre, Israel: Der Herr, unser Gott, ist ein Herr; und du sollst den Herrn, deinen Gott, lieben aus deinem ganzen Herzen und aus deiner ganzen Seele und aus deinem ganzen Verstand und aus deiner ganzen Kraft!" Der biblische Glaube ist ein mit Beweisen belegter Glaube (Johannes 21,25; 1. Johannes 1,1-2). Doch manche Menschen sagen: „Ich dachte, das Christentum erfordert einen Glaubensschritt?" Ja, es ist ein Glaubensschritt. Aber ein Glaubensschritt ins Licht hinein – in das Licht der hinreichenden Beweise. Es ist kein Glaubensschritt ins Dunkle.

Dazu ein Beispiel. Jemand möchte in das oberste Stockwerk eines Gebäudes. Er drückt auf den Knopf, und zwei Aufzugtüren gehen auf. Im einen ist es vollkommen dunkel, sodass man noch nicht einmal den Fußboden richtig erkennen kann, und niemand steigt aus. Der zweite ist gut beleuchtet, und ein großer Mann steigt aus. Welcher Aufzug ist sicherer? Welcher bietet Ihnen den besten Beweis, dass er Sie sicher ins oberste Stockwerk bringen kann? Natürlich ist auch das Benutzen dieses Aufzugs ein Glaubensschritt. Doch es ist ein Glaubensschritt hinein in das Licht der guten Beweise. Bei dem anderen Aufzug ist es ein Glaubensschritt ins Dunkle. Der christliche Glaube ist wie der zweite Aufzug.

Auch wenn Beweise – gute Beweise – vorliegen, ist Glaube vonnöten. Aber ich kann Gott in all dem vertrauen, was ich nicht weiß, weil er mir all das offenbart hat, was ich weiß. Der biblische Glaube beinhaltet das Vertrauen auf Gott in Bereichen, die ich selbst nicht vollkommen verstehe. Doch gleichzeitig liegen mir genügend Beweise vor, dass derjenige, auf den ich vertraue, vertrauenswürdig ist.

Manchen Menschen erscheint das töricht. Doch auch viele unserer alltäglichen Entscheidungen beruhen darauf, dass wir Menschen, Prinzipien oder Dingen vertrauen, die wir nicht verstehen. Ohne ein gewisses Maß an Glauben oder Vertrauen können wir weder eine Straße überqueren, noch Autofahren, auf einem Stuhl sitzen oder das Licht einschalten.

Genauso erfordert auch der biblische Glaube, dass wir Gott in Bereichen vertrauen, die wir vielleicht nur zum Teil, aber keinesfalls vollständig verstehen. So sagt uns unser Verstand, dass Gott existiert (Römer 1,20), doch nur mithilfe unseres Verstandes könnten wir nie wissen, dass der ewige Gott in drei Personen existiert. Ein Christ kann Gott in Bereichen vertrauen, die er nicht vollständig begreift, da er gute Gründe hat, Gott auf Grundlage seines bisherigen Wissens für vertrauenswürdig zu halten.

Außerdem ist der biblische Glaube ein Glaubensschritt, weil er den Verstand zwar übersteigt, ihm jedoch nie widerspricht (2. Korinther 1,18). Gott hat in seinem Wort Dinge offenbart, die unser Vermögen übersteigen, sie allein mit dem Verstand zu erfassen, und doch laufen sie unserem Verstand nicht zuwider. So ist die christliche Lehre der Dreieinheit ein Geheimnis, aber kein Widerspruch. Gott ist drei Personen in einem Wesen, nicht drei Personen in einer Person oder drei Wesen in einem Wesen, was beides ein Widerspruch wäre.

Genauso bedeutet die Lehre von der Menschwerdung nicht, dass Gott, als er Mensch wurde, sein göttliches Wesen gegen ein menschliches Wesen eintauschte. Stattdessen nahm die zweite Person der Dreieinheit („Wer?") ein menschliches Wesen an („Was?"), sodass Gott jetzt sowohl ein göttliches als auch ein menschliches Wesen hat (zwei „Was?") und doch eine Person bleibt (ein „Wer"?).[117] Jesus war also gleichzeitig Gott und Mensch, und doch unterschieden sich sein göttliches und sein menschliches Wesen – zwei unterschiedliche Wesen in einer Person. Das ist ein Geheimnis, aber kein Widerspruch.

Beweise und Verstand gehören also zum biblischen Glauben; dabei übersteigt der Glaube unseren Verstand, widerspricht ihm jedoch nicht. Die Bibel erklärt, dass Gottes Gedanken höher sind als unsere (Jesaja 55,9), doch Gott hat uns so viel darüber offenbart, wer er ist, und seine Treue in so vielfältiger Weise demonstriert, dass wir ihm auch in Bereichen vertrauen können, die wir nicht vollständig verstehen. Biblischer Glaube kann daher definiert werden als ein „Vertrauen in Dinge, die ich aus gutem Grund für wahr halte, auch wenn die Beweise nicht erschöpfend sind".

Darauf kann man erwidern: „Welche Rolle spielt dann der Verstand, wenn jemand zu Jesus kommt?" Bei der Antwort auf diese Frage ist es sehr wichtig, zu unterscheiden zwischen dem Glauben daran, *dass* es Jesus gibt, und dem Glauben *an* Jesus. Jakobus sagt: Auch die Dämonen *glauben, dass* Gott existiert (Jakobus 2,19), doch wir wissen, dass sie nicht *an Gott glauben*. Sie haben verstandesmäßiges Wissen über Gott, aber keinen *Glauben an* und damit keine Beziehung zu Gott. In der Praxis bedeutet dieser Unterschied, dass wir beim Zeugnisgeben immer auf die zwei Entscheidungen hinweisen, die in Bezug auf Jesus getroffen werden müssen. Zuerst muss man entscheiden, ob die Beweise ausreichen, um zu *glauben, dass* Jesus tatsächlich der ist, der er zu sein behauptete. Sobald das geklärt ist, folgt die schwierigere Entscheidung: ob man Jesus seinen Glauben und sein Vertrauen schenkt und *an ihn glaubt.* Man kann gute Gründe haben, zu glauben, dass Jesus wirklich Gott ist, und trotzdem nicht an ihn glauben.

Kehren wir noch einmal zu dem Beispiel mit den Aufzügen zurück. Ein vernünftiger Mensch hat ausreichend Beweise, *dass* der Aufzug ihn dorthin bringt, wo er hinmöchte, bevor er den Glaubensschritt unternimmt und *an* den Aufzug glaubt. So sollte ein vernünftiger Mensch auch ausreichend Beweise dafür haben, *dass* Gott existiert und *dass* Jesus der Sohn Gottes ist, der für seine Sünde gestorben und wiederauferstanden ist, bevor er tatsächlich *an ihn glaubt*. Ohne vorherige Beweise an ihn zu glauben ist blinder Glaube.

Oft hört man die Worte: „Vertraue einfach auf Jesus." Doch ein vernünftiger Mensch fragt darauf: „Welcher Jesus?" Der Jesus des modernen Liberalismus ist nicht von den Toten auferstanden. Der Jesus der Zeugen Jehovas ist ein erschaffenes Wesen, Michael der Erzengel. Und der Jesus der Mormonen ist ein Geistwesen und der Bruder Luzifers. Keine dieser Jesusfiguren kann Menschen erlösen. Menschlicher Glaube ist nie besser als sein Gegenstand. Nur der Glaube an den historischen Jesus von Nazareth, den ewigen Sohn Gottes, der für unsere Sünden gestorben und von den Toten wiederauferstanden ist, kann uns erlösen (Römer 10,9; 1. Korinther 15,1-8).

Apologetik, das dürfen wir nicht vergessen, beruht auf diesem „Glauben, dass" und nicht auf dem „Glauben an". So kann ein Mensch zum Beispiel anhand umfassender Beweise glauben, dass ein anderer Mensch einen fantastischen Ehepartner abgeben würde, doch das führt noch nicht dazu, dass er oder sie zu demjenigen auch „Ja, ich will" sagt. Es ist eine Entscheidung des Willens, nicht allein des Intellekts.

So können die Beweise für den christlichen Glauben niemanden dazu zwingen, an Jesus zu glauben, und mögen sie noch so schlagend sein. Beweise beziehen sich auf den „Glauben, dass", nicht aber auf den „Glauben an". Glaube an Jesus bedeutet, darauf zu vertrauen, dass der Tod Jesu am Kreuz für meine Sünden bezahlt hat, und entsprechend dieser Wahrheit zu leben. Der biblische Glaube beinhaltet mehr als das intellektuelle Fürwahr-Halten, dass Jesus der Messias ist; er bedeutet die tägliche Hingabe an und das Vertrauen in den Gott des Universums, der sich in der Person Jesu offenbart hat (Johannes 1,12). Wahrer biblischer Glaube führt auch dazu, dass Gottes Kraft uns von innen heraus verändert (Römer 12,2; Philipper 2,13).

Diese Unterscheidung hat gravierende Auswirkungen auf unsere Herangehensweise an Evangelisation. Wir können niemanden mithilfe von Apologetik ins Himmelreich argumentieren. Die Bibel lehrt, dass der Heilige Geist im Leben eines Menschen wirken *muss*, damit derjenige Jesus annimmt. Jesus sagte in Johannes 6,65: „Niemand kann zu mir kommen, es sei ihm denn vom Vater gegeben." Glaube und Verstand müssen also Hand in Hand zusammenarbeiten, wenn Menschen für Jesus gewonnen werden sollen. Apologetik ist ein Hilfsmittel, damit jemand „glaubt, dass" Jesus der Messias ist, doch sie kann nie dazu verwendet werden, um jemanden zum „Glauben an" ihn zu zwingen. Dennoch spielt Apologetik aus mehreren Gründen eine wichtige Rolle:

- Apologetik kann intellektuelle Glaubenshindernisse aus dem Weg räumen, damit der Heilige Geist freie Bahn hat, Menschen ihrer Sünde zu überführen und sie zu bekehren.
- Apologetik kann einen Christen davon überzeugen, dass sein Glaube vernünftig ist.
- Apologetik schafft ein höheres Maß an Gewissheit, dass der christliche Glaube wahr ist, sodass Christen eher bereit zur Evangelisation sind.

Paulus sprach so überzeugend, „dass eine große Menge Juden und Griechen gläubig wurde" (Apostelgeschichte 14,1). Später argumentierte er mit Heiden in Lystra, dass Gott „sich selbst nicht unbezeugt gelassen" (Apostelgeschichte 14,17) und ihnen durch die allgemeine Offenbarung Beweise zur Verfügung gestellt hat, sodass sie „keine Entschuldigung haben" (vgl. Römer 1,19-20). Paulus war auch häufig in der Synagoge und „redete mit ihnen an drei Sabbaten aus der Schrift, tat sie ihnen auf und legte ihnen dar: Der Christus musste leiden und auferstehen von den Toten" (Apostelgeschichte 17,2). Als Folge davon ließen sich einige „überzeugen und schlossen sich Paulus und Silas an, auch eine große Menge von gottesfürchtigen Griechen, dazu nicht wenige von den angesehensten Frauen" (17,4). Später, auf dem Areopag, diskutierte er mit den Philosophen und führte Beweise aus der Natur an (17,26-29). Daraufhin schlossen sich „einige Männer ... ihm an und wurden gläubig; unter ihnen war auch Dionysius, einer aus dem Rat, und eine Frau mit Namen Damaris und andere mit ihnen" (17,34).

Gott gebrauchte hier also eindeutig Apologetik, um Menschen zum Glauben an Jesus zu führen; sie kann und sollte daher auch heute eine wichtige Rolle in unserer Evangelisation spielen. Wie effektiv sie ist, hängt allerdings davon ab, wie sensibel wir sie einsetzen. Doch das Fazit lautet: Glaube und Verstand widersprechen einander nicht.[118]

Zum Antworten bereit sein

In Petrus 3,15 werden wir aufgefordert, jederzeit bereit zu sein, Rechenschaft über unseren Glauben abzulegen. Selbst wenn uns nie jemand über den Weg läuft, der uns schwierige Fragen über unseren Glauben stellt, sollten wir dennoch für den Fall der Fälle bereit sein, Rede und Antwort zu stehen.

In einer post-christlichen und anti-christlichen Gesellschaft wird es zunehmend wahrscheinlich, dass Christen aufgefordert werden, schwierige Fragen zu beantworten. Dafür spricht auch der Erfolg des Buches, das ich (Norman) zusammen mit Ravi Zacharias geschrieben habe: *Wer schuf den Schöpfer? Antworten auf unbequeme Fragen über Gott und den christlichen Glauben.*[119] Eigentlich handelte es sich nur um überschüssiges Material eines anderen Buches, doch es verkauft sich sogar noch besser, weil Menschen schwierige Fragen gestellt bekommen und Antworten brauchen.

Manche Menschen denken irrigerweise, wir müssten nur antworten, wenn wir von Nichtgläubigen etwas gefragt werden. Dieses „Bereit-Sein" beinhaltet jedoch mehr, als nur darauf zu warten, dass uns jemand etwas fragt. Das griechische Wort *(hetoimos)*, das hier für „bereit sein" verwendet wird, ist dasselbe wie für unsere Erwartung der Wiederkunft Jesu (Matthäus 24,44; Lukas 12,40). In 1. Petrus 3,15 meint „bereit sein" also, Fragen oder Einwände von Nichtgläubigen zu erwarten.

Wenn wir 1. Petrus 3,15 mit 2. Korinther 10,5 und 1. Korinther 9,22 kombinieren, wird deutlich, dass unsere Verantwortung als Christen darin liegt, die Fragen und Einwände unserer nicht-gläubigen Freunde *eifrig zu erwarten*. „Bereit zu sein setzt nicht nur voraus, dass ich die nötigen Informationen parat habe, sondern es ist vielmehr eine Haltung: dass ich bereit und willens bin, über die Wahrheit meines Glaubens zu sprechen."[120] Außerdem sollen wir bereit sein, angemessen auf quälende Fragen zu reagieren, *ob uns die Frage gestellt wird oder nicht.* So ging auch der Apostel Paulus in Apostelgeschichte 17 vor, als er mit den Polytheisten sprach. Er wartete nicht ab, bis sie ihre Fragen oder Einwände vorbrachten; er ging in die Offensive und sprach die Schwachstellen in ihren Überzeugungen an (Apostelgeschichte 17,23-29).

So sollen auch wir die Fragen und geistlichen Einwände von Nichtgläubigen erwarten, ähnlich wie eine Mutter die Bedürfnisse ihrer Kinder erwartet und Gläser mit kaltem Saft für sie bereithält, wenn sie vom Spielen in der Hitze hereinkommen. Diese Geisteshaltung sollten wir uns aneignen, wenn wir Zeugnis geben. Die Verantwortung liegt bei uns, Hindernisse aus dem Weg zu räumen und Menschen dabei zu helfen, Jesus einen Schritt näherzukommen, ob sie uns nun eine spezielle Frage stellen oder nicht.

Diese Klarstellung, was mit „bereit sein" gemeint ist, hat weitreichende Implikationen. Wenn uns wirklich die Verantwortung zufällt, unsere nicht-gläubigen Freunde Jesus jeden Tag einen Schritt näherzubringen, wie 1. Korinther 3,6 und 1. Korinther 9,22 nahelegen, sowie die apologetische Aufgabe, potenzielle Barrieren (ob konkret ausgesprochen oder nicht) gegenüber Jesus aus dem Weg zu räumen, dann wird das unsere Herangehensweise an Evangelisation *radikal verändern*. In jeder Begegnung mit unseren Freunden werden wir die hauptsächlichen Hürden auszumachen versuchen, die sie davon abhalten, ihr Vertrauen auf Jesus zu setzen. In jedem Gespräch suchen wir nach Gelegenheiten, Brücken zu bauen, indem wir sie durch unsere Fragen zum Nachdenken anregen, die die weitere Unterhaltung in eine geistliche Richtung steuern können. In jedem Gespräch mit unseren nicht-christlichen Freunden versuchen wir, Hürden aufzuspüren und auszumerzen, die unseren Freunden auf dem Weg zum Kreuz im Weg stehen. All das ist keine Zugabe, sondern die Grundlage unserer Verantwortung als Jünger Jesu Christi in der Welt.

In 1. Petrus 3,15 heißt es, dass eine Möglichkeit, wie wir Jesus zum Herrn unseres Lebens machen („den Herrn, den Christus, in [unseren] Herzen heilig" halten), darin besteht, Rechenschaft zu geben. Es ist aber klar, dass sich „Rechenschaft geben" nicht darauf beschränkt, nur auf ausdrücklich gestellte Einwände einzugehen, sondern bedeutet, dass wir Hürden aufspüren, die den geistlichen Weg eines Menschen einschränken. Wie können wir also Jesus wahrhaft zum König unseres Lebens machen, wenn wir nicht jeden Tag nach Gelegenheiten suchen, um unsere nicht-gläubige Freunde Jesus einen Schritt näherzubringen? Möge Gott uns, wie den Männern Issaschars, helfen, unsere Zeit zu verstehen (1. Chronik 12,32), damit wir wissen, was zu tun ist.

Zum Nachdenken

1. Stimmen Sie den Autoren zu, dass es wichtig ist, die drei wichtigsten falschen Vorstellungen von Christen über ihren Glauben klarzustellen, damit sie die Notwendigkeit erkennen und den Wunsch entwickeln, Apologetik in der Evangelisation einzusetzen?

2. Denken Sie daran, dass es zulässig ist, Apologetik zu verwenden, um die Barrieren (ob konkret angesprochen oder nicht) zwischen Ihren Freunden und Jesus niederzureißen. Das wird unsere Herangehensweise an Evangelisation *radikal verändern*. In jedem Gespräch mit unseren Freunden versuchen wir, die Hürden aufzuspüren, die unsere Freunde davon abhalten, ihr Vertrauen auf Jesus zu setzen, und suchen nach Gelegenheiten, Brücken zu bauen, indem wir sie durch unsere Fragen zum Nachdenken anregen, die sie einen Schritt nach vorne bringen.

3. Wir erkennen die Aufforderung der Bibel in 1. Petrus 3,15 an, dass wir stets bereit sein sollen, Rechenschaft über unseren christlichen Glauben abzulegen. Viele von uns versuchen bei diesem Gebot, das Gesetz ganz buchstäblich zu erfüllen, aber was würde es in der Praxis bedeuten, wenn wir dem eigentlichen Wesen dieses Gebots Folge leisten würden?

4. Wenn es wirklich stimmt, dass der Glaube nur durch den Gegenstand seinen Wert bekommt und nur glaubwürdig wird, wenn wir Beweise haben, dass dieser Gegenstand unser Vertrauen verdient, was können und sollen wir dann in unserem Zeugnisgeben ändern, um diesen Glauben widerzuspiegeln?

Praktische Anwendung

1. Stimmen Sie den Autoren zu, dass einige der falschen Vorstellungen von Christen über ihren eigenen Glauben Einfluss darauf haben, ob sie die Notwendigkeit erkennen und den Wunsch entwickeln, Vor-Evangelisation zu betreiben? Wenn ja, was können Sie in Ihrer Gemeinde unternehmen, um mit einigen dieser falschen Vorstellungen in den Köpfen anderer Christen aufzuräumen?

2. Da ich nun die angemessene Rolle von Glaube und Verstand in meinem Zeugnis besser verstehe, will ich ab heute _____ (tragen Sie hier das Entsprechende ein).

3. Wir haben gelernt, was es nach 1. Petrus 3,15 bedeutet, zur Rechenschaft bereit zu sein. Was können Sie nun ganz praktisch tun, um Jesus im Hinblick auf Ihre apologetische und evangelistische Aufgabe mehr und mehr zum Herrn Ihres Lebens zu machen?

4. Beten Sie dafür, dass der Herr Ihnen ein mitleidiges Herz für Ihre Mitmenschen schenkt, die Jesus noch nicht kennen. Bitten Sie außerdem darum, dass der Heilige Geist die Quelle Ihrer Stärke und Weisheit sein möge. Und nun gehen Sie demütig und im Bewusstsein der Wahrheit in alle Welt und zeigen Sie den Menschen durch Ihr Leben und Ihre Worte den Heiland, den Sie kennenlernen durften, und helfen Sie ihnen, ihm einen Schritt näherzukommen.

„ FAZIT "

Um mehr Bekehrungen zu Jesus zu erleben, müssen wir ein tieferes Verständnis für unsere heutigen Zeiten entwickeln. Das bedeutet in unserer Welt, dass die Vor-Evangelisation essenzieller Bestandteil allen evangelistischen Trainings und Bemühens sein muss. Wir hoffen darauf, dass durch die in diesem Buch vorgestellten Prinzipien Evangelisation für uns mehr wird als eine reine Pflichtübung, dass wir vielmehr voller Freude dabei sind und dadurch im Leben unserer Freunde, Familienangehörigen, Kollegen und Bekannten etwas bewirken können.

Doch vielleicht fühlen sich einige von Ihnen von den vielen geschilderten Schritten und Vorgehensweisen überfordert. Vielleicht zweifeln Sie daran, dass Sie die meisten oder auch nur ein paar der dargestellten Punkte erfüllen können. Daher halten wir es für sinnvoll, noch einmal einige der in der Einleitung beschriebenen Dinge zu wiederholen, damit wir nicht den Mut verlieren.

Erstens müssen wir uns daran erinnern, dass die Kunst, Gespräche über den Glauben zu führen, Zeit und Übung braucht, erst recht in einer Gesellschaft, die den christlichen Überzeugungen zunehmend ablehnend gegenübersteht. Auch sollten wir im Kopf behalten, dass wir im Zeugnisgeben erst einmal Krabbeln lernen müssen, bevor wir laufen können; und dass wir zuerst Laufen lernen müssen, bevor wir selbstbewusst rennen können. Oder mit einem anderen Bild: So wie wir uns bei unseren ersten Versuchen, Rad zu fahren, öfters die Knie aufgeschürft haben, müssen wir auch bei dieser Evangelisationsmethode mit dem einen oder anderen „Unfall" unterwegs rechnen. Doch wir haben uns damals nicht von ein paar blauen Flecken und Schrammen vom Radfahren abhalten lassen, und wir sollten uns auch heute nicht vom Erlernen neuer Fähigkeiten abbringen lassen. Durch diese neuen Fähigkeiten kann, ungeachtet der zu erwartenden kleinen Hindernisse, viel Frucht entstehen.

Um in der Vor-Evangelisation effektiv zu sein, müssen wir uns vor allem auf unsere Grundlagen konzentrieren. Dabei definieren wir zuerst den Begriff der Evangelisation neu und denken daran, dass es sich bei Evangelisation um einen Prozess handelt (1. Korinther 3,6). Wir können unseren nicht-gläubigen Freunden jeden Tag durch unsere Worte und unser Leben dabei helfen, Jesus einen Schritt näherzukommen. Zweitens ist es manchmal effektiver, wenn unsere Gesprächspartner die Wahrheit für sich selbst entdecken, indem wir ihnen gezielte Fragen stellen und sie so zum Nachdenken bringen (2. Timotheus 4,3-4).

Damit unsere Vor-Evangelisation ein wirklich ganzheitlicher Ansatz ist, müssen wir in diesem Prozess wenigstens *vier verschiedene Arten von Gesprächen* unterscheiden: zuhörende Gespräche, erhellende Gespräche, aufdeckende Gespräche und aufbauende Gespräche. Das entspricht jeweils einer bestimmten Rolle, die wir im Leben dieser Freunde spielen: die Rolle *des Musikers, des Malers, des Archäologen und des Baumeisters*. Zwar sollten wir immer mit zuhörenden Gesprächen beginnen, doch wir dürfen nicht vergessen, dass der weitere Verlauf des Gesprächs von der Situation unseres Gegenübers und von der Leitung des Heiligen Geistes abhängt. Darum ist die Vor-Evangelisation mehr eine Kunst als eine Wissenschaft.

Um möglichst effektiv zu sein, sollten wir außerdem die drei Aspekte (Zweifel, Defensive, Wunsch nach mehr) im Kopf behalten. Unser Ziel ist es, mit unseren Fragen *Zweifel* (Unsicherheit) an ihren Überzeugungen zu säen, ohne sie dabei in die *Defensive* zu drängen, und gleichzeitig in ihnen den *Wunsch* zu wecken (sie neugierig zu machen), mehr zu hören.

Wir wollen ihre Fragen so beantworten, dass wir eine Brücke zum Kreuz schlagen. Wenn wir also versuchen, das eigentliche Problem oder die eigentliche Frage hinter der gestellten Frage zu ergründen, helfen wir unserem Gegenüber möglicherweise dabei, Jesus einen Schritt näherzukommen.

Dies sind alles Schritte, die uns in unserem Zeugnis effektiver machen können, doch dürfen wir dabei nicht vergessen, dass alle unsere Methoden nur von zweitrangiger Bedeutung sind. Unsere heutigen *Probleme beim Zeugnisgeben rühren in der Regel nicht von der falschen Methode her, sondern von mangelnder geistlicher Reife.* Schlägt unser Herz für Gott, und ist uns das (die verlorenen Menschen) wichtig, was auch Gott wichtig sind? Wenn wir Gottes Herz haben, dann werden wir bei unseren Gesprächen mit nicht-gläubigen Freunden alles Zulässige unternehmen, um Gottes Reich zu verbreiten und seine Ziele bekanntzumachen. Das Wichtigste ist, dass Sie und ich ein größeres Herz und eine stärkere Leidenschaft für Gott entwickeln und uns mehr für die verlorenen Menschen um uns herum einsetzen.

Warum liegen uns diese Verlorenen nicht mehr am Herzen? Als Student saß ich (David) gerne auf einer Bank auf dem Campus und beobachtete die vorbeigehenden Leute. Einmal begann ich zu weinen, weil mir in diesem Moment eine ernüchternde Tatsache ganz neu bewusst wurde: Wenn niemand diesen Menschen von Jesus erzählte, würden sie bis in alle Ewigkeit von Gott getrennt sein. Und doch habe ich nicht mehr dieselbe Leidenschaft für Gott und Mitleid mit den Verlorenen wie früher, vor allem, wenn es um mir fremde Menschen geht. Ich glaube, dafür gibt es mindestens drei Gründe. Vielleicht können Sie sich mit einigen dieser Probleme identifizieren.

Erstens sind wir vielleicht nicht alle *hundertprozentig von der Wahrheit des christlichen Glaubens überzeugt* (Johannes 8,32). Einmal unterhielt ich mich mit einem Studenten, der behauptete, Christ zu sein, doch zugab, nicht von sich aus mit anderen Leuten über seinen Glauben zu reden. Auf meine Frage nach dem Warum antwortete er: „Ich glaube zwar, dass Jesus der Weg, die Wahrheit und das Leben ist, aber ich glaube nicht fest genug daran, dass ich anderen davon erzählen möchte."

Leider stellen heute viele Christen die Grundlagen ihres Glaubens infrage. Eine Umfrage eines Meinungsforschungsinstitutes ergab, dass 57 Prozent der evangelikalen Kirchgänger in den USA glaubten, viele Religionen würden zum ewigen Leben führen. [121] Das sollte uns nicht überraschen, da wir in einem Zeitalter leben, indem die biblische Geschichte Jesu zunehmend infrage gestellt wird. Das zeigt sich zum Beispiel am grandiosen Erfolg des Buches und des Films *Sakrileg* vor einigen Jahren. Ebenso am wohlwollenden Interesse an der alternativen Lebensgeschichte Jesu in *Das verschollene Evangelium: Die abenteuerliche Entdeckung und Entschlüsselung des Evangeliums des Judas Iskarioth*. Die traditionelle christliche Überlieferung wurde durch die in *The Lost Tomb of Jesus* (Das verlorene Grab Jesu) aufgestellten Hypothesen noch weiter angefochten. Und die erfolgreiche Trilogie von Philip Pullman *(Der goldene Kompass, Das magische Messer* und *Das Bernstein-Teleskop)* ist ein „Frontalangriff auf das Christentum, die Kirche und Gott selbst".[122]

Das führt dazu, dass nicht nur viele Nichtgläubige das traditionelle Verständnis des christlichen Glaubens infrage stellen, sondern auch Christen trotz handfester Beweise für das Gegenteil Zweifel an ihrem Glauben entwickeln. Dem zweifelnden Studenten entgegnete ich: „Wenn Sie Fragen haben, suchen Sie nach Antworten. Als Christen müssen wir keine Angst vor der Wahrheit haben." Jesus selbst beauftragte seine Jünger: „Ihr werdet die Wahrheit erkennen, und die Wahrheit wird euch frei machen" (Johannes 8,32). Der Apostel Paulus erinnert uns daran, dass die Tatsache der Auferstehung Jesu der Kernpunkt unseres Glaubens ist; wenn es keine Auferstehung gab, ist das Christentum bedeutungslos (1. Korinther 15,12-20). Auch Lukas betont in seinem Evangelium, dass diese Dinge aufgeschrieben wurden, „damit du die Zuverlässigkeit der Dinge erkennst, in denen du unterrichtet worden bist" (Lukas 1,4).

Als Christen müssen wir also Antworten auf diese quälenden Fragen finden, die uns in unserem Dienst und unserer Hingabe an Gott behindern. Wenn wir nämlich davon überzeugt sind, dass Jesus derjenige ist, der er zu sein behauptet, und wir seine Macht in unserem Leben und dem Leben unserer Freude immer stärker wahrnehmen, dann treibt uns das dazu an, Menschen von der guten Nachricht zu erzählen. Wenn wir wirklich begreifen, was Jesus zu tun vermag, können auch wir, wie Petrus und Johannes, nicht aufhören, von unseren Erfahrungen mit Jesus zu berichten (siehe Apostelgeschichte 4,20). Nehmen wir uns also die Ermahnung Elias zu Herzen, nicht länger zwischen zwei Meinungen zu schwanken, sondern unser Leben dem zu widmen, der unsere bedingungslose Treue und Anbetung verdient hat (1. Könige 18,21).

Damit wir ein größeres Herz für Gott und mehr Mitgefühl mit den Verlorenen entwickeln können, müssen wir von der *Wahrheit des christlichen Glaubens, den wir verkünden, überzeugt sein.* Zweitens *ist uns oftmals das Ausmaß unserer Vergebung nicht bewusst* (Lukas 7,47). Das mag daran liegen, dass wir vergessen haben, wer wir ohne Jesus sind. Wie viele von uns sind überzeugt, dass unsere Sünden *ewige Strafe und Trennung von Gott* verdienen? Leider vergessen wir als Christen oft die biblische Lehre, dass wir alle an Gottes Standards scheitern (Römer 3,23) und dass vor Gott „all unsere Gerechtigkeiten wie ein beflecktes Kleid" sind (Jesaja 64,5).

Selbst als Christen sind wir weder Gott noch uns selbst gegenüber ehrlich in Bezug auf unseren geistlichen Zustand ohne Jesus. Wer von uns ist davon überzeugt, dass wir ohne Gottes wundersame Gnade in unserem Leben die gleichen Verbrechen begehen könnten wie Hitler? Solange uns dieses Verständnis fehlt, begreifen wir das Ausmaß unserer menschlichen Verderbtheit und die Schwere unserer Sünde nicht. Und erst wenn uns die Schwere unserer Sünde bewusst wird, lernen wir das Ausmaß von Gottes Vergebung zu schätzen, die uns bei der Bekehrung zuteilwurde.

In Lukas 7 speiste Jesus mit Simon, einem Pharisäer, und sprach mit ihm über die sündige Frau, die seine Füße mit ihren Tränen benetzte, sie mit ihren Haaren abtrocknete und sie mit Öl übergoss. Jesus sagte dem empörten Pharisäer: „Ihre vielen Sünden sind vergeben, denn sie hat viel geliebt; wem aber wenig vergeben wird, der liebt wenig" (V. 47).

Eine wichtige Lehre, die wir aus dieser Geschichte ziehen können, lautet: Wenn wir vergessen, wie viel uns vergeben wurde, beeinträchtigt das unsere Leidenschaft für Gott und unsere Bereitschaft, ihm zu dienen. Wenn Sie und ich wirklich verstehen, wie sehr Gott uns liebt, indem wir uns das Ausmaß unserer Vergebung klarmachen, macht uns das frei, ihm zu dienen, und zwar nicht aus Pflichtgefühl oder Zwang heraus, sondern aus Liebe. Dann werden uns die Dinge wichtig, die Gott wichtig sind, und wir werden durch die Liebe Gottes, die wir selbst erfahren, befähigt, andere Menschen zu lieben. Denn die Bibel selbst lehrt uns: „Wir lieben, weil er uns zuerst geliebt hat" (1. Johannes 4,19).

Dann dienen wir Gott auch langfristig, weil es aus der richtigen Motivation heraus geschieht, nicht aus Pflichtgefühl oder Zwang heraus, sondern weil wir von Dankbarkeit überwältigt sind für alles, was er für uns getan hat. Je mehr wir begreifen, wie viel uns vergeben wurde, umso mehr verstehen wir auch, wie sehr Gott uns liebt. Deswegen liebte die sündige Frau Jesus so sehr. Auch ihr war bewusst, wie viel ihr vergeben und wie sehr sie durch Gottes Liebe verändert worden war.

Drittens *vergessen wie die Dringlichkeit unserer Aufgabe.* Seien wir ehrlich – viele von uns fühlen sich von den Prüfungen des Lebens so überwältigt, dass wir es schon als Sieg empfinden, den Tag zu überstehen. Man entwickelt schnell einen Tunnelblick, konzentriert sich nur auf die naheliegenden, diesseitigen und materiellen Probleme und übersieht dabei das große Ganze sowie die Perspektive der Ewigkeit. Wir vergessen, wie notwendig es ist, anderen Menschen von der guten Nachricht zu erzählen.

Mit seiner überspitzten Aussage macht Jesus uns das deutlich: „Wenn deine rechte Hand dir Anlass zur Sünde gibt, so hau sie ab und wirf sie von dir! Denn es ist dir besser, dass eins deiner Glieder umkommt und nicht dein ganzer Leib in die Hölle geworfen wird" (Matthäus 5,30). So schlimm es auch ist, einen Arm oder ein Bein zu verlieren, es ist noch ungemein schlimmer, für alle Ewigkeit von Gott getrennt zu sein. Der größte Akt der Liebe besteht also darin, dass wir anderen Menschen von der guten Nachricht erzählen, die die Macht hat, unser Leben zu verändern, und die uns eine Zukunft und eine Hoffnung für das Morgen gibt.

Leider machen sich heutzutage viele die gefährlichen Konsequenzen nicht klar, wenn Menschen Jesus ablehnen. Zu Beginn meines Dienstes wurde ich eingeladen, bei einer Podiumsdiskussion mit Vertretern mehrerer Religionen für das Christentum zu sprechen. Alle anderen Teilnehmer fügten am Ende ihrer Ausführungen die Aussage hinzu: „Aber ich möchte niemanden zu meinem Glauben bekehren."

Ich war der letzte Sprecher, und wie Sie sich vorstellen können, fühlte ich mich durch diesen Konsens versucht, etwas Ähnliches zu sagen. Ich betete kurz um Weisheit und wusste auf einmal, was ich sagen sollte. Ich stellte meinem Publikum eine Frage, die ich auch in diesem Buch schon erwähnt habe, und die ich seit damals immer wieder erfolgreich einsetze.

„Stellen Sie sich vor, Ihr bester Freund wäre in einem brennenden Gebäude gefangen ...", sagte ich. „Was für ein Freund wären Sie, wenn Sie ihn einfach verbrennen lassen würden? Kein besonders guter, oder?" Dann sagte ich dem Publikum: „Ich möchte die Menschen einfach vor den Gefahren warnen, die ihnen drohen, wenn sie Jesus ablehnen."

Mit diesen Worten schien ich die Zuhörer ins Herz getroffen zu haben, denn einen Moment lang war es so still, dass man eine Stecknadel hätte fallen hören können! Der Heilige Geist hatte mit der Wahrheit Gottes einen Durchbruch erzielt!

Das, was heutzutage in der Welt alles passiert, sollte uns mehr denn je dazu antreiben, die gute Nachricht zu verbreiten.

Warum fällt es uns so schwer, ein Herz für Gott und eine Leidenschaft für die Verlorenen zu entwickeln? Vielleicht liegt es daran, dass *wir nicht von der Wahrheit des christlichen Glaubens überzeugt sind*. Oder dass *uns das Ausmaß unserer Vergebung nicht bewusst ist*. Oder aber *wir vergessen die Dringlichkeit unserer Aufgabe*. Sobald wir diese Hürden überwunden haben und Gott in uns ein größeres Herz für ihn und eine Leidenschaft für die Verlorenen schafft, können uns die in diesem Buch vorgestellten Methoden neue Türen für das Evangelium öffnen.

Möge Gott uns allen helfen, in unserem Zeugnis kreativer zu werden, sodass immer mehr Menschen die Botschaft des Evangeliums hören und darauf reagieren können. Mögen wir außerdem selbst immer eifriger nach Möglichkeiten suchen, von der guten Nachricht zu erzählen; heute, morgen und für den Rest unseres Lebens!

HILFSMITTEL FÜR EVANGELISATION UND APOLOGETIK

⌑ Level 1

Bücher und Artikel
Sie stehen noch ganz am Anfang. Sie benötigen Material, das die Grundlagen des christlichen Glaubens leicht verständlich erläutert. Vielleicht haben Sie auch einen nicht-christlichen Freund, der von einfachen Texten profitiert. Mit einem (*) gekennzeichneten Werke eignen sich hervorragend für Nichtchristen.

Lehre
The Essentials of the Faith, 14 DVDs, Norman Geisler, www.InternationalLegacy.org
* *Weisst du Bescheid? Biblische Grundwahrheiten verständlich gemacht*, Paul Little, Bundes-Verlag
* *Der christliche Glaube: eine Einführung*, John Stott, SCM R. Brockhaus

Evangelisation im Dialog:
Bekehre nicht – lebe!: so wird Ihr Christsein ansteckend, Bill Hybels und Mark Mittelberg, Gerth Medien
Larry Moyer's How-To *Book on Personal Evangelism*, Larry Moyer
Heraus aus dem Salzfass: Menschen gewinnen – wie pack ich's an, Rebecca Pippert, Verlag der Liebenzeller Mission

Apologetik:
Living Loud, Norman Geisler und Joseph Holden
Reasons for Belief, Norman Geisler and Patty Tunnicliffe

Wer ist Jesus?:
* *Wer ist dieser Mensch?*, Josh McDowell, CLV/SCM Hänssler
* *Is Jesus God?* John Maisel (unter www.meeknessandtruth.org)

* *Jesus: God, Guru or Ghost*, Jon Buell

Häufig gestellte Fragen:
* *Weisst du Bescheid? Biblische Grundwahrheiten verständlich gemacht*, Paul Little, Bundes-Verlag

💬 Level 2

Sie sind schon eine Weile dabei. Sie sollten etwas mehr in die Tiefe gehen, weil Sie bereits regelmäßig über Ihren Glauben sprechen und dabei immer wieder schwierige Fragen gestellt bekommen.

Lehre:
Conviction Without Compromise, Norman Geisler und Ron Rhodes
A Survey of Bible Doctrine, Charles Ryrie
Charts of Christian Theology and Doctrine, Wayne House

Evangelisation im Dialog:
Der lebende Beweis: Evangelisation als Lebensstil, Jim Petersen, Francke

Apologetik:
New Evidence That Demands a Verdict, Josh McDowell
I Don't Have Enough Faith to be an Atheist, Norman Geisler und Frank Turek
Wenn Skeptiker fragen: Fragen an den christlichen Glauben, Norman Geisler und Ronald Brooks, Christliche Verlagsgesellschaft Dillenburg (vergriffen)

Wer ist Jesus?:
* *Der Fall Jesus*, Lee Strobel, Gerth Medien
* *Jesus – der einzig wahre Gott?*, Ravi Zacharias, Brunnen (vergriffen)

Häufig gestellte Fragen:
Wer schuf den Schöpfer? Antworten auf unbequeme Fragen über Gott und den christlichen Glauben, Ravi Zacharias und Norman Geisler, Gerth Medien (vergriffen)
I'm Glad You Asked, Kenneth Boa und Larry Moody
* *Pardon, ich bin Christ*, C. S. Lewis, Fontis–Brunnen

* *Glaube im Kreuzverhör*, Lee Strobel, Gerth Medien (vergriffen)

Glaube und Verstand:
Love Your God with All Your Mind, J. P. Moreland

Umgang mit schwierigen Bibelstellen:
Antworten auf schwierige Fragen zur Bibel, Norman Geisler und Thomas Howe, Christliche Verlagsgesellschaft Dillenburg, erscheint März 2018

Hard Sayings of the Bible, Peter Davids, F. F. Bruce, Manfred Brauch und Walter Kaiser

Umgang mit anderen Weltanschauungen:
Die Welt aus der Sicht der anderen: Informationen über Weltanschauungen, James Sire, Hänssler

A Handbook on World Views, Norman Geisler und William Watkins (elektronische Version unter: www.BastionBooks.com)

Umgang mit Darwinismus:
Defeating Darwinism by Opening Minds, Philip Johnson
Darwin on Trial, Philip Johnson
A Politically Incorrect Guide to Darwinism, Jonathan Wells
The Design of Life, William Dembski und Jonathan Wells
Fossilien. Stumme Zeugen, Duane Gish, CLV (vergriffen)
Signature in the Cell, Stephen Meyer
The Cell's Design, Fazale Rana
Origins of Life, Fazale Rana and Hugh Ross

Umgang mit Mormonen
Reasoning from the Scriptures with Mormons, Ron Rhodes
Speaking the Truth in Love to Mormons, Mark Cares

Umgang mit Zeugen Jehovas:
Reasoning from the Scriptures with the Jehovah's Witnesses, Ron Rhodes
Jehovah's Witnesses Answered Verse by Verse, David Reed

Umgang mit New-Age-Anhängern:
The Infiltration of the New Age, Norman Geisler und J. Yutaka Amano

Umgang mit dem Islam:
Reaching Muslims for Christ, William Saal
Answering Islam, Norman Geisler und Abdul Saleeb

Umgang mit Atheismus:
A Shattered Visage: The Real Face of Atheism, Ravi Zacharias
Kann man ohne Gott leben? Ravi Zacharias, Brunnen-Verlag
The Atheist's Fatal Flaw, Norman Geisler und Daniel McCoy

💭 Level 3

Es ist zu Ihrem Lebensinhalt geworden, die Verlorenen zu erreichen, und Sie finden sich beim Zeugnisgeben immer wieder in schwierigen Situationen.

Lehre:
Systematic Theology, in One Volume, Norman Geisler
Grundlagen biblischer Lehren, Lewis Sperry Chafer, Christliche Verlagsgesellschaft Dillenburg (vergriffen)

Evangelisation im Dialog:
Telling the Truth: Evangelizing Postmoderns, Hg.: D. A. Carson
Von Jesus reden, Nick Pollard, Francke (vergriffen)
Finding Common Ground, Tim Downs
True for You, But Not for Me, Paul Copan

Wer ist Jesus?:
* *The Case for the Resurrection of Jesus*, Gary Habermas und Michael Licona

Apologetik:
Why I Am a Christian, Norman Geisler und Paul Hoffman
Twelve Points That Show Christianity Is True, 12 Lektionen auf DVD, Norman Geisler, www.InternationalLegacy.org
Reasonable Faith, William Craig
Handbook of Christian Apologetics, Peter Kreeft und Ronald Tacelli

Beweise für Intelligent Design:
The Design Revolution, William Dembski

Antworten auf die Postmoderne:
The Gagging of God, D. A. Carson

Umgang mit Relativismus:
Relativism, Francis Beckwith und Gregory Koukl
Die Abschaffung des Menschen, C. S. Lewis, Johannes-Verlag
Truth in Religion, Mortimer Adler

Häufig gestellte Fragen:
Antworten auf schwierige Fragen zur Bibel, Norman Geisler und Thomas Howe, Christliche Verlagsgesellschaft Dillenburg, März erscheint März 2018
Wenn Skeptiker fragen: Fragen an den christlichen Glauben, Norman Geisler und Ronald Brooks, Christliche Verlagsgesellschaft Dillenburg (vergriffen)

Umgang mit Sekten:
Kingdom of the Cults, Walter Martin
Countering the Cults, Norman Geisler und Ron Rhodes

Umgang mit chinesischen Religionen:
A Biblical Approach to Chinese Traditions and Beliefs, Daniel Tong
Faith of Our Fathers, Chan Kei Thong

Umgang mit dem Islam:
Answering Islam: The Crescent in Light of the Cross, Norman Geisler und Abdul Saleeb

Umgang mit New-Age-Anhängern:
Apologetics in the New Age, Norman Geisler und David Clark
Unmasking the New Age, Douglas Groothuis

Umgang mit Reinkarnation:
The Reincarnation Sensation, Norman Geisler und J. Yutaka Amano

Umgang mit anderen Weltanschauungen:
Worlds Apart: A Handbook on World Views, Norman Geisler und William Watkins

Wer ist Jesus?:
Das Kreuz, John Stott, Francke, edition smd

Weltreligionen:
Weltreligionen im Überblick, Dean Halverson, SCM Hänssler (vergriffen)
Neighboring Faiths, Winfried Corduan

💭 *Level 4*

Apologetik:
Christian Apologetics, Norman Geisler
The Big Book of Christian Apologetics, Norman Geisler

Hilfreiche apologetische Internetseiten:
Access Research Network: www.arn.org
Apologetics Index: www.apologeticsindex.org
BastionBooks.com (Norman Geislers E-Book-Website)
Bible Query: www.biblequery.org (Steve Morrisons Website)
Christian Answers Network: www.christiananswers.net
Christian Research Institute (Hank Hanegraaff): www.equip.org
William Lane Craig: http://www.reasonablefaith.org/
Norman Geisler: www.normgeisler.com
Meekness and Truth (David Geisler): www.meeknessandtruth.org
Probe Ministries (Kerby Anderson): www.probe.org
Reasons to Believe (Hugh Ross): www.reasons.org
Stand to Reason (Greg Koukl): www.str.org
Watchman Fellowship, Inc. (für Hilfe mit Sekten): www.watchman.org
Ravi Zacharias International Ministries: www.rzim.org
Um jüdische Nichtgläubige zu erreichen: www.jewsforjesus.org; http://realmessiah.com/
Für Gespräche mit Muslimen: www.answering-islam.org; www.gnfcw.com; www.muslimhope.com
Für Gespräche mit Hindus: www.karma2grace.org/

ANHANG 1

Gesprächsstrategien der Vor-Evangelisation

Eine Strategie entwickeln, um Freunde, Familienmitglieder, Kollegen und Bekannte zu erreichen

Name der Person			
Schritt 1 (Hören) **Hören** Sie *die schiefen* Töne der Menschen ***Fragen Sie sich selbst:*** • Was glauben sie? • Was ist ihre Geschichte? • Welche Weltanschauung haben sie? • Wonach sehnt sich ihr Herz, das Jesus ihnen geben kann? • Welche schiefen Töne (Schwachstellen) höre ich in ihrer Geschichte?	*Was höre ich?* *Arten von schiefen Tönen* *Beispiel 1*	*Was höre ich?* *Arten von schiefen Tönen* *Beispiel 1*	*Was höre ich?* *Arten von schiefen Tönen* *Beispiel 1*

Arten von Schwachstellen			
• **Glauben kontra Sehnsucht des Herzens** • Sie glauben das eine, doch ihr Herz sehnt sich nach etwas anderem.	*Beispiel 2*	*Beispiel 2*	*Beispiel 2*
• **Glauben kontra Verhalten** • Sie glauben das eine, doch ihr Verhalten/ihr Leben spricht eine andere Sprache.	*Beispiel 3*	*Beispiel 3*	*Beispiel 3*
• **Glaube kontra Glaube** • Sie haben zwei verschiedene Glaubensüberzeugungen, die sich widersprechen.	*Beispiel # _*	*Beispiel # _*	*Beispiel # _*
• **Unlogischer Glaube** • Ihr Glaube ist widersprüchlich und ergibt kaum Sinn.			
Auf welche „schiefen Töne" sollte ich mich in meinem Gespräch mit ihnen konzentrieren?			

Schritt 2 (Erhellen) **Helfen** Sie Menschen durch Ihre Fragen dabei, selbst die Wahrheit ans Licht zu bringen, sodass • klar wird, woran sie glauben • sie die Schwachstellen in ihrem Glauben erkennen **Finden Sie heraus,** wie Ihre Fragen *wirken,* indem Sie sich fragen, ob sie: • Zweifel sichtbar werden lassen • meine Gesprächspartner nicht in die Defensive treiben • den Wunsch wecken, mehr zu hören.	*Fragen Sie sich selbst:* *Welche Begriffe muss ich erklären?* *Wie sollte ich meine Frage am besten formulieren?* *Eine Anschlussfrage:* *Eine zum Nachdenken anregende Frage, die Interesse an einem weiterführenden Gespräch weckt.*	*Fragen Sie sich selbst:* *Welche Begriffe muss ich erklären?* *Wie sollte ich meine Frage am besten formulieren?* *Eine Anschlussfrage:* *Eine zum Nachdenken anregende Frage, die Interesse an einem weiterführenden Gespräch weckt.*	*Fragen Sie sich selbst:* *Welche Begriffe muss ich erklären?* *Wie sollte ich meine Frage am besten formulieren?* *Eine Anschlussfrage:* *Eine zum Nachdenken anregende Frage, die Interesse an einem weiterführenden Gespräch weckt.*

Schritt 3 **Decken** Sie die wahren Barrieren Ihres Gegenübers in Bezug auf das Evangelium auf (z. B. ihre Geschichte und wie sie zu ihrem Glauben gekommen sind) • Finden Sie heraus, ob sie angemessen sind • Finden Sie heraus, um welche Art von Barriere es sich handelt • Fördern Sie emotionalen Ballast zutage • Decken Sie Fragen oder Probleme auf • Finden Sie heraus, welches die größte Barriere ist • Finden Sie heraus, was Ihre Gesprächspartner motiviert • Finden Sie die maßgeblichen Willensfaktoren heraus	*Fragen Sie sich selbst:* *Größtes Hindernis* *Beispiele für aufdeckende Fragen:*	*Fragen Sie sich selbst:* *Größtes Hindernis* *Beispiele für aufdeckende Fragen:*	*Fragen Sie sich selbst:* *Größtes Hindernis* *Beispiele für aufdeckende Fragen:*

Schritt 4 **Bauen** Sie eine Brücke zu Jesus, indem Sie Beweise liefern und nach Möglichkeiten suchen, Menschen einzuladen, ihm zu vertrauen. *(Was ist das Wichtigste, das Sie während der Schritte 1 bis 3 herausgefunden haben? Entwickeln Sie darauf aufbauend eine Strategie, wie Sie von der Vor- zur eigentlichen Evangelisation übergehen können.)* • Finden Sie die richtige Balance • Suchen Sie einen gemeinsamen Nenner • Bauen Sie eine Brücke • Lernen Sie den Ansatz auswendig • Behalten Sie das Ziel im Auge • Leiten Sie zur Evangelisation über	*Fragen Sie sich selbst:* *Wie kommen wir auf einen gemeinsamen Nenner? (Wo überschneiden sich meine Interessen mit denen meiner Freunde)?* *Mit welchen Planken kann ich meine Brücke bauen?* *Welche Art von Brücke (Kopf- oder Herzensbrücke) ist im Zeugnis meinem Freund gegenüber am effektivsten?*	*Fragen Sie sich selbst:* *Wie kommen wir auf einen gemeinsamen Nenner? (Wo überschneiden sich meine Interessen mit denen meiner Freunde)?* *Mit welchen Planken kann ich meine Brücke bauen?* *Welche Art von Brücke (Kopf- oder Herzensbrücke) ist im Zeugnis meinem Freund gegenüber am effektivsten?*	*Fragen Sie sich selbst:* *Wie kommen wir auf einen gemeinsamen Nenner? (Wo überschneiden sich meine Interessen mit denen meiner Freunde)?* *Mit welchen Planken kann ich meine Brücke bauen?* *Welche Art von Brücke (Kopf- oder Herzensbrücke) ist im Zeugnis meinem Freund gegenüber am effektivsten?*

Die fünf Planken	Strategien für den Brückenbau:	Strategien für den Brückenbau:	Strategien für den Brückenbau:
Schritt 1: Wir müssen Rechenschaft ablegen.			
Schritt 2: Wir entsprechen den Standards nicht.			
Schritt 3: Wir sind Sünder.			
Schritt 4: Wir brauchen Hilfe von außen.			
Schritt 5: Die Einzigartigkeit Jesu.			
Präsentation des Evangeliums			

Kolosser 4,2-4

BETEN Sie für sich selbst	BETEN Sie für eine Gelegenheit	BETEN Sie für Mitarbeiter
Bitten Sie Gott um Weisheit und Kraft, ein guter Zeuge zu sein, der Gottes Wahrheit verkündet.	Beten Sie für offene Türen, um die Saat des Evangeliums auszustreuen.	Beten Sie für Ihren Chef, die Kunden, Freunde, Kollegen, Familienangehörigen. Bitten Sie Gott, dass er in ihrem Leben wirkt.

ANHANG 2

GESPRÄCHSTRAINING DER VOR-EVANGELISATION

💭 Schritt 1

- **Hören Sie aufmerksam zu,** um herauszufinden, wo jemand steht.
- **Machen Sie sich mit ihrer Geschichte vertraut** (wo befinden sie sich auf ihrer geistlichen Reise?)
- **Hören Sie auf die schiefen Töne** der Menschen
- Bemühen Sie sich um Klärung ...

Fragen Sie sich:
- Was glauben sie?
- Welche Weltanschauung haben sie?
- Wonach sehnt sich ihr Herz, das Jesus ihnen geben kann?
- Welche *schiefen Töne* hören Sie?
- Was sind die Widersprüche in ihrem Glauben?

Fragen Sie sie:
- Ich glaube, ich habe dich verstanden. Du meinst ..., richtig?

Arten von Schwachstellen:
- Glauben kontra Sehnsucht des Herzens
  - Sie glauben das eine, aber ihr Herz sehnt sich nach etwas anderem
- Glaube kontra Verhalten

- Sie glauben das eine, aber ihr Verhalten/ihr Leben spricht eine andere Sprache
- Glaube kontra Glaube
  - Sie haben zwei oder mehr verschiedene Glaubensüberzeugungen, die sich widersprechen
- Unlogischer Glaube
  - Ihr Glaube ist widersprüchlich und ergibt kaum Sinn

Beispiele:
Muslime glauben, dass ihre guten Taten die schlechten Taten aufwiegen müssen, damit sie in den Himmel kommen. Dennoch sprechen manche von ihnen noch nicht einmal die fünf täglichen Gebete.

Atheisten/Freidenker glauben, dass Gott nicht existiert. Dennoch können sie ihr Leben nicht ohne Glauben an nicht-materielle Dinge wie Wahrheit, Liebe und Schönheit führen.

Extreme Vertreter der Postmoderne glauben, dass es absolut keine absoluten Aussagen gibt (es gibt keine Meta-Geschichte).

Buddhisten glauben an einen Zustand des Nirwana, der nur erreicht werden kann, indem sie ihre Identität verlieren. Doch in Wahrheit wollen Menschen ihre Identität nicht loslassen, denn damit würden sie auch alles Bewusstsein dafür verlieren, wer sie wirklich sind.

💬 Schritt 2

- **Helfen Sie Menschen,** die Wahrheit für sich selbst herauszufinden

Stellen Sie Fragen, die:
- ihre Überzeugungen abklären (Was meinst du mit ...?)
- einige der Schwachstellen deutlich machen
- ihren falschen Glauben offenbaren

Finden Sie heraus, wie Ihre Fragen *wirken*, **ob sie:**
- *Zweifel* säen (Unsicherheit)
- ohne Ihre Freunde in die *Defensive* zu treiben
- und doch den *Wunsch* wecken, mehr zu hören (Neugier)

Denken Sie daran, sich auf die *offensichtlichsten* Schwachstellen zu konzentrieren und nicht auf alle gleichzeitig.

Zur weiteren Vertiefung:
- Was meinst du mit ...?
- Wie ist es möglich ...?
- Fragen Sie sich, mit welcher Frage Sie bei Ihren Gesprächspartnern Zweifel an ihren Überzeugungen säen können.
- Fragen Sie sich, ob Ihre Fragen es Ihren Freunden erschweren, sofort in die Defensive zu gehen.
- Fragen Sie sich, ob Sie das Gespräch über den Glauben so abschließen, dass der andere es zu einem späteren Zeitpunkt gerne fortsetzen oder sogar mehr über Jesus hören möchte.
- Fragen Sie sich, auf welchen Aspekt Sie sich konzentrieren sollten, um möglichst viel Offenheit für ein weiteres Gespräch zu erreichen.

Beispiele:
Was meinst du, wenn du sagst, dass du ein _____ (Atheist, Freidenker, Agnostiker) bist?

Was hat dich dazu gebracht, ein _____ (Atheist) zu werden?

Wie können alle Religionen gleich sein, wenn sich einige von ihnen widersprechen?
Wie kann Jesus nichts weiter als ein Mensch sein, wenn er doch ein sündloses Leben führte, Prophezeiungen erfüllte und seine Auferstehung von den Toten unter Beweis stellte?

Es würde mich interessieren, wieso du Jesus brauchst, um dich zu retten, wenn du den Standards entsprichst?

Wie passt Jesus in deine religiösen Überzeugungen?

Es würde mich interessieren, wie du deine Überzeugung, dass _____ und deine Überzeugung, dass _____, miteinander in Einklang bringst?

Weißt du, was Jesus über das Begehren lehrte, das Buddha so ein Dorn im Auge war?

💬 Schritt 3

- **Decken** Sie die *wahren Barrieren* für das Evangelium **auf** (z. B. ihre Geschichte und wie sie zu ihrem Glauben gekommen sind)

Fragen Sie sich:
- Was ist die Barriere/das Hindernis?
  - Ist das wahrgenommene Problem ein echtes Problem oder nur vorgeschoben?
- Ist die wahrgenommene Barriere intellektueller oder emotionaler Natur oder eine Kombination aus beidem?
- Welchen emotionalen Ballast schleppen sie mit sich herum?
- Steckt hinter der Frage eine andere Frage bzw. ein anderes Problem?
- Was ist ihr größtes empfundenes Hindernis gegenüber dem christlichen Glauben?
- Was könnte sie dazu motivieren, Antworten zu suchen?
- Worin besteht ihre Willensbarriere?

Um ihre Geschichte und den emotionalen Ballast zutage zu fördern:
- Stellen Sie Fragen, die ihre falschen Überzeugungen oder verzerrten Konzepte/theologische Prinzipien offenbaren
- Verwenden Sie Beispiele

Zwei Arten von Hindernissen:
- **Hindernisse in ihrem *Verständnis* des Christentums**
  - die Meinung, dass es keinen Unterschied in den religiösen Überzeugungen gibt (Pluralismus)
  - Ein falsches Verständnis vom Wesen der Sünde
  - kein Verständnis dafür, dass wir durch Gnade erlöst werden und nicht durch Werke
  - das Problem, das Böse mit der Existenz Gottes in Einklang zu bringen
- **Hindernisse, das Christentum *annehmen* zu wollen**
  - ihre sündige und egoistische Natur (1Mo 6,5; Jer 17,9)
  - übermäßige Sorge um ihren Lebensstandard und den Erwerb von materiellen Gütern
  - negative Einstellung gegenüber Christen, weil die meinen, dass nur sie den Weg zu Gott kennen
  - gleichgültig gegen alles, was mit Religion zu tun hat
  - Heuchelei unter Christen
  - der Glaube, das Christentum sei ein westliches Konzept, das in einer östlichen Kultur keinen Platz haben darf

Beispiele für aufdeckende Fragen:

- Du willst also sagen, ...
- Wenn es möglich ist, die Wahrheit über bestimmte Fragen der Religion herauszufinden, würdest du das wollen?
- Wenn ich dir deine Frage so beantworte, dass es für dich einen Sinn ergibt, würde dir das dabei helfen, dich ernsthafter mit dem Glauben an Gott und Jesus zu befassen?
- Welche deiner Fragen zum Christentum ist es, die dich davon abhält, das Christentum anzunehmen?
- Was ist für dich das größte Hindernis in deiner religiösen Tradition (Buddhismus, Hinduismus, Islam), das dich davon abhalten würde, dass Christentum anzunehmen?

Schritt 4

Bauen Sie eine Brücke zu Jesus, indem Sie Beweise liefern und nach *Möglichkeiten* suchen, Menschen einzuladen, ihm zu vertrauen. Fragen Sie sich selbst:

- Was ist die richtige Balance in Ihrem Ansatz (objektiver Beweis oder subjektive Erfahrung)?
- Wo finden Sie in ihrer Diskussion Gemeinsamkeiten (d. h., wo gibt es Schnittmengen zwischen Ihrem Glauben und dem Ihres Gesprächspartners)?
- Wie sieht Ihre Strategie für den Bau einer Brücke aus, bei der Sie Planken des gemeinsamen Verständnisses verwenden und außerdem berücksichtigen, wann Kopf- und wann Herzensbrücken gebaut werden müssen?
- Worauf müssen Sie achten, damit Sie beim Bau ihrer Brücke das Ziel nicht aus den Augen verlieren?
- Welche Art von Gesprächen öffnet Türen, um das Evangelium weitergeben zu können?

Zur weiteren Vertiefung:

Müssen meine Gesprächspartner zuerst sehen, wie sich die Macht Jesu in meinem eigenen Leben manifestiert, oder müssen sie verstehen, wie wundersam sein Leben oder wie einzigartig er ist im Vergleich mit allen anderen religiösen Anführern?

Wir sollten die Schnittmenge zwischen unseren und ihren Überzeugungen finden.

Diese Planken können aus einem gemeinsamen Verständnis errichtet werden, selbst wenn ihnen diese Dinge nicht bewusst sind.

Hat Ihnen je jemand das *Fünf-Planken*-Konzept erklärt?

Hat Ihnen je jemand den Unterschied zwischen *tun* und *getan* erklärt?

Beispiele für Brücken bauende Fragen:
- Beispiel für eine *Herzensbrücke*

Wenn du die Wahl hättest zwischen einer Beziehung zu dem Gott, der dich geschaffen hat und der von dir als liebender Vater angesehen werden möchte, oder einer Beziehung mit einem unpersönlichen Gott oder einem, bei dem du dir seiner Liebe und Fürsorge nie sicher sein könntest, zu welchem würdest du dich mehr hingezogen fühlen?

- Beispiel für eine *Herzenbrücke*

In einer Welt, die grundlegende Überzeugungen mit Hass und Terrorismus gleichsetzt, müssen wir die Menschen an die Lehre Jesu erinnern, dass wir unsere Feinde lieben und für die beten sollen, die uns verfolgen.

- Beispiel für eine Kopfbrücke

Wusstest du, dass Buddha behauptete, den Menschen den Weg zu weisen, und dass Mohammed behauptete, ein Prophet Gottes zu sein, aber dass Jesus der einzige religiöse Anführer ist, der jemals für sich beanspruchte, Gott zu sein, der ein sündloses Leben führte, der hunderte Prophezeiungen erfüllte, die Jahrhunderte vor seiner Geburt niedergeschrieben worden waren, und der schließlich am Kreuz starb und von den Toten auferstand?

- Beispiel für eine Kopfbrücke
Wenn du am Ende deines Leben angekommen wärst und vor Jesus und anderen bedeutenden religiösen Anführer stündest, von denen jeder einen anderen Weg vorschlägt, wessen Rat würdest du annehmen? Würdest du nicht demjenigen vertrauen, der schon einmal vom Tod ins Leben zurückgekehrt ist und uns davon berichtet hat?

Präsentation des Evangeliums

ANHANG 3

ERHELLEN

Stellen Sie Fragen, um Überzeugungen abzuklären
- Was meinst du mit ...?

Stellen Sie Fragen, die Schwachstellen zutage fördern
- Einleitende Fragen
- Anschlussfragen

Die drei Aspekte des Fragestellens
- Zweifel säen
- Ohne in die Defensive zu drängen
- Wunsch schaffen, mehr zu hören

AUFDECKEN

- Sind die wahrgenommenen Probleme echt oder nur vorgeschoben?
- Finden Sie heraus, um welche Art Barriere es sich handelt
  1. intellektuell
  2. emotional
  3. beides
- Achten Sie auf emotionalen Ballast
- Überprüfen Sie, ob hinter der Frage oder dem Problem eine andere Frage steckt
- Welche ist die größte Barriere, die Ihre Gesprächspartner vom christlichen Glauben abhält?
- Finden Sie heraus, wie Sie sie dazu motivieren könnten, nach Antworten auf diesen Gebieten zu suchen
- Arbeiten Sie die Willensbarrieren heraus

ZUHÖREN
- Hören Sie aufmerksam zu
- Mache Sie sich mit den persönlichen Geschichten der Menschen vertraut
- Hören Sie auf die schiefen Töne (Brüche in ihren Überzeugungen)
  1. Das Zuhören nicht vergessen!
  2. Weisen Sie auf die gravierendsten Schwachstellen hin

BAUEN

Drei Arten von Menschen, die wir heute erreichen müssen
1. Menschen, die keine Notwendigkeit einer radikalen Veränderung sehen, weil sie schon zur Kirche/ in eine Gemeinde gehen
2. Menschen, die keinen Unterschied zwischen Christentum und anderen Religionen erkennen
3. Menschen, die sich selbst nicht als Sünder betrachten

Vier Schritte, um Brücken zu bauen
1. Suchen Sie nach einem gemeinsamen Nenner
2. Beginnen Sie ausgehend von gemeinsamen Überzeugungen mit dem Brückenbau
   A. Herzensbrücken
   B. Kopfbrücken
3. Denken Sie an das Ziel – Hindernisse aus dem Weg zu räumen, damit Menschen Jesus Christus jeden Tag einen Schritt näherkommen können
4. Suchen Sie aktiv nach Gelegenheiten, zum Evangelium überzugehen

Evangelisation im Dialog
Vier Kommunikationsformen im Gespräch mit Nichtgläubigen

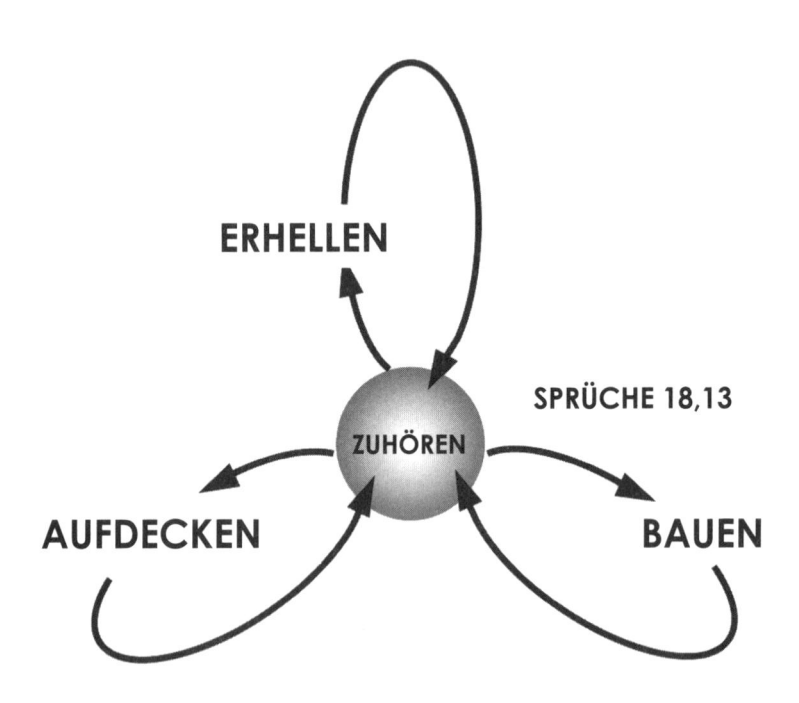

ERHELLEN

ZUHÖREN

SPRÜCHE 18,13

AUFDECKEN

BAUEN

BIBLIOGRAFIE

Bücher

Aldrich, Joseph C. *Life-Style Evangelism: Crossing Traditional Boundaries to Reach the Unbelieving World.* Portland, OR: Multnomah Press, 1981.

Baker, David Reed. *Jehovah's Witnesses Answered Verse by Verse.* Grand Rapids, MI: Baker Books, 1986.

Barna, George. *Evangelism That Works: How to Reach Changing Generations with the Unchanging Gospel.* Ventura, CA: Regal Books, 1995.

Carson, D. A., ed. *Telling the Truth: Evangelizing Postmoderns.* Grand Rapids, MI: Zondervan, 2000.

Chan, Edmund. *Growing Deep in God.* Singapore: Covenant Evangelical Free Church, 2002.

Chopra, Deepak. *The Seven Spiritual Laws of Success.* San Rafael, CA: Amber-Allen Publishing and Novato, CA: New World Library, 2007.

Clark, David K. *Dialogical Apologetics: A Person-Centered Approach to Christian Defense.* Grand Rapids, MI: Baker Books, 1993.

Collins, Francis. *The Language of God: A Scientist Presents Evidence for Belief.* New York: Free Press, 2007.

Colson, Charles und Nancy Pearcey. *How Now Shall We Live?* Wheaton, IL: Tyndale House Publishers, 1999.

Copan, Paul. *„True for You, But Not for Me": Deflating the Slogans that Leave Christians Speechless.* Minneapolis: Bethany House Publishers, 1998.

Dawkins, Richard. *The God Delusion.* New York: Houghton Mifflin, 2006.

Dembski, William. *The Design Revolution: Answering the Toughest Questions About Intelligent Design.* Downers Grove, IL: InterVarsity Press, 2004.

Downs, Tim. *Finding Common Ground: How to Communicate with Those Outside the Christian Community ... While We Still Can.* Chicago: Moody Publishers, 1999.

Geisler, Norman L. *Baker Encyclopedia of Christian Apologetics.* Grand Rapids, MI: Baker Books, 1999.

Ebd. *Christian Apologetics.* 2^d ed. Grand Rapids, MI: Baker Books, 2013.

Ebd. *Creation and the Courts.* Wheaton, IL: Crossway, 2007.

Ebd. *False Gods of Our Time.* Eugene, OR: Harvest House Publishers, 1985.

Ebd. *Knowing the Truth About Creation: How It Happened and What It Means for Us.*

Ann Arbor, MI: Servant Books, 1989.

Ebd. *Miracles and the Modern Mind: A Defense of Biblical Miracles.* Grand Rapids, MI: Baker Books, 1992.

Ebd. *Systematic Theology.* Vol. 4. Minneapolis: Bethany House Publishers, 2005.

Ebd. und Kerby Anderson. *Origin Science: A Proposal for the Creation-Evolution Controversy.* Grand Rapids, MI: Baker Books, 1987.

Ebd. und Peter Bochino. *Unshakable Foundations.* Minneapolis: Bethany House Publishers, 2001.

Ebd. und William E. Nix. *A General Introduction to the Bible.* Chicago: Moody Publishers, 1986.

Ebd. und Frank Turek. *I Don't Have Enough Faith to Be an Atheist.* Wheaton, IL: Crossway, 2004.

Ebd. und William D. Watkins. *Worlds Apart: A Handbook on World Views.* 2d ed. Eugene, OR: Wipf and Stock Publishers, 2003.

Greeson, Kevin. *The Camel: How Muslims Are Coming to Faith in Christ.* Richmond, VA: WIGTake Resources, 2007.

Guinness, Os. *Fit Bodies, Fat Minds: Why Evangelicals Don't Think and What to Do About It.* Grand Rapids, MI: Baker Books, 1994.

Habermas, Gary R. *The Resurrection of Jesus.* Grand Rapids, MI: Baker Books, 1980.

Halverson, Dean, ed. *The Compact Guide to World Religions.* Minneapolis: Bethany House Publishers, 1996.

Hoyle, Fred. *The Intelligent Universe.* New York: Holt, Rinehart and Winston, 1983.

Hume, David. *A Letter from a Gentleman to His Friend in Edinburgh.* Hg. Von E. C. Mossner und J. V. Price. Edinburgh: University Press, 1967.

Hybels, Bill, und Mark Mittelberg. *Becoming a Contagious Christian.* Grand Rapids, MI: Zondervan, 1994.

Johnson, Phillip E. *Darwin on Trial.* Downers Grove, IL: InterVarsity Press, 1991.

Kaufmann, Walter. *Critique of Religion and Philosophy.* 3rd ed. Princeton, NJ: Princeton University Press, 1979.

Koukl, Gregory. *Tactics: A Game Plan for Discussing Your Christian Convictions.* Grand Rapids, MI: Zondervan, 2009.

Kumar, Steve. *Christianity for Skeptics: An Understandable Examination of Christian Belief.* Peabody, MA: Hendrickson Publishers, 2000.

Lewis, C.S. *Mere Christianity.* New York: Collier Books, 1952.

Ebd. *Miracles: A Preliminary Study.* New York: Macmillan Publishing Company, 1960.

Ebd. *The Problem of Pain.* New York: Macmillan Publishing Company, 1962.

McCallum, Dennis, ed. *The Death of Truth.* Minneapolis: Bethany House Publishers, 1996.

McDowell, Josh. *The New Evidence That Demands a Verdict.* Nashville: Thomas Nelson Publishers, 1999.

McLaren, Brian. *More Ready Than You Realize.* Grand Rapids, MI: Zondervan, 2002.

Moreland, J. P. *Love Your God with All Your Mind: The Role of Reason in the Life of the Soul.* Colorado Springs: NavPress, 1997.

Ebd. *Scaling the Secular City: A Defense of Christianity.* Grand Rapids, MI: Baker Books, 1987.

Newman, Randy. *Questioning Evangelism: Engaging People's Hearts the Way Jesus Did.* Grand Rapids, MI: Kregel Publications, 2004.

O'Leary, Denyse. *By Design or by Chance? The Growing Controversy on the Origins of Life in the Universe.* Minneapolis: Augsburg Press, 2004.

Petersen, Jim. *Living Proof: Sharing the Gospel Naturally.* Colorado Springs: NavPress, 1989.

Phillips, Timothy R., und Dennis L. Okholm, eds. *Christian Apologetics in the Postmodern World.* Downers Grove, IL: InterVarsity Press, 1995.

Pollard, Nick. *Evangelism Made Slightly Less Difficult.* Downers Grove, IL: InterVarsity Press, 1997.

Poole, Garry. *Seeker Small Groups: Engaging Spiritual Seekers in Life-Changing Discussions.* Grand Rapids, MI: Zondervan, 2003.

Richard, Ramesh. *Wisdom Towards Outsiders. Understanding Non-Christian Worldviews and Lifeviews.* Vol 1, 2008.

Ebd. *Wisdom Towards Outsiders. Engaging* Pre-Christians *in Evangelism and Apologetics.* Vol 2, 2008.

Richardson, Rick. *Evangelism Outside The Box: New Ways to Help People Experience the Good News.* Downers Grove: InterVarsity Press, 2000.

Sire, James W. *The Universe Next Door: A Basic Worldview Catalog.* 5th ed. Downers Grove, IL: InterVarsity Press, 2009.

Ebd. *Why Should Anyone Believe Anything at All?* Downers Grove, IL: InterVarsity Press, 1994.

Sjogren, Steve. *Conspiracy of Kindness: A Unique Approach to Sharing the Love of Jesus.* Ventura, CA: Regal Books, 2003.

Sjogren, Steve, Dave Ping, and Doug Pollock. *Irresistible Evangelism: Natural Ways to Open Others to Jesus.* Loveland, CO: Group Publishing, 2004.

Sweet, Leonard. *Post-Modern Pilgrims: First Century Passion for the 21st Century World.* Nashville: Broadman and Holman Publishers, 2000.

Veith, Gene Edward, Jr. *Postmodern Times: A Christian Guide to Contemporary Thought and Culture.* Wheaton, IL: Crossway Books, 1994.

Willis, Avery T., und Mark Snowden. *Truth that Sticks: How to Communicate Velcro Truth in a Teflon World.* Colorado Springs, CO: NavPress, 2010.

Zacharias, Ravi. *A Shattered Visage: The Real Face of Atheism.* Brentwood, TN: Woglemuth and Hyatt, Publishers, 1990.

Ebd. *Can Man Live Without God?* Dallas: Word Publishing, 1994.

Ebd. *Jesus Among Other Gods: The Absolute Truth of the Christian Message.* Nashville: Thomas Nelson Publishers, 2000.

Zeitschriftenbeiträge

Jastrow, Robert. Ein Interview in *Christianity Today,* 6. August 1983, 15.I

Internetseiten

Barna, George. *Born Again Christians,* 2000, www.barna.org.

Bright, William. Zitiert in *Jesus and the Intellectual,* www.billbright.com/intellectual/purpose.html (abgerufen am 15 April 2006).

Craig, William Lane. „A Classic Debate on the Existence of God", November 1994, University of Colorado (Boulder). www.com/offices/billcraig/docs/craig-tooley0.html (abgerufen am 2. Februar 2006).

Geisler, David N. „Problems and Pathways to the Gospel in a Postmodern World". Meekness and Truth Ministries. www.meeknessandtruth.org/tools.htm (abgerufen am 19. März 2006).

Montoya, David. „Dealing with Both Minds and Hearts: Answering the Questions Behind the Questions." Meekness and Truth Ministries. www.meeknessandtruth.org/tools.htm (abgerufen am 19. März 2006).

„ANMERKUNGEN"

Kapitel 1: Die Notwendigkeit der Vor-Evangelisation in einer postmodernen Welt

[1] Sheryl Crow. „Every Day Is a Winding Road", *Sheryl Crow* (Santa Monica, CA: A&M Records, 1996).

[2] Gene Edward Veith. *Postmodern Times: A Christian Guide to Contemporary Thought and Culture* (Wheaton, IL: Crossway Books, 1994), 16.

[3] J. P. Moreland. *Love Your God with All Your Mind* (Colorado Springs: NavPress, 1997), 21.

[4] Eine Meinungsumfrage ergab, dass 57 Prozent von evangelikalen Kirchgängern daran glauben, dass viele Religionen zum ewigen Leben führen. Siehe http://religions.pewforum.org/portraits.

[5] Das wird deutlich in den Schriften des jüdischen Historikers Josephus. Zum Beispiel reflektiert ein arabischer Text (AJ, 18.3.3) aus dem 4. Jahrhundert, der im 10. Jahrhundert entdeckt wurde, das ursprüngliche Anliegen von Josephus. In diesem Text heißt es: „Vielleicht war er der Messias, von dem die Propheten Wunder erzählten." (Zitiert nach Josh McDowell. *The New Evidence That Demands a Verdict* [Nashville: Thomas Nelson, 1999], 57). Außerdem wird es durch das Zugeständnis im Talmud verdeutlicht, dass Jesus in der Tat Wunder vollbrachte, auch wenn sie dies der Macht des Teufels zuschrieben. (Siehe Sanhedrin 43a, zitiert nach Josh McDowell, *The New Evidence,* 58.)

[6] Siehe Deborah Lipstadt. *Denying the Holocaust: The Growing Assault on Truth and Memory* (New York: Free Press, 1993).

7 Nick Pollard. *Evangelism Made Slightly Less Difficult* (Downers Grove, IL: InterVarsity Press, 1997), 31.

8 Für eine detaillierte Erklärung hierzu siehe Paul Copan. *True for You, But Not for Me* (Minneapolis: Bethany House Publishers, 1998).

9 Ravi Zacharias. *Jesus Among Other Gods* (Nashville: Thomas Nelson, 2000), 11.

10 Mit „postmodernen Freunden" meine ich solche, die nicht an eine allumfassende Geschichte glauben (auch nicht an das Christentum), die das große Ganze erklären kann. (Siehe Jean-Francois Lyotard. *The Postmodern Condition: A Report on Knowledge* (Minneapolis: University of Minnesota Press, 1984), xxiv). Sie neigen dazu, die Ausschließlichkeitsansprüche des Christentums als beleidigend oder sogar arrogant oder intolerant aufzufassen.

11 Auch wenn Jim Peterson diese Vorgehensweise bereits vor 20 Jahren in seinem Buch *Living Proof* vorgestellt hat, hat sie sich leider erst in letzter Zeit durchgesetzt. Siehe Jim Petersen. *Living Proof* (Colorado Springs: NavPress, 1989), 148.

12 Tim Downs. *Finding Common Ground: How to Communicate with Those Outside the Christian Community While We Still Can* (Chicago: Moody Publishers, 1999), 32.

13 Ich habe diese Definition im Jahr 2000 entwickelt, als ich *Meekness and Truth Ministries* gründete.

14 Mehr zu diesem Thema in: Norman L. Geisler und Patrick Zukeran. *The Apologetics of Jesus* (Grand Rapids, MI: Baker Books, 2009).

15 Siehe „Jesus' Use of Questions in the Gospels" für einige weitere Beispiele (www.conversationalevangelism.com).

[16] Ich (David) habe von Glenn McGorty viel über dieses Spiegelkonzept gelernt, der als Erster diese Vorgehensweise vorstellte, an der wir beide zusammen mit meiner früheren Heimatgemeinde *Hill Country Bible Church Northwest*, Austin, TX, arbeiteten.

[17] Siehe den Artikel „Problems and Pathways to the Gospel" unter www.conversationalevangelism.com für die biblische Aufforderung, christliche Beweise in der Evangelisation einzusetzen.

[18] So sagt der christliche Philosoph und Theologe Philip D. Kenneson unmissverständlich: „Ich glaube nicht an objektive Wahrheit oder Relativismus. Viel mehr noch, ich möchte auch nicht, dass Sie an objektive Wahrheit oder Relativismus glauben, denn das erste Konzept verdirbt die Gemeinde und deren Zeugnis in der Welt, wogegen mit dem zweiten Konzept viele Christen wertvolle Zeit und Energie verschwenden." (Philip D. Kenneson: „There's No Such Thing as Objective Truth, and It's a Good Thing, Too" in Timothy R. Phillips und Dennis L. Okholm (Hg.). *Christian Apologetics in the Postmodern World* [Downers Grove, IL: InterVarsity Press, 1995], 156).

Kapitel 2: Einführung in die Evangelisation im Dialog

[19] Der verstorbene Francis Schaeffer entwickelte in seinem Zeugnis einen ähnlichen Ansatz, doch lehrte er nicht alle Elemente des Dialogmodells, und leider hinterließ er das Material nicht so, dass es vervielfältigt und weiter verbreitet werden kann, so wie Dr. Bill Bright es mit seinem übertragbaren Konzept der vier geistlichen Gesetze tat.

[20] Ursprünglich war es Brett Yohn (Baptist Student Ministry director, University of Nebraska), der die Illustration von Maler, Archäologe und Ingenieur entwarf, um den „Think model"-Prozess zu beschreiben, den wir nun Evangelisation im

Dialog nennen. Heute beschreiben wir die vier unterschiedlichen Elemente des Hören, des Erhellens, des Aufdeckens und des Bauens mit den Rollen des Musikers, Malers, Archäologen und Baumeisters.

[21] Für weitere Beispiele siehe: „Jesus' Use of Questions in the Gospels" unter www.conversationalevangelism.com.

[22] Johannes 14,6; siehe auch Apostelgeschichte 4,2 und 1. Timotheus 2,5.

[23] David Reed Baker. *Jehovah's Witnesses Answered Verse by Verse* (Grand Rapids, MI: Baker Books, 1986), 113.

[24] Ebd.

[25] Siehe Nick Pollard. *Evangelism Made Slightly Less Difficult* (Downers Grove, IL: InterVarsity Press,1997), 43, für eine weitere Erläuterung der positiven Dekonstruktion.

[26] Siehe „Strategien in der Vor-Evangelisation" und „Übung in Gesprächen der Vor-Evangelisation" in den Anhängen 1 und 2, für Strategien, wie man Menschen am besten erreichen kann.

[27] Laut Nick Pollard „erkennt und bestätigt der Prozess der positiven Dekonstruktion Elemente der Wahrheit, die jemand bereits vertritt, hilft ihnen jedoch dabei, die Schwachstellen ihrer dahinterstehenden Weltanschauung zu entdecken. Das Ziel ist eine Antwort des Herzens, die da lautet: ‚Ich bin mir nicht mehr sicher, ob das, was ich glaube, wahr ist. Ich will mehr über Jesus herausfinden.'" (Pollard. *Evangelism Made Slightly Less Difficult*, 44).

[28] Ich nenne es das Bumerang-Prinzip, denn wenn Menschen uns Fragen stellen, beantworten wir sie nicht, sondern drehen sie herum, sodass der Fragesteller das ganze Ausmaß der Frage zu spüren bekommt.

[29] Brian McLaren weist darauf hin, dass in dieser Generation „dem Glauben manchmal ein Zugehörigkeitsgefühl vorausgehen muss" und dass es eine gute Vorgehensweise ist, Nichtgläubige in Aktionen der christlichen Gemeinde einzubinden, bevor sie sich in ihrem Glauben dem christlichen Glauben annähern. Siehe Brian McLaren. *More Ready Than You Realize* (Grand Rapids, MI: Zondervan, 2002), 84.

Kapitel 3: Die Rolle des Musikers erlernen

[30] *Zufall* meint in diesem Zusammenhang, dass etwas ist, aber nicht sein muss. Es existiert, könnte aber auch aufhören zu existieren. Alles, was zufällig, abhängig, endlich und veränderlich ist, braucht eine Ursache für seine Existenz. Für eine weitere Diskussion zu den Themen Zufall und Abhängigkeit siehe Norman L. Geisler „Cosmological Argument" in *Baker Encyclopedia of Christian Apologetics* (Grand Rapids, MI: Baker Books, 1999), 164-65.

[31] C. S. Lewis, *The Problem of Pain* (New York: Macmillan Publishing Company, 1962), 93. Zitiert nach: http://www.cs-lewis.de/zitate-von-c-s-lewis.html (abgerufen am 24.4.17)

[32] Pascal sagte: „Was predigt uns denn dies heiße Verlangen und dieses Unvermögen, was anders als, daß es einstmals im Menschen ein wahres Glück gab, von welchem ihm jetzt nichts übrig ist als die Erinnerung und die ganz leere Spur, die er vergebens mit allem, was ihn umgiebt, aus zu füllen unternimmt, indem er in den Dingen, die nicht da sind, die Hilfe sucht, welche er von den gegenwärtigen nicht erhält und welche weder die einen noch die andern im Stande sind ihm zu geben, weil dieser unendliche Abgrund nur ausgefüllt werden kann durch einen unendlichen und unveränderlichen Gegenstand?" (Blaise Pascal. *Gedanken über die Religion* [zitiert nach www.zeno.org, abgerufen am 22.05.2017])

³³ Francis Collins. *The Language of God: A Scientist Presents Evidence for Belief* (New York: Free Press, 2007), 38.

34 Ravi Zacharias. *Jesus Among Other Gods* (Nashville: Thomas Nelson, 2000), 78.

³⁵ Ebd., 71-72.

³⁶ Plinius der Jüngere (62?–ca. 113) berichtet in seiner Korrespondenz mit Kaiser Trajan aus dem Jahr 106 n. Chr., dass sich ein wahrer Christ „an einen feierlichen Eid bindet, nicht an böse Taten, niemals Betrügereien, Diebstahl, Ehebruch zu begehen, keine Falschaussagen zu machen, nie ein in ihn gelegtes Vertrauen zu brechen."

Kapitel 4: Die Rolle des Malers erlernen

³⁷ Es war Glenn McGorty, bei dem ich die Bedeutung dieser Formulierung in der Vor-Evangelisation lernte. Glenn war entscheidend bei der Entwicklung einer Evangelisationsmethode namens „Mirror" (Spiegel) in meiner Heimatgemeinde *Hill Country Bible Northwest,* Austin, TX beteiligt. Dieses Modell wurde weiterentwickelt und findet sich nun im Lehrplan „Dialog".

³⁸ Der Vertreter des *Intelligent Design* Phillip Johnson weist darauf hin, wie elastisch das Wort *Evolution* sein kann. Siehe Phillip Johnson. *Darwin on Trial* (Downers Grove, IL: InterVarsity Press, 1991), 9.

³⁹ William A. Dembski. *The Design Revolution* (Downers Grove, IL: InterVarsity Press, 2004), 271.

⁴⁰ Siehe Norman Geisler. *Creation and the Courts* (Wheaton, IL: Crossway Books, 2007), Kapitel 8.

[41] Für weitere Beispiele siehe Norman L. Geisler und William E. Nix. *A General Introduction to the Bible* (Chicago: Moody Publishers, 1986), 408.

[42] All das sind wirkliche Antworten aus Meinungsumfragen unter Studenten.

[43] Ray Comfort, der mit Tausenden die Zehn Gebote durchgegangen ist, sagt: „Auch wenn Millionen Menschen von den Zehn Geboten gehört haben, können die meisten nur drei oder vier nennen, und die wenigsten begreifen das geistliche Wesen dieser Gebote." Persönliche E-Mail von Ray Comfort an Norman Geisler am 28. Dezember 2008.

[44] In Sure 5,48 heißt es: „Wir haben dir das Buch hinabgesandt mit der Wahrheit, als Erfüllung dessen, was schon in dem Buche war, und als Wächter darüber. Richte darum zwischen ihnen nach dem, was Allah hinabgesandt hat, und folge nicht ihren bösen Neigungen gegen die Wahrheit, die zu dir gekommen ist."

[45] 117–138 n. Chr. John Rylands (Fragmente von Johannes); 100–150 n. Chr. Chester Beatty Papyri; 125–175 n. Chr. Bodmer II (S. 66); 125–175 n. Chr. S. 104 (Fragmente von Matthäus); 30 weitere Manuskripte vor dem Jahr 300 n. Chr.; viele der frühen Kirchenschreiber (von 97/98 bis 200 n. Chr.) beziehen sich auf viele Verse in der Bibel.

[46] Matthäus 8,2—Aussätziger; Matthäus 28,9—Frauen am Grab; Matthäus 14,33—die Jünger; Matthäus 28,17 und Lukas 24,52—die Jünger nach der Auferstehung Jesu; Johannes 9,38—ein Blinder; Johannes 20,28-29—Thomas nannte ihn „mein Herr und mein Gott".

[47] Deepak Chopra. *The Seven Spiritual Laws of Success* (Novato, CA: New World Library, 1994), 68-69.

[48] Paulus argumentiert in Apostelgeschichte 17,28-29, dass die Menschen diese hölzernen Götzen geschaffen hatten, und trotzdem auf gewisse Weise glaubten, dass sie von diesen Göttern geschaffen worden waren.

[49] Campus für Christus hat dieses Konzept genutzt, um einen ganz neuen evangelistischen Ansatz zu entwickeln. Siehe ihre Website unter: http://cojourners.campuscrusadeforchrist.com/.

Kapitel 5: Die Rolle des Archäologen erlernen

[50] James Sire bietet eine interessante Betrachtung von Menschen mit anderen Ansichten und wie sie diese rechtfertigen (oder auch nicht). Siehe *Why Should Anyone Believe Anything at All?* (Downers Grove, IL: InterVarsity Press, 1994), 13-76.

[51] Das zugrundliegende griechische Wort lautet *dechomai*, was soviel bedeutet wie die Wahrheit „zu empfangen oder hin- bzw. anzunehmen".

[52] Um mehr über die Kunst zu lernen, wie man verborgene Barrieren aufdeckt, lesen Sie David Montoyas unveröffentlichten Artikel „Dealing with Both Minds and Hearts: Answering the Questions Behind the Questions" auf www.conversational evangelism.com.

[53] Edmund Chan. *Growing Deep with God* (Covenant, 2002), 48.

Kapitel 6: Die Rolle des Baumeisters erlernen

[54] Denken Sie daran, dass wir in einem positiv-dekonstruktiven Ansatz die Dinge bestätigen, über die wir einer Meinung sind, selbst wenn wir in sehr viel mehr anderen Dingen unterschiedlicher Meinung sind. Siehe Nick Pollard, *Evangelism Made Slightly Less Difficult* (Downers Grove, IL: InterVarsity Press,

1997), 44, für eine tiefer gehende Erläuterung der positive Dekonstruktion.

[55] Richard Dawkins. *The God Delusion* (New York: Houghton Mifflin, 2006), 73.

[56] Ebd., 80. So kann jemand zum Beispiel sagen, dass es absolut keine Absolute gibt, genauso wie jemand behaupten kann: „Ich spreche kein Wort Deutsch." Beides kann man sagen, doch keine dieser beiden Aussagen ergibt einen Sinn.

[57] Unveröffentlichte Arbeit eines ehemaligen Studenten mit einem Beispiel für einen gemeinsamen Nenner.

[58] Siehe Fred Hoyle. *The Intelligent Universe* (New York: Holt, Rinehart and Winston, 1983), 176. Hoyle sagt: „Unsere Ergebnisse, zusammen mit weiteren Entwicklungen von William Fowler, Robert Wagoner und mir selbst lieferten die bis heute stärksten Beweise für den Urknall, vor allem, weil diese Ergebnisse von Mitarbeitern aus dem Lager des Steady State kamen."

[59] 1990 bestätigte der NASA-Satellit *Cosmic Background Explorer (COBE)* die ursprünglich von Arno Penzias und Robert Wilson gemachten Beobachtungen über die Hintergrundstrahlung, die das ganze Universum durchzieht. Penzias und Wilson gewannen für diese Entdeckung den Nobelpreis. Am 24. April 1992 wurde ein zweites Testergebnis verkündet. „Diese neuerlich bestätigten COBE-Messungen zeigten Unregelmäßigkeiten (bis zu einem Teil in 100 000) in der Hintergrundstrahlung, so wie Astrophysiker auch zu finden geglaubt hatten, wenn der Urknall wahr wäre. Siehe E. L. Wright u. a., „Interpretation of the Cosmic Microwave Background Radiation Anisotropy Detected by the COBE Differential Microwave Radiometer", *Astrophysical Journal letters* 396 (1992), L13-L18, zitiert nach Hugh Ross, *The Creator and the Cosmos* (Colorado Springs, CO: NavPress, 1993), 25.

[60] Die Berkeley-Astronomie-Internetseite der University of California gibt einen Überblick über aktuelle Messungen, nach denen das Universum zwölf bis 16 Milliarden Jahre alt sein soll. Daniel Perley. „Determination of the Universe's Age". 30. Oktober 30 2013, http://astro.berkeley.edu/~dperley/univage/univage.html.

[61] J. Brooks und G. Shaw behaupten, dass die ältesten Steine auf der Erde ungefähr 3,98 Milliarden Jahre alt seien. Siehe J. Brooks und G. Shaw. *Origin and Development of Living Systems* (London and New York: Academic Press, 1973), 360, zitiert nach: Charles Thaxton, Walter Bradley und Roger Olsen. *The Mystery of Life's Origin* (Allied Books, 1984), 72. Thaxton, Bradley und Olsen sagen: „Das höchste durch Datierungstechnik bestätigte Alter der Steine aus der Isua-Serie in Griechenland beträgt 3,8 Milliarden Jahre " ... Früher als vor 3,98 Milliarden Jahren (vor 4,6 bis 3,98 Milliarden Jahren) war es auf der Erde vermutlich zu heiß, als dass sich Leben hätte entwickeln können. Vor etwa 3,81 Milliarden Jahren entstand dann das Leben. Es standen also nur 0,170 Milliarden (170 Millionen) Jahre zur Verfügung, damit sich abiotisches Leben entwickeln konnte." Siehe *The Mystery of Life's Origin*, 72.

[62] Oft, wenn wir Studenten diese Fragen stellten, geben sie überraschenderweise zu, dass in der Tat einige religiöse Ansichten falsch sein müssen.

[63] Eine Version des Fünf-Planken-Modells wurde ursprünglich von Davids Mitarbeiter in Indien, Pastor Benjamin, entwickelt, der es nutzt, um vielen Missionaren und Gemeindeleitern zu mehr Frucht in ihrem Zeugnis zu verhelfen.

[64] Ein sehr hilfreiches Buch über Beweise für einen theistischen Gott ist Norman Geislers *Christian Apologetics*, 2. Ausgabe. (Grand Rapids, MI: Baker Book House, 2013).

⁶⁵ Richard Dawkins. *The Ancestor's Tale: A Pilgrimage to the Dawn of Evolution* (New York: Houghton Mifflin, 2004), 582.

⁶⁶ Diese Analogie nutzte Pastor Benjamin sehr erfolgreich in Indien, um bei seinen Zuhörern größeres Interesse an Jesus zu wecken.

⁶⁷ Ein sehr hilfreiches, für Laien geschriebenes Buch mit Beweisen für die Einzigartigkeit Jesu ist Norman Geislers und Patty Tunnicliffes *Reasons for Belief* (Minneapolis: Bethany House Publishers, 2013).

⁶⁸ Ravi Zacharias. *Jesus Among Other Gods* (Nashville: Thomas Nelson Publishers, 2000), 12.

⁶⁹ Das ist eine der Fragen, die ich in unseren Umfragen zu religiösen Überzeugungen verwende, und die Sie unter www.conversationalanswers.com. finden.

⁷⁰ Der christliche Forscher George Barna sagt: „Etwa einer von vier (26 %) wiedergeborenen Christen (im Westen) glaubt, dass es egal ist, welchen Glauben man hat, da alle angeblich dasselbe lehren."

⁷¹ Das Akronym CAMEL (engl.: Kamel) entspricht den Begriffen aus Sure 3,42-55: *Chosen* (auserwählt), Sure 3,42-44; *Announcement* (Ankündigung), 3,45-47; *Miracle* (Wunder) 3,48-49; *Eternal Life* (ewiges Leben) 3,50-55.

⁷² Kevin Greeson. *The Camel: How Muslims Are Coming to Faith in Christ* (Richmond, VA: WIGTake Resources, 2007), 40. Der Koran lehrt, dass Isa heilig ist (Sure 3,42-48); dass Isa Macht über den Tod hat (Sure 3,49-54) und dass Isa den Weg des Himmels kennt und selbst der Weg ist (Sure 3,55).

⁷³ Siehe Norman Geisler. *The Big Book of Christian Apologetics: An A to Z Guide* (Grand Rapids, MI: Baker Books, 2012), 28 für weitere Einzelheiten.

[74] Ein Buch, dass ich wärmstens empfehle als Quelle für Erkenntnisse über Jüngerschaft, wurde von meinem Mentor und Freund Edmund Chan geschrieben: *A Certain Kind* (Singapore: Covenant Evangelical Free Church, 2013).

[75] Siehe Bill Hybels und Mark Mittelberg. *Becoming a Contagious Christian* (Grand Rapids, MI: Zondervan, 1994) für eine weitere Darstellung von *tun* versus *getan*.

Kapitel 7: Die Kunst, auf Einwände einzugehen, und dabei Fortschritte zu machen

[76] Siehe Nick Pollard. *Evangelism Made Slightly Less Difficult* (Downers Grove, IL: InterVarsity Press, 1997), 70.

[77] Diese Illustration wurde von einer Hochzeitskleid-Analogie übernommen, die Glenn McGorty in seinem „Mirror"-Lehrplan für evangelistisches Training an *der Hill Country Bible Church Northwest, Austin, TX*, verwendet.

[78] Ravi Zacharias. *Jesus Among Other Gods* (Nashville: Thomas Nelson Publishers, 2000), 9.

[79] Dieses Konzept stammt von Dean Halverson (Hg.). *The Compact Guide to World Religions* (Minneapolis: Bethany House Publishers, 1996), 62.

[80] In Römer 1,18-32 heißt es, dass Menschen von Gott wissen, sich aber von ihm abwenden. Als Ergebnis wissen sie genug, um verdammt zu werden, aber nicht genug, um erlöst zu werden.

[81] Selbst der Skeptiker David Hume behauptete niemals, dass etwas ohne Grund entstehen könne. Siehe David Hume. *A Letter from a Gentleman to His Friend in Edinburgh,* hg. von E. C. Mossner und J. V. Price (Edinburgh: University Press, 1967).

[82] Siehe Norman L. Geisler. *Baker Encyclopedia of Christian Apologetics* (Grand Rapids, MI: Baker Books, 1999), 120-21, für eine Diskussion des Themas Kausalität.

[83] Siehe Geisler. *Baker Encyclopedia of Christian Apologetics*, 291, für weitere Erklärungen dieses Punktes.

[84] C. S. Lewis. *Mere Christianity* (New York: Simon and Schuster Publishers, 1996), 45.

[85] Es gibt einen Unterschied zwischen *Fehlen* und *Mangel*. Einem blinden Stein fehlt das Sehvermögen, da er von Natur aus nicht sehen kann. Ein blinder Mensch dagegen leidet an einem Mangel, denn das Sehvermögen ist charakteristisch für einen Menschen.

[86] Siehe Norman L. Geisler. *The Roots of Evil* (Eugene, OR: Wipf and Stock Publishers, 2002), für eine Abhandlung aller größeren Probleme und Lösungsvorschläge für das Problem des Bösen.

[87] Siehe Geisler. *Baker Encyclopedia of Christian Apologetics*, 219, für weitere Erläuterungen.

[88] William Lane Craig machte diese Aussage in einer Diskussion mit Michael Tooley. Siehe „A Classic Debate on the Existence of God", November 1994, University of Colorado (Boulder), www.leaderu.com/offices/billcraig/docs/craig-tooley0.html (abgerufen am 2. Februar 2006).

[89] Siehe Norman L. Geisler. *Systematic Theology*, Bd. 4 (Minneapolis: Bethany House Publishers, 2005), Kapitel 10.

[90] Geisler. *Roots of Evil*, 59.

[91] Für eine Strategie, wie man das hier Angesprochene in Gesprächen mit Nichtchristen über das Problem des Bösen und des

Leids anwenden kann, siehe „Using a Conversational Approach to Talk About God, Evil, and Suffering" unter www.conversationalevangelism.com.

Kapitel 8: Die Kunst, Menschen mit unterschiedlichen Weltanschauungen Fragen zu stellen

[92] Nick Pollard. *Evangelism Made Slightly Less Difficult* (Downers Grove, IL: InterVarsity Press, 1997), 71.

[93] Norman L. Geisler und William D. Watkins. *Worlds Apart: A Handbook on World Views*, 2. Aufl. (Eugene, OR: Wipf and Stock Publishers, 2003), 11-12.

[94] Siehe ebd., 15-19 für eine kurze Beschreibung dieser sieben Weltanschauungen und 21-253 für eine detailliertere Beschreibung und Analyse jeder einzelnen.

[95] Siehe James Sire. *The Universe Next Door: A Basic Worldview Catalog*, 5. Aufl. (Downers Grove, IL: InterVarsity Press, 2009).

[96] Pollard. *Evangelism Made Slightly Less Difficult*, 47.

[97] Paul Copan. *True for You, But Not True for Me* (Minneapolis: Bethany House Publishers, 1998), 26.

[98] Richard Lewontin. „Billions and Billions of Demons", *New York Review of Books*, 9. Januar 1997, 31.

[99] Um unsere Freunde dazu zu bringen, die Welt durch eine theistische Linse zu betrachten, siehe Norman Geisler. *Christian Apologetics*, 2. Aufl. (Grand Rapids, MI: Baker Book House, 2013).

[100] Pollard. *Evangelism Made Slightly Less Difficult*, 35-36.

[101] Ebd., 31-32.

[102] Ebd., 41.

[103] Ebd., 50.

[104] Ebd., 77.

[105] Geisler und Watkins, *Worlds Apart*, 266.

[106] Diese Decken-Analogie stammt aus der berühmten Szene des Films *Eine Frage der Ehre*, in der Colonel Jessup (gespielt von Jack Nicholson) den Juristen Daniel Kaffee (gespielt von Tom Cruise) zurechtweist. Colonel Jessup ist von der Dreistigkeit Daniel Kaffees in dessen Kreuzverhör verärgert, weil der seine Art der Truppenführung infrage gestellt hat. Er und seine Soldaten sorgen dafür, dass Menschen unter der Decke der Freiheit schlafen können. Colonel Jessup sagt: „Ich habe weder die Zeit noch das Bedürfnis, mich hier zu verantworten vor einem Mann, der unter die Decke jener Freiheit schlüpft, die ich den Menschen täglich gebe, und der dann die Art anzweifelt, wie ich das mache. Ich würde es vorziehen, wenn Sie nur ‚danke' sagen und dann weitergehen würden. Andernfalls schlage ich vor, dass Sie eine Waffe in die Hand nehmen und die Wache übernehmen. Auf jeden Fall ist es mir vollkommen egal, was Sie denken, wozu Sie ein Recht hätten." Ähnlich ist auch ein Atheist nicht in der Lage, die Freiheit seiner atheistischen Einstellung zu genießen, ohne sich die theistische Decke auszuleihen, um überhaupt ein Konzept der Wahrheit zu haben.

[107] Für eine Verteidigung dieser Sichtweise siehe Geisler. *Christians Apologetics*, Kapitel 9-15.

[108] Siehe Geisler. *Christian Apologetics*, 2. Aufl., 129-32, für eine Erläuterung des Prinzips des *Leugnens*.

[109] Ein gutes Beispiel für diesen Ansatz findet man in den Schriften des verstorbenen christlichen Apologeten Francis Schaeffer.

[110] Francis Schaeffer verwendet eine gute Illustration zu diesem Thema, die von Norman L. Geisler zitiert wird in: *False Gods of Our Time* (Eugene, OR: Harvest House Publishers, 1985), 85-86.

[111] Ein Nihilist glaubt, dass nichts eine Bedeutung oder einen Wert hat. Es ist die Negation von allem – Wissen, Ethik, Schönheit, Bedeutung, Realität.

[112] Siehe Friedrich Nietzsche. *The Portable Nietzsche,* hg. und übers. von Walter Kaufmann (New York: Viking Press, 1968), 441.

Kapitel 9: Wie reagieren wir auf weit verbreitete, aber falsche Vorstellungen, die unsere Evangelisation beeinträchtigen?

[113] Siehe http://conversationalevangelism.meeknessandtruth ministries.org/appendix-5/

[114] J. P. Moreland. *Love Your God with All Your Mind* (Colorado Springs, CO: NavPress, 1997), 188.

[115] George Barna. „Born Again Christians", 2000, www.barna.org.

[116] Siehe Gary R. Habermas. *The Resurrection of Jesus* (Grand Rapids, MI: Baker Books, 1980).

[117] Siehe Norman L. Geisler. *Baker Encyclopedia of Christian Apologetics* (Grand Rapids, MI: Baker Books, 1999), 732, für eine Diskussion dieses Themas.

[118] Für eine umfassendere Darstellung der Rollen von Glauben und Verstand siehe Geisler. *Baker Encyclopedia of Christian Apologetics,* 239-43.

[119] Norman Geisler und Ravi Zacharias. *Wer schuf den Schöpfer?*

Antworten auf unbequeme Fragen über Gott und den christlichen Glauben. (Asslar: GerthMedien, 2005).

[120] Geisler. *Baker Encyclopedia of Christian Apologetics*, 37.

Fazit

[121] Meinungsumfrage über Religion und öffentliches Leben, http://pewforum.org/news/display.php?NewsID=15915.

[122] Janie B. Cheaney. „Very Dark Material", *World,* 27. Januar 2001.

NOTIZEN

NOTIZEN

NOTIZEN

David Geisler/Thomas Howe
Antworten auf schwierige Fragen zur Bibel
Von 1. Mose bis Offenbarung

Dieses umfangreiche Werk bietet treffsichere Antworten zu jedem Thema der Bibel, das Schwierigkeiten bereitet, aufbauend auf dem Grundsatz der Zuverlässigkeit und Inspiration der Heiligen Schrift. Ausführliche Register bieten einen schnellen Zugang zu der Antwort, die man sucht.

Gb., ca. 700 S., 15x22,6 cm
Best.-Nr. 271 402
ISBN 978-3-86353-402-8
Erscheint März 2018

Volker Braas
Menschenfischer werden
Trainingskurs für persönliche Evangelisation

„Menschenfischer werden" ist ein Trainingsprogramm für persönliche Evangelisation. Fundiert und praxisorientiert wird der interessierte Leser für die Erfüllung dieser aufregenden und wichtigen Aufgabe ausgerüstet.

Pb., 208 S., 13,5 x 20,5 cm
Best.-Nr. 271 364
ISBN 978-3-86353-364-9

Nabeel Qureshi
Allah gesucht – Jesus gefunden
Eine außergewöhnliche Biografie

Nabeel Qureshi wächst in einem liebevollen muslimischen Zuhause auf. Schon in jungen Jahren entwickelt er eine Leidenschaft für den Islam. Dann entdeckt er – fast schon gegen seinen Willen – unwiderlegbare Beweise für die göttliche Natur und die Auferstehung Jesu Christi. Die Wahrheit über die Gottessohnschaft Jesu kann er nicht länger leugnen. Doch eine Konvertierung würde automatisch die Trennung von seiner geliebten Familie bedeuten. Qureshis Kampf und die innerliche Zerreißprobe wird Christen ebenso herausfordern wie Muslime und jeden, der sich für die großen Weltreligionen interessiert. Eine Geschichte über den inneren Konflikt eines jungen Mannes, der sich zwischen Islam und Christentum entscheiden muss und schließlich seinen Frieden in Jesus Christus findet.

Gb., 416 S., 13,5 x 20,5 cm
Best.-Nr. 271 156
ISBN 978-3-86353-156-0